KB169265

현대
중국
지식인
지도

현대 중국 지식인 지도

신좌파·자유주의·신유가

조경란 지음

글항아리

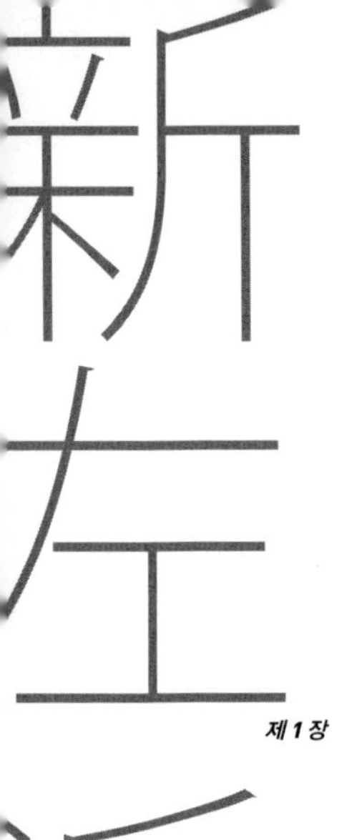

차례

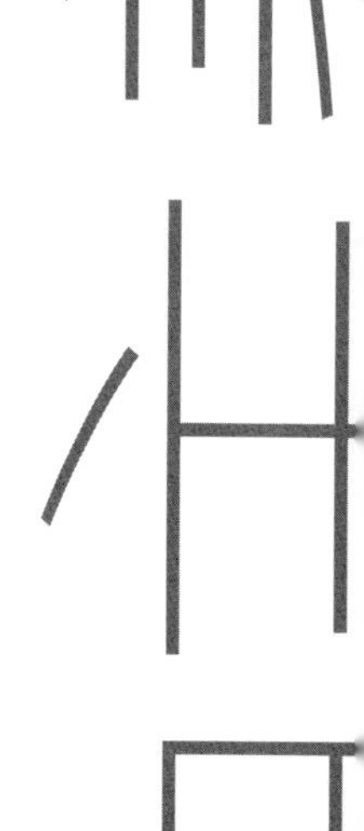

숭중崇中과 혐중嫌中을 넘어 연중研中과 비중批中으로

2010년 여름에 작고한 일본의 원로 중국 연구자 미조구치 유조溝口雄三는 2009년 출판한 책에서 '중국의 충격'이라는 키워드를 내세워 현재의 아시아 내지 동아시아 상황을 문제화한다. 그는 일본인의 '탈아시아' 인식과 현실적인 '아시아' 인식의 갭을 이 말로 표현한 것인데, 이러한 상황을 일본인이 깨닫지 못하고 있다는 점에서 그 충격은 더 크다는 것이다. 미조구치는 그 근거로 '환중국권環中國圈'의 형성을 내세운다. 그가 보기에 이는 21세기판 조공체제와 진배없다. 중국의 농촌 문제와 일본의 공동화空洞化 현상이 서로 연동돼 있는 것은, 동아시아가 '환중국권'이라는 경제관계 구조로 재편되어 인접 국가들이 다시 중국을 중심에 두고서 주변화하기 시작했음을 말해준다는 것이다. 물론 이런 분석을 중국위협론의 시각으로 치부해버릴 수도 있다. 하지만 미조구치는 중국을 내재적 입장에서 이해하려는 일본 지성계의 대표적인 학자다. 그러니 분명 배외적 입장에서 나올 수 있는 중국위협론과는 구분된다.

100~150년 전 '서구의 충격'에 이은 '일본의 충격' 이래 우리는 다시 '중국의 충격' 아래에 있다. 이 충격은 좋든 싫든, 문명사적 대전환을 초래하고 있다. 크게 본다면 150년 전 서구의 충격 속에서 동아시아인들은 동아시아의 전통을 부정하고 서양의 근대성을 받아들이지 않으면 안 되는 상황에서 이른바 '수동적인 문명 전환'을 경험했다. 지금 '중국의 충격'은 어떤 의미에서는 수동적인 것을 되돌리는 '귀환'의 의미를 지닌다. 물론 같은 동아시아인이라 해도 이 귀환의 의미는 다르게 다가올 수밖에 없다. 한국과 중국 그리고 일본이 동아시아에서 갖는 위치와 입장 차가 있을 것이고, 거기에 대한 대응도 마땅히 다를 것이기 때문이다.

그런데 내가 과민한 탓인지 모르겠지만 한국인들은 중국에 대해 지나치리만큼 관심이 없어 보인다. 이런 점에서 최근 조정래의 『정글만리』의 판매 부수가 10월 현재 70만 부를 돌파했다는 뉴스를 접하고 중국 전공자로서 조금은 다행이라고 생각했다. 이 작품은 문학비평 쪽의 평가가 어떤지와는 별개로, 인문학적인 중국 분석으로는 표현해낼 수 없는 중국의 규모와 메커니즘, 사유와 행동 패턴을 소설이라는 친숙한 방식으로 생생하고 리얼하게 그려내고 있기 때문이다.

중국은 하나의 국민국가이지만 또한 '문명'을 담지한 하나의 제국이다. 이 양자는 서로 조화를 이룰 때도 있지만 서로 어긋날 때도 있다. 이 두 측면을 복합적으로 보려면 정치체제는 사회주의이면서 경제는 자본주의인 국민국가라는 측면과, 거대한 문명제국으로서 보여주는 독특한 시스템을 모두 시야에 넣어야 한다. 그런데 중국에 대한 궁극적인 통찰과 안목은 특히 한국인에게는 일단 한국과 서양세계를 봐왔던 사유 습관을 상대화하는 것에서부터 비로소 시작될 수 있다. 조금 심하게 말하면 서구 19세기 이후 형성된 사회과학 지식에 대한 해체까지 시도하려 해야 한다. 이러한 마음의 준비가 되어 있어야 중국에서 의제를 창출하고 이끌어가는 주류 지식인들이 현재 구사하고 있는 화법과 맥락을 이해할 수 있다. 그렇다고 중국 주류 지식인들의 중화주의적 대국주의 경향과, 그들의 주장과 행보가 국가와 거리두기를 견지하기보다는 국가의 '문명 제국 재구축'에 합세하고 있는 현실에 대해 눈감으라는 뜻은 아니다. 중국이 세계 최강국이 될 날이 얼마 남지 않은 상황에서 중국에 대한 인문학적 분석과 비판은 더욱더 엄격해져야 한다. 필자가 '연중研中'과 '비중批中'을 강조하는 이유도 여기에 있다.

어찌되었든 이제 중국은 우리에게 압도적 현실이 되었다. 이런 상황에서 한국/동아시아의 인문학자로서 무슨 일을, 어떻게 할 수 있을까?

중화제국 해체 이전부터 지금까지 '숭중崇中'과 '혐중嫌中'을 오갔어도 한 번도 중국의 인식 방법에 대해, 그리고 그들을 어떻게 만날 것인가에 대해 나를 포함해서 한국인들은 별로 고민해본 적이 없는 듯하다. 이런 고민이 없었다는 것은 그 배면에 사회주의로 이미지화되어 있는 중국에 대한 근거 없는 우월감이 자리하고 있는 것과 무관하지 않다. 하지만 '중국의 충격'은 지금 우리 앞에 와 있다. 충격, 그것을 받고 나서야 자각하게 된다면 이미 상호 관계 맺기에서 정상적인 길을 찾기에는 때늦은 것이다. 중국을 연구의 엄밀한 대상으로 보는 것의 중요성만큼이나 한국 문제로서의 중국 관심도 이래서 중요하다. 이제 '숭중'과 '혐중'을 넘어 중국을 객관적으로 연구·분석하고('연중研中'), 비평해야('비중批中') 한다.[1] 이제 중국은 세계를 향해 질문을 새롭게 던지기 시작했다. 중국 지식인들의 사유양식과 행동양식을 충분히 이해한다는 것도 중요하지만 지금 이들의 사유가 어디까지 와 있는가를 확인하는 것도 매우 중요하다. 왜냐하면 이는 이들과 대화를 하기 위해 갖춰야 하는 최소한의 조건이기 때문이다. 그리고 타자에 대한 이러한 이해는 그 타자에게 우리에 대한 이해를 요구할 수 있는 도덕적 명분을 갖게도 할 수 있기 때문이다.

이 책이 나오기까지 많은 분의 도움을 받았다. 먼저 행복하고도 안정적으로 학문을 연구할 수 있게 배려해주신 연세대학교 국학연구원 백영서 원장님을 비롯해 여러 선생님께 심심한 고마움을 전한다. 이 선생님들 덕분에 나의 생각과 글을 가다듬을 수 있었다.

소중한 가족에게도 내 마음을 표하고 싶다. 항상 근본적인 물음을 제기하며 살아가는 남편 한상구는 학문적으로나, 인간적으로나 따뜻한 조언을 해주는 듬직한 버팀목이다. 사춘기를 지나고 있는 중3 소녀, 몹시도 예쁜 딸 윤은 고단한 삶을 지탱하게 해주는 힘이다. 나는 항시 남편과 딸에게 마음 속 큰 짐을 지고 있다. 아내와 엄마의 부재와 소홀함을 견뎌준 덕에 이 연구가 나올 수 있었다. 항상 애틋하고, 미안하고, 또 고맙다.

마지막으로 이 책을 출판하는 데 힘을 써준 노승현 선생, 그리고 부족한 책의 출판을 흔쾌히 맡아 무한정 믿음을 준 강성민 대표께 깊이 감사드린다. 글에 대한 소감을 깊고도 따뜻하게 지적해주신 덕에 '좋은 책'이 나올 수 있었다. 독자들의 폭넓은 비판을 기대한다.

2013년 10월 저자 씀

서론

중국의 지식(인)은 대안이 될 수 있을까?

1.

"간디 씨, 서구 문명에 대해 어떻게 생각하십니까?"

"그런 게 있다면 좋겠지요."

위의 문답은 어느 기자의 질문과 마하트마 간디의 신랄한 대답이다. 월러스틴Immanuel Wallerstein은 『유럽적 보편주의』라는 책에서 위의 문답을 인용하면서 우리가 보편주의라 부르는 것이 실상은 '유럽적 보편주의'에 불과하다고 말한다. 그는 이렇게 서술한다. '유럽적 보편주의'는 그동안 지배적인 사고방식에 대한 정치적·지적 정당화의 근거 역할을 해왔다. 하지만 제2차 세계대전 이후 약 50년 동안 이루어진 학문 논쟁의 결과 우리는 우리가 보편주의라 불렀던 지식 구조가 동서양의 패권 구도에서, 또 현실사회의 강약 구도에서 불평등을 은폐할 뿐 아니라 양극화를 조장하고 유지해오는 데 어떤 작용을 했다는 사실을 알게 되었다. 그렇다면 향후 50년 동안 어떤 새로운 대안적인 틀, 즉 '보편적 보편주의'를 제시할 수 있을까? 이것이 지금 우리 앞에 놓여 있는 중요한 도전이다.[1] 그런데 과연 월러스틴이 말한 것처럼 진정한 보편주의가 있기는 한 것일까? 서구 좌파 지식인의 이런 현실 진단을 중국 지식인들은 어떻게 받아들이고 있고, 또 어떻게 받아들여야 할까?

이와 관련하여 지금 중국의 지식계는 중국 문명에 대한 낙관론과 비관론으로 갈리고 있다. 도식화하면 낙관론은 '유럽적 보편주의' 또는 '미국적 보편주의'에 대한 대안과 연결된다. 낙관론은 중국의 경제성장을 토대로 한 체제에 대한 자신감과 깊은 관련이 있으며 따라서 GDP 등 '총체로서의 중국'에 더 관심이 많다. 따라서 중국의 헤게모니, 중국 중심주의와 제휴하기가 쉽다. 반면 비관론은 중국 경제성장의 근거와 과정 그리고 그것이 초래한 부작용의 가공할 측면에 좀더 주목한다. 물론 지금은 전자가 대세다. 하지만 수는 적더라도 비관론이 존재하며, 이들은 오히려 중국의 굴기 현상에 대해 거리두기를 하면서 그 역설적인 측면에 주목한다. 그렇기 때문에 비관적이라고 하여 대안 제시의 문제에 관심이 없는 것은 아니다. 좀더 근본적이면서도 비판적인 질의의 방식을 취하고 있을 뿐이다. 인문학자로서 나는 이 방향에 더 믿음이 간다.

이 책은 중국의 미래를 둘러싸고 이해 방식을 달리하고 있는 작금의 중국 지식계에 대한 한국의 한 중국 연구자의 입장 표명이며, '또 하나의 도전'이다. 단순한 입장 표명이 아니라 21세기 중국 지식 지형에 대한 나름의 인문학적 비판과 평가 그리고 전망을 담고 있다. 미국을 제치고 G1

의 등극이 임박한 중국, 우리 상상을 훨씬 뛰어넘는 또 다른 세계인 중국을 대상으로 하여 인문학적으로 비판하며 따지고 든다는 것은 지금으로서는 '또 하나의 도전'인 셈이다. 이 '도전'에서 나는 최대한 공정하려고 했으나 내 존재가 갖는 '역사성'이 나도 모르게 작용했을 수 있기에 그러한 공정함이 이 책을 관통하고 있는지는 장담할 수 없다. 다만 중국을 전공하는 인문학자로서 양심이 시키는 대로 규범성과 현실성의 긴장감을 가지고 중국문제를 보려고 애쓸 뿐이다.

2.

다음은 중국 굴기의 빛과 그늘에 대한 중국 문학사 연구자 첸리췬錢理群의 선명한 대비적 서술이다.

2009년 중화인민공화국 건립 60주년은 중국 역사에서 하나의 중요한 표지다. 60년의 노력을 포함하여 중국 근현대 100년 동안의 노력으로 중국은 결국 고도의 독립된 통일국가를 건설했고, 기본적으로 13억의 먹는 문제를 해결했으며, 경제적으로는 고속 발전을 이루었다. 이는 중국과 같이 영토가 광대하고 인구가 많으며 거기다가 서방세계의 포위 아래 있었던 동방대국으로서는 결코 쉬운 일이 아니며 그런 점에서 거대한 역사적 성취라 할 수 있다. (…) 그러나 다른 한편에서 이런 목표를 실현하기 위해 중국 인민은 엄청난 대가를 치렀다. 자신의 과오로 초래된 몇천만 명의 죽음을 포함하여 자연의 대파괴, 집정당의 부패, 극단적인 사회적 불평등, 총체적인 정신적 위기 등 참담한 대가를 지불

했다. 성취한 만큼 문제 또한 거대하다. 모든 사람이 함께 성취를 경축할 수 없는 것은 바로 이처럼 정치, 경제, 생태, 사회, 사상, 도덕 등 모든 면에서 위기에 직면했기 때문이다. 따라서 인민은 모두 중국의 현재와 미래에 대해 불안해하고 있다.[2]

이처럼 현재 중국의 경제성장에는 근대화의 빛만큼이나 그늘이 드리워져 있다. 이에 따라 중국을 보는 두 가지 상반된 시각이 존재한다. 외부에서 보는 중국은 거대하고 위협적이기까지 하다. 반면 내부에서 보는 중국은 상태가 위중하다. 이것이 소위 중국 굴기의 위협론과 붕괴론의 두 얼굴이다. 현재 중국을 포함한 세계의 지식계도 중국의 굴기 현상 앞에서 기대와 우려로 그 시선이 갈리고 있다. 기대하는 측은 중국 굴기의 빛과 그늘의 두 측면 가운데 전자에 집중하고 우려하는 측은 후자에 집중한다. 어디에 집중하느냐에 따라 지향하는 개혁의 방향도 다르다. 현재 중국 지식계는 굴기의 빛과 그늘의 어느 측면에 주목하느냐에 따라 그 입장이 명확히 갈리고 있다. 첸리췬은 그런 점에서 최근 중국이 문화대혁명 후기(1970년대 중기)와 두 가지 면에서 비슷하다고 지적했다. 하나는 거의 모든 사람이 일대 역사 변혁의 시대가 다가왔다는 것을 느끼고 있다는 것이다. 다른 하나는 민감한 사람들이 한 장소에 모여 미래 변혁의 길에 대해 토론하기 시작했다는 것이다. 중국은 어디로 갈 것인가, 세계는 어디로 갈 것인가에 대해 문혁 후기에 전국적으로 민간 토론이 벌어졌고, 이것은 이후 중국의 개혁개방이라는 신시대의 사상과 이론을 준비한 것이었다.[3] 중국이 공전의 경제성장을 이루어 그 어느 때보다 자신감이 충만해 있는 지금, 사람들이 실제로 느끼는 바가 문혁 후기와 비슷하다면 중국인들이 일상에서 피부로 느끼는 박탈감과 위기감은 그만큼 깊다는 이야기가 된다.

3.

먼저 중국 굴기가 지니는 빛의 측면에 주목하고 공산당의 흥망을 자기 자신의 흥망과 동일시하는 사람들의 주장을 살펴보자. 이들은 주로 '중국모델론'과 '유교중국' 구상에 여념이 없으며 사상 유파로는 신좌파와 대륙 신유가가 이에 해당된다. 그랜드한 '문명중국'의 모델을 구상하는 데는 신좌파가 훨씬 적극적이다. 중국은 유학을 핵심으로 하는 중국의 고전 문명 전통과 현대 사회주의 전통을 연성권력soft power의 양대 자원으로 삼고자 하는데, 이것이 바로 신좌파가 구상하는 중국모델론의 내용이다. 이러한 중국모델론을 구상하고 있는 철학자 간양甘陽은 2012년 출판한 책『문명·국가·대학』에서 20세기와 21세기의 차이를 강조하면서 서두를 연다. 그에 따르면 현대 민족-국가nation-state를 세우는 것이 20세기 중국의 중심 문제였다면, 21세기 중국의 핵심 문제는 '민족-국가'의 논리를 초월한 문명-국가civilization-state의 틀을 제시하는 것이다. "중국의 '문명'은 중국이 현대국가를 건설하는 데 있어 거대한 부담이고 장애가 되기 때문에 '천하'에서 '국가'로 변하지 않으면 안 된다"[4]고 했던 레벤슨의 말은 20세기 중국에 해당되는 분석이었다고 간양은 본다. 사실상 "중국인은 천하가 있는 것만 알지 국가가 있다는 것을 모르기 때문에 그들은 '국가의식'이 없다"는 량치차오梁啓超의 「신민설新民說」에서의 문구도 이와 비슷한 문제의식에서 나온 말이다. 그러나 간양은 「신민설」이 나오고 10년 뒤 량치차오가 「대중화 발간사」와 「중국과 터키의 차이」라는 글에서 '대중화 문명-국가'라는 개념을 제시했다고 말한다. 량치차오가 「신민설」에서 '천하'보다 '민족국가'를 강조한 것은 중국의 급박한 현실을 구하려는 구급처방에서 나온 것이었고, 결코 그 자체가 중국 현대국가 건설의 장기적인 목표는 아니었다는 것이다. '문명-국가'로서의 '국성國性'을 발양하는 것이 현대국가 건설의 목표였다. 이것이 100년 전 같은 진단을 내렸던 레벤슨과의 차이점이다. 간양은 이에 의거하여 량치차오의 「신민설」이 20세기 중국의 주류적 경향을 대표하는 것이었다면, 「대중화 발간사」에서 제시한 '대중화 문명-국가' 개념은 21세기 중국 사상의 출발점이 되어야 한다고 주장한다.[5]

그런데 여기서 강하게 의문이 드는 것은 민족-국가에 대비되는 문명-국가는 과연 무슨 의미일까 하는 것이다. 특히 그것은 현대사회의 맥락에서 어떻게 이해되어야 할까? 유학이 표방하는 핵심 사상이라고 할 수 있는 천하-문명 개념틀이 중국 현실사회의 층위에서 실현되는 구체적인 모습은 어떤 것일까? 이에 대해 인문학적 분석에 근거한 구체적이면서도 설득력 있는 대답을 내놓지 못한다면 위의 주장은 이제 세상이 바뀌었으니 중국식으로 가겠다는 정치적 헤게모니 선언으로만 보일 가능성이 없지 않다.

천하-문명은 원래 규모나 지리 공간 개념일 뿐 아니라 역사와 가치 개념을 포괄한다. 전근대 중화문명 체제 아래에서는 주권, 영토, 민족 개념이 선명하지 않았고 화이의 구분 의식 또한 분명하지 않은 상황에서 화와 이의 기준은 미리 정해진 것이 아니라 유학으로 교화되거나 동화되는 것에 따라 정해졌다. 인仁에 바탕을 둔 가족윤리가 천하를 향해 한정 없이 확장되는 세상, 그것이 천하이며 문명이었던 것이다. 물론 이에 대한 좀더 엄정한 평가와 서술이 있어야 하지만, 정치적으로는 근대 국민국가 개념이, 경제적으로는 자본주의 개념이 개입되기 전에는 (민족을 초월한) 이러한 문명과 천하라는 개념 자체가 의식되지도 않은 채 중국의 통치 방식과 생활 방식을 지배했다고 할 수 있다. 그러니까 천하–문명 개념은 전근대 중국인에게 있어 정치, 경제, 문화를 망라한 총체적인 운영 메커니즘이었다고 보면 된다.

그렇다면 간양이 말한바, 문명–국가가 21세기 중국의 핵심 개념이라는 것을 국가와 '공모'한 정치적 헤게모니가 아닌 인문학적 통찰에 근거한 것이라는 점을 나타내기 위해서는 어떻게 해야 할까? 신좌파는 무엇보다 사람들에게 지금 중국의 국가와 인민 생활의 면모가 다른 나라의 것과 얼마나 다르고, 가까운 미래에 얼마나 달라질 수 있을 것인가에 대해 합리적 예측을 가능케 하는 어떤 단서를 제시해야 한다. 더구나 중국 자본주의가 '괴물자본주의'라는 평가를 받고 있는 현실이기에 더욱 그렇다. 현실로 엄존하는 민족–국가 지배체제와 자본의 이중지배, 그리고 그 아래에서 어느 때보다 주변화되고 있는 민民과 이夷(소수민족)의 존재를 어떻게 설명할 것인가?

물론 현재 중국 자본주의의 문제를 유럽이나 그 외 앞서간 자본주의 사회와 평면적으로 비교할 수 없다는 문제가 있을 수 있다. 자본주의의 천박성은 중국만의 문제가 아니라 서양 유럽에서도 자본주의 발전 초기에 노골적으로 존재했다는 사실을 염두에 두어야 한다.[6] 여기서 지젝Slavoj Žižek은 '시간'의 문제를 지적한 것인데, 민주주의가 하층계급의 길고 힘든 투쟁을 거쳐 획득될 수 있었다는 것은 거칠 것은 모두 거쳐야 시민계급이건 근대의 도덕질서이건 성숙될 수 있다는 주장이기도 하다. 그리고 이 주장은 중국 사회주의를 자본주의 변형의 한 형태에 불과한 것으로 보고 있다는 것을 의미하기도 한다. 그러나 중국 자본주의를 시간의 문제만으로 볼 수 없는 것은 근본적으로 사회주의 경험에 대한 평가와 연동되기 때문이다. 신좌파가 구상하는 중국모델론의 핵심적 구성 요소 중 하나가 사회주의 경험이라고 한다면, 이들은 앞의 지젝의 입장과 정면 대립하는 것이다. 즉 이들은 중국 사회주의를 반反근대성의 한 형태로 인식한다. 이들이 이렇게 인식하려는 것에 이의를 제기할 생각은 없다. 다만 새로운 대안을 내놓기 위해서는 '구대안'으로서의 중국 사회주의의 문제는 무엇이었는지에 대한 최소한의 질의는 있어야 한다는 뜻이다.[7] 중국의 '사회주의에 대한 역사적 평가'와 '현실에 대한 진단'을 누락시키고 문명의 문제를 거론하는 것은 공허한 이야기에 불과하기 때문이다.

여기서 '사회주의에 대한 역사적 평가'는 중국의 '좌파'를 단순히 인정 또는 추수하는 것이 아니라 이들의 역사적 공과와 의미에 대해 본원적이며 발본적으로 다시 보기를 통해 냉정하게 평가하고 이들의 '실상'을 반성적으로 봐야 한다는 의미다. '현실에 대한 진단'이란 신좌파가 문명-국가의 논리를 제시하기 위해서는 어떻게 국가와 자본의 지배를 극복할 수 있는가, 어떻게 민과 이의 정치적·경제적·문화적 주변화를 차단시킬 것인가에 대해 대안을 제시해야 한다는 뜻이다. 이러한 대안을 말하지 않고 문명과 천하의 논리를 중국의 특수성과 연결시켜 전가傳家의 보도寶刀인 듯 반복하는 것은 이데올로기 측면에서 국가가 처한 합법성의 위기를 모면하기 위한 전략의 한 차원으로 이해될 수밖에 없다. 뿐만 아니라 중국 내부의 다양한 문제를 은폐해주는 기능을 하게 될 것임은 분명하다.

4.

류칭劉擎에 따르면 최근 중국에서 가장 주목받는 책 가운데 하나는 국내에도 번역된 바 있는 마틴 자크Martin Jacque의 『중국이 세계를 지배할 때』다.[8] 여기서 자크가 절박하게 말하려는 것은 중국이 세계의 주도 역량이 되는 것뿐 아니라 중국은 특수하여 서양이 상상한 방식과 다른 방식으로 세계를 주도하게 될 것이라는 점이다. 이 때문에 중국의 굴기는 '서방세계의 종결'(영국판 부제목)을 의미하고, '신지구 질서의 탄생'(미국판 부제목)을 의미한다. 마크 레너드Mark Leonard도 2005년 이후 세계에는 적어도 세 개의 모델이 출현했으며 중국모델은 비서방 국가들에게는 미국모델과 유럽모델보다 훨씬 흡인력이 있을 것이라고 주장한다.[9] 또 왕후이에 따르면 노벨경제학상 수상자인 스티글리츠Joseph E. Stiglitz도 라틴아메리카 국가들이 실패한 신자유주의 개혁과 비교하여 중국의 성공을 독자적인 아시아적 모델에 준거한 데서 찾는다고 한다. 그는 글로벌화하는 신자유주의에서 중국을 예외적 존재로 보고 있는 것이다. 중국에 기대하고 있는 이러한 서구 좌파들은 중국의 신좌파와 매우 긴밀한 관계를 유지하고 있다. 그리고 이 긴밀한 관계는 중국 신좌파로 하여금 서구 좌파의 기대에 부응해야 한다는 의식을 강화시키는 것으로 작용한다.[10]

이들은 모두 중국에서 매우 환영받는 지식인들이다. 하지만 이들 서구 좌파가 중국에 대해 어떤 학문적 근거를 가지고 중국이 서양의 대안이 될 수 있을 것이라고 전망하는지는 확실하지 않다. 다만 그 전망 안에는 서구사회에 대한 비판의 맥락과 그 연장선상에서 대안이 중국이 되었으면 좋겠다는 희망이 담겨 있을 뿐이다. 따라서 이 희망 안에는 다분히 '자기목적적'인 요소가 들어 있다. 하지만 자기 사회의 현상에 대한 비판이라는 측면에서 최소한의 도덕적 명분은 존재한다. 그렇더라도 다른 지역의 연구를 '자국의 문제(학문)'를 '해결' 또는 '풍부히 하기 위해' 진행한다고 하는, 어찌 보면 공리적으로 접근하려는 이러한 태도는 적지 않은 실천적 요소를 내포하고 있음에도 불구하고 연구 대상이 연구자의 목적성과 계획성의 구도 안에서 왜곡될 소지를 안고 있다. 무엇보다 가장 곤혹스런 것은 이들이 좌파임에도 불구하고 중국이 대안이라는 점을 강조하려 할 때, 앞에서 서술한 중국 굴기의 그늘진 측면 즉 지속적인 환경파괴, 공산당의 구조적인 부정부패, 엄청난 빈부격차, 파탄적 붕괴를 보이고 있는 사회윤리의 위기 등 지금의 중국사회가 겪고 있는 가장 치명적인 문제들에 대해 눈을 감아야 하는 매우 모순적인 상황이 연출될 수도 있다는 점이다.

거기다가 조금 각도를 달리해서 보면 이들의 이러한 정치적 바람의 근원에는 여전히 동서에 대한 이분법적 인식론이 깔려 있다.[11] 이 이분법의 토대 위에서 만들어진, 서양과 동양은 다를 것이라는 기대는 어떤 문명에는 여하한 경우에도 변하지 않는 고유의 속성이 있다고 보는 문명본질주의와도 연결되어 있다. 이처럼 수입산이든 국산이든 최근 중국특수론 또는 중국예외론이 갈수록 힘을 얻고 있는 근원에는 이분법과 문명 본질주의가 똬리를 틀고 있는 것이다. 따라서 서구 좌파가 지지하는 중국특수론은 은밀한 방식으로 중화성을 강화하는 쪽으로 기능할 가능성이 있다.

동서를 이분법으로 보려는 세력은 그 어느 쪽이든 학문 이외의 다른 목적을 가지고 있을 가능성이 높다. 서구 좌파만이 아니라 중국 내부에도 이러한 중국특수론을 활용하여 입지를 강화하려는 세력이 있음은 잘 알려진 바다. 그 가시적인 사상 유파는 사상 구도에서 좌와 우에 위치하면서도 '결과적으로' 협력관계가 이뤄진 신좌파와 신유가라 할 수 있다. 유가를 중심으로 하는 중국의 고대 문명과 현대 중국의 사회주의를 핵심 내용으로 하는 '중국모델론'의 구상(극좌)과, 유학의 민본 사상을 근간으로 한 '유교중국'의 구상은 사실 중국 정부의 미래 구상과 밀접한 관련이 있다. 우선적으로 우리는 여기서 중국 정부의 마르크스주의 국가 통합 이데올로기가 이미 1980년대에 한계에 이르렀고, 이것의 대체물로 유학을 찾아냈으며, 2000년대 들어와 유교적 개념의 화和가 현재 공산당 정권의 공식 슬로건이 되었다는 점에 주목할 필요가 있다. 따라서 양 유파의 주장이 이분법적 인식틀에 근거해 있고 정부와 유착해 있는 한 이들의 구상은 분석적이 될 수도, 윤리적이 될 수도 없으며 따라서 진정한 변혁을 기대한다고 보기도 힘들다. 다른 식으로 말하면 월러스틴이 말한 '보편적 보편주의'보다는 세계의 위계 구도의 전도를 의도하고 있다는 강한 의구심이 든다. 왜냐하면 현재의 중국특수론은 기본적으로 가치의 다양성에 토대를 둔, 또는 약자로서의 자기 목소리를 내고자 하는 저항성에서 온 것이기보다 조만간 세계 제1의 경제대국이 임박한 체제에 대한 자신감에서 나온 것으로, 서구적 가치보다 훨씬 '우월한 보편성'을 호소하는 쪽이기 때문이다. 그렇기 때문에 문명본질주의에 기초한 특수론은 동서를 막론하고 중화성과 제휴할 위험성을 내장하고 있다. 결국 이렇게 되면 중국특수론에 기반한 이들의 주장은 똑같이 자기 문명에 대한 우월감에 기초한 기존의 오리엔탈리즘을 비판할 도덕적 명분을 가질 수 없게 된다.

사실상 중국 고대와 근현대의 문명 소인 그리고 다종다양한 외래 가치와 이념은 모두 동시에 우리 일상생활 속에 체현되어 있으며, 그런 점에서 이 모든 것은 이미 현대 중국 문화의 내재적 구성 부분이 되었다.[12] 따라서 어떤 은밀한 의도가 없다면 굳이 동서를 구분해서 접근할 필요가 없는 것이다. 중국모델론이 진정 대안이고자 한다면 현대사회의 인간들이 존재하는 방식에 있어 국가와 자본의 본질적인 지배를 받고 있다는 사실에 정면으로 맞서야 한다. 이 말은 중국모델론의 주요 구성 부분인 유학과 사회주의가 왜 중국의 현대사회에서 '거부'당했거나 '실패'한 경험을 갖게 되었는지를 근원적으로 성찰해야 한다는 뜻이다. 그 실패 원인에 대한 비판적 검토를 전제로 재구성된 '중국모델론'이어야지, 경제성장에 편승하여 비판이 '봉인'된 형태의 그것은 경제성장이 주춤하면 그 지속가능성에 대한 근본적인 질의에 봉착하게 될 것이다. 유학과 사회주의라는 '유산traditions'이 '기획projects'이 되기 위해서는 사즉생死卽生의 '되돌아보기reflection' 과정을 통해 자기 갱신을 각오해야 한다. 그렇게 될 때에만 비로소 기획으로서의 중국모델은 새로운 '문명모델'이 될 가능성을 지닐 수 있을 것이다.

5.

중국특수론 중에서도 가장 대세인 중국모델론에 대한 이해는 천차만별이다. 그 이유는 유교, 문화대혁명을 포함한 중국 사회주의, 그리고 개혁개방 시기에 대한 다양한 이해 방식이 지식계 내부에서 첨예하게 대립하고 있기 때문이다. 서구 좌파 안에서도 이 대립의 양상은 비슷하다. 예컨대 같은 서구 좌파 중에서도 지젝은 중국에 대한 전망을 앞에서 소개한 좌파들과 상반되게 한다. 지젝에 따르면 마오쩌둥의 영속적인 자기혁명화, 즉 국가 구조의 경직화에 맞선 영구적인 투쟁과 자본주의의 내적 동학 사이에 근본적인 구조적 상동성이 존재한다고 지적한다. 또 1960년 전후에 일어난 대약진운동의 비극이 오늘날 급속하게 근대화를 향해 가는 자본주의적 대약진운동이라는 소극笑劇으로 반복되고 있고, '마을마다 용광로'라는 옛 구호가 '거리마다 마천루'로 재등장한 것과 같다고 일갈한다.[13] 이는 권위주의적 사회주의가 권위주의적 자본주의로 바뀌었다는 것, 사회주의의 극단적 투쟁의 사회가 자본주의의 극단적 욕망의 사회로 바뀌기 용이하다는 것에서 형태는 다르지만 본질은 같음을 날카롭게 지적한 것이다. 이는 중국의 경제 성공은 바로 권위주의와 자본주의 결합의 산물이라는 지적과 통한다. 그리고 이와 관련하여 서두에서 언급했던 월러스틴 또한 대안틀의 모색이 중요하지만 그것을 중국이 담당하게 될 것이라는 예측은 하지 않는다. 그의 학문 경향으로 보았을 때 아마도 그러한 예측을 도출케 하는 학문적 근거를 찾지 못했을 가능성이 높다.

중국 내부에서도 지식인 중에는 중국모델론과 같은 대안론에 강한 저항감을 표시하는 사람이 적지 않다. 이들은 기본적으로 중국모델론과 유교중국을 주장하는 지식인들이 국가와 유착되어 있다고 보며, 이러한 주류의 흐름에 적극적으로 대응해야 한다는 데 공감대를 형성하고 있다. 이들은 주로 자유주의 좌파(중도좌파)와 사회민주주의파에 속하는 지식인이며, 오늘날 중국의 가장 큰 문제는 바로 "가장 나쁜 사회주의와 가장 나쁜 자본주의의 악성 접목"에 있다고 본다. 그렇기 때문에 100년 전 루쉰이 걱정했던 봉건의 문제와 자본의 문제에서 21세기 중국은 여전히

벗어나지 못했다고 생각하는 것이다.[14]

자유주의 좌파라 할 수 있는 친후이秦暉는 이런 현실에서 지식인들은 중국모델론과 같은 거창한 미래 구상보다는 그 이전에 인민의 기본권이 제약당하고 있는 것에 대응하는 일이 급선무라고 주장한다. 최근 출판한 『공통의 저선共同的底線』이라는 책에서 자유와 평등 혹은 권리로 권력을 제약하여 최저한도의 자유권과 사회보장을 쟁취하자고 주장한 것은 바로 이런 그의 인식을 반영한다. 그는 이런 문제의식에서 자유주의와 사회민주주의는 기본 목표를 공유할 수 있을 것으로 생각한다. 친후이는 두 파가 평등과 자유라는 공통의 소구점을 가지고 있다고 본다. 사회민주주의는 평등에 치우치고 자유민주주의는 자유에 더 중점을 둔다. 따라서 자유주의를 '중도우파'로, 사회민주주의를 '중도좌파'라고 부를 수 있으며 두 파가 평등과 자유라는 공감대를 가지고 있으므로 연합할 수 있다고 본다. 그는 결국 '중도좌파'와 '중도우파'가 연합하여 극우와 극좌를 경계하자고 주장한다. 친후이는 중국 지식계가 많은 논쟁을 거치고 난 뒤에 도달한 공감대가 바로 이것이라고 본다.[15] 1990년대 자유주의 신좌파 논쟁 당시 자유주의의 선봉에 섰던 친후이가 '평등한 자유주의'로 괄목할 만하게 변화한 것은 최근 국가주의화, 민족주의화되어가는 전체 지식계의 흐름에 대한 대응이기도 하다.

6.

사실상 중국의 대체적인 지식의 흐름을 파악하는 것도 중요하지만 우리는 지식 지형을 결정짓는 좀더 메타적인 부분을 간과해서는 안 된다.

그것은 중국에서의 지식장, 공론장의 문제와 관련있다. 첫째는, 언론의 자유가 엄격히 제한되어 있는 상태에서 지식인들이 정부의 존재를 의식하지 않고 자유로운 토론이 가능한가의 문제다. 현재 중국 정부는 체제와 국가의 안정 유지를 이유로 일간지에서부터 인터넷상의 지식인 사이트까지도 통제하고 있다. 실례로 2012년 보시라이薄熙來 사건이 발생한 뒤 좌파, 우파의 사이트가 모두 폐쇄되기도 했다. 사실상 중국모델론과 같은 중국의 발전 방향에 관한 중차대한 문제는 결코 간단치 않기 때문에 공론장에서의 자유로운 토론을 통해서 도출되어야 마땅하다. 지식인의 정치로부터의 독립적인 공론장이 보장되지 않는 지식 환경에서 개인이나 집단이 자신의 사고를 바탕으로 한 자유로운 토론을 펼칠 수 있을까? 찰스 테일러에 의하면 정치적인 것the political으로부터 독립적인 공론장이어야 근대적 질서 관념에 부합한다.[16] 그러므로 공론장이 하는 일이란, 권력 외부에 있지만 권력에 규범적 역할을 하는 이성적 담론 속에서, 정치적 영역의 매개 없이 사회로 하여금 공통의 의견에 도달하도록 만드는 것이다.[17] 이러한 공론장의 기준을 잣대 삼아 중국의 담론 현실을 비판하는 것에 이의를 제기할 사람도 있겠지만, 중국의 정치체제가 어떠하든, 중국의 사상과 지식이 이러한 '보편적 근대'를 향한 도정에 있다는 것을 자신들이 나서서 부정하지 않는 한, 이러한 흐름을 수용하지 않을 철학적 명분을 찾기란 쉽지 않을 것이다.

둘째는, 자기와 다른 의견을 인정하지 않는 '적대적 사고'의 풍토다. 이는 지식인 각자가 자신의 주장을 유일한 진리로 여기고 상대방의 존재를 용납하지 않는 태도를 말한다. 그들은 '내 생각은 정확한 것이고 네 생각은 틀린 것이다'라는 이분법적 사고방식에 사로잡혀 자신과 생각이 다른 사람은 모두 적으로 간주한다. 예컨대 중국 좌파는 자유주의를 매국노라 하고, 자유주의는 좌파를 '우마오당五毛黨'[18] 또는 '정부의 주구'라고 하면서 서로를 매도한다. 이런 분위기에서는 모든 사상 유파를 끌어들이는 토론 장소로서의 근대적 공론장 자체가 근본적으로 만들어질 수 없으며 이에 따라 중요한 문제들에 관한 공통 의견common mind에 다다른다는 것은 애초에 불가능하다.

현재 중국의 지식계가 '독립적인 지식-윤리 공동체' 형성에 지난함을 겪고 있는 것은 경제성장과 국가 능력의 제고로 인해 국가와 사회 그리고 지식인 사이에 이전보다 훨씬 상호 비대칭적 관계가 형성되었다는 점과 무관하지 않다. 이러한 관계 속에서는 지식인 논쟁이 자유롭게 이루어질 수 없으며, 중국에서 지식인 논의가 야당의 역할을 한다는 마크 레너드의 견해 또한 희망에 불과할 수 있다.

이러한 작금의 지식계의 상황은 청말 지식계와 비교해보면 명확히 대비된다. 청말 사상계의 분출은 근대 중국에서 국가와 사회 간에 새로 형성된 대응관계와 관련이 있을 뿐 아니라 과거제 폐지 이후 지식인들의 새로운 역할과 정체성에 대한 고뇌의 한 반영이라 할 수 있다. 청말 우후죽순처럼 생겨난 신문과 잡지는 사상계를 구성하는 주요 요소였다. 사상계의 표정은 바로 미디어와 지식인의 관계 속에서 형성되었다. 청말 이후 미디어가 사회의 모든 측면에 대한 영향력을 지속적으로 강화해왔고 지식인들은 이를 현실 정치 개입의 수단으로 활용해왔다.[19] 또 1945년 이후에도 일본이 물러나자, 물론 잠깐이긴 했지만, 지식인들의 참정 열기는 신문 잡지의 창간으로 표출되었다. 1940년대에 분출한 잡지들은 '공공여론'으로서의 특징을 갖추고 있었다. '공공'이라는 말은 일종의 자부심, 자세

뿐 아니라 하나의 확실한 '입장'을 의미한다. 잡지는 하나의 상징에 불과하지만 그 창간 및 언설 배경에는 지식인들의 현실정치 개입에 대한 새로운 사색이 배어 있었다.[20]

2013년 1월에 벌어진 『난팡주말南方週末』과 『신징보新京報』 기자들의 항거 사태는 중국의 공산당 체제의 암울한 미래를 보여주면서도 동시에 중국 지성에 대한 희망을 품게 했다. 나는 그 기사를 접하면서 온몸에 전율이 흘렀다. 특히 『신징보』 기자들이 쓴 「난팡의 죽南方的粥」[21]이라는 시를 읽은 순간을 잊을 수 없다.

그러나 얼마 안 있어 접한 신좌파 지식인 왕후이가 정치협상위원政治協商委員이 되었다는 뉴스는 나에게는 전혀 다른 방향에서의 충격이었다. 물론 혹자는 왕후이가 정협위원이 되었다는 것에 큰 의미를 둘 필요가 없다고 할지 모른다. 사회주의 중국이라는 환경을 고려하면 왕후이의 기존 위상에 큰 변화가 없을 것이라 보기 때문이다. 하지만 나는 생각을 좀 달리한다. 일단은 그 자신이 어떤 발언을 하고자 할 때나 글로 쓸 때, 정협위원이 되기 전과 후에 일관성이 유지될 수 있을까? 더욱이 중국의 '좌파 지식인'을 대표하여 국내외에 불려다니면서 자신의 주장을 이전과 같은 톤으로 할 수 있을까? 물론 이는 나의 우려일 뿐이다. 우려는 기대의 다른 면이다.

왕후이는 1997년 홍콩에서 나와 인터뷰를 진행했을 때만 해도 중국의 떠오르는 비판적 지식인이었다. 나는 그와 대화하면서 중국을 보는 방법에서 학문적으로 많은 계발을 받았다.[22] 물론 나는 2005년의 시점에서 왕후이의 현대성 담론과 아시아 구상을 분석하면서 그의 인식에서 '중국'에 대한 계보학적 비판이 빠져 있다는 것, 그리고 그의 아시아 구상과 국가 인식은 외연과 내포가 동일하다는 것을 이미 지적했다.[23] 그러나 그럼에도 불구하고 나는 그의 중국 인식에서 특수성과 보편성이 아슬아슬하게 균형을 이루며 교차하고 있다는 것을 발견했기에 그를 '주체화 학문'의 한 사례로 다룰 만하다고 여겼던 것이다. 그러나 이제는 어쩔 수 없이 그 균형이 깨지고 있음을 느낀다.

왕후이에 대한 기사를 읽으면서 나는 푸쓰녠傅斯年[24]을 떠올렸다. 1940년대 항전 승리 후 장제스蔣介石가 지식인들을 중용하고자 했고, 그 중요 대상은 영향력 있는 인물이었던 후스胡適와 푸쓰녠 등이었다. 후스가 미국에서 귀국하기 전이라 장제스는 우선 푸쓰녠을 국부위원國府委員에 임명하고자 했다. 이때 푸쓰녠은 "자신은 정부에 있으면 전혀 쓸모가 없고 사회에 있으면 조금 쓸모가 있을지 모른다"고 말하면서 완곡하게 거절했다. 후스는 국부위원 겸 고시원장으로 입각시키고자 했다. 이때에도 푸쓰녠은 "우리는 우리만의 방법을 찾아야 한다. 정부에 들어가면 정말 아무 방법이 없게 된다. 정부에 들어가는 것보다 창당組黨하는 것이 낫고, 창당하는 것보다 신문 창간이 낫다." "우리는 분투해야 한다. 바로 이러한 이유로 우리는 영원히 재야에 남아야 한다. 만약 정부에 들어간다면 바로 분투할 수가 없기 때문이다"[25]라고 하면서 후스를 만류했다.

진보의 성숙과 그 영토 확장이 현재 중국과 동아시아의 최대 과제인 상황에서 기존의 자유주의를 어떻게 비판적으로 재구성할 것인가의 문제가 여전히 중요하다고 본다. 이때 청말 지식계가 분출해냈던 사상 열기 그리고 중국의 1930~1940년대, 특히 전후戰後 4~5년 사이 정치적 자유주의 세력의 출현과 그들의 정치 구상들, 그리고 그 명멸의 과정을 잘 살펴야 한다. 이 시기 자유주의 좌파의 사유와 고민을 다시 들여다볼 필요가 있다. 이때도 일부 자유주의자는 지금처럼 그 반대자들에게 자유주의와 자본주의를 어떻게 분리하여 인식하게 할 것인가를 가지고 고심했다.

7.

다시 문명의 문제로 돌아와서, 깨어난 노예가 노예의 주인이 되는 길을 거부한다는 선택,[26] 중국은 이제 이 선택을 고민해야 한다. 적어도 이런 성격의 고민이 있어야만 문명–국가를 통한 민족–국가의 극복을 운위할 수 있다. 루쉰은 어디에선가 "중국의 문명이란 부유한 자들에게 마련해준 인육의 연회다. 중국이란 인육의 연회를 마련해주는 부엌이다"라고 했다. 이는 물론 중국 문명의 본질이 이렇다기보다는 중국 문명의 허구성을 지적함과 동시에 중국의 현실이 결코 녹록치 않음을 함축적으로 말한 것이다. 또 어떤 문명이든 현실에 전개되었을 때 자기배반적 성질이 표출될 수밖에 없다는 점을 선각자인 광인狂人의 눈을 통해 비판적으로 서술한 것이다.

인문학적 지식인이라면 지금 중국에서 이런 '루쉰 식의 좌파의식'에 주목해야 하지 않을까? 아니면 적어도 이것이 중국사회에서 기각되어가는 것에 격렬하게 저항해야 하지 않을까? 그러나 중국의 현실은 이와 반대로 돌아가고 있다. 최근 중국에서는 루쉰 지우기가 한창이다.[27] 아니, 루쉰뿐 아니라 1919년 5·4운동 이후 사회주의 건설기까지 진행되었던 중국 지성의 자유와 민주에 대한 이성적 고뇌의 모든 사상 흐름을 차단하려는 무서운 기운이 맴돌고 있다. 그것은 2000년대 들어 경제대국의 위상이 확실해지면서 좀더 뚜렷해진 상황이고, 최근 언론 보도를 통해 알 수 있듯이 시진핑習近平 정부로 진입하면서 훨씬 강화되고 있는 추세다.

루쉰은 동아시아 지성 확산의 근본 처소다. 한국의 리영희, 중국의 첸리췬, 일본의 다케우치 요시미竹內好 등 '동아시아 3대 지성'[28]은 루쉰에서 비롯되었다.[29] 특히 사유하는 방법에서 이들은 루쉰을 가장 잘 계승했으며 우상 파괴와 형해화된 사유를 비판하는 데서 이들은 가히 '루쉰 식의 좌익'이라고 할 만하다. 동아시아의 진보가 어느 때보다 위기 상황인 지금, '진보의 재구성'을 위해서는 처절하리만큼 자기를 부정해야 한다. 루쉰은 사실 자유주의에 대해 심각하게 회의했지만 생활세계와 정치에서는 철저하게 '이성'과 '자유'를 추구했다. 그냥 자유주의가 아닌 자유주의를 회의하는 '이성'과 '자유'를 말이다. 동아시아 3대 지성은 이성과 자유를 위해서는 타인(세상)을 욕하는 것도 타인에게 욕을 먹는 것도 두려워하지 않았다. 이는 자신이 처한 구체적인 국면에서 비판할 것은 비판하는 지식인 본연의 책임을 좌고우면左顧右眄하지 않고 해냈다는 뜻이다.

중국을 포함한 동아시아는 21세기 들어 자기 고유의 문명질서를 회복하는 국면에서 동시에 봉건성으로 회귀하려는 매우 강한 조짐을 보이고 있다. 봉건성과 근대성의 동시 극복이 20세기 중국의 화두였던 것을 생각하면 실로 격세지감이다. 루쉰 식의 문명의 재해석이란, 한 문명에 대한 전적인 부정이나 다른 문명에 대한 전적인 긍정이 아닌, 모든 문명에 대하여 분석적이고 역사적으로 접근하는 그런 태도를 의미한다. 문명 그 자체가 아니라 문명을 대하는 태도가 문제인 것이다.

중국의 사유 방식에 근거한 '새로운 모더니티' 그리고 '새로운 민주주의'를 창출할 수 있느냐의 문제는 곧 이 태도의 문제이기도 하다. 많은 경우 태도가 내용을 결정하기 때문이다. 이것이 가능하다면 '보편적 보편주의' 또한 가능성을 점칠 수 있다. 하지만 그것이 이뤄질 수 있을까?

간디가 살아 있다면 "간디 씨, 중국 문명에 대해 어떻게 생각하십니까?"라는 질문에 무어라 대답했을까. 앞에서와 같이 "그런 게 있다면 좋겠지요"일까? 아니면 "그래도 아직은 지켜봐야 하지 않을까요?"일까.

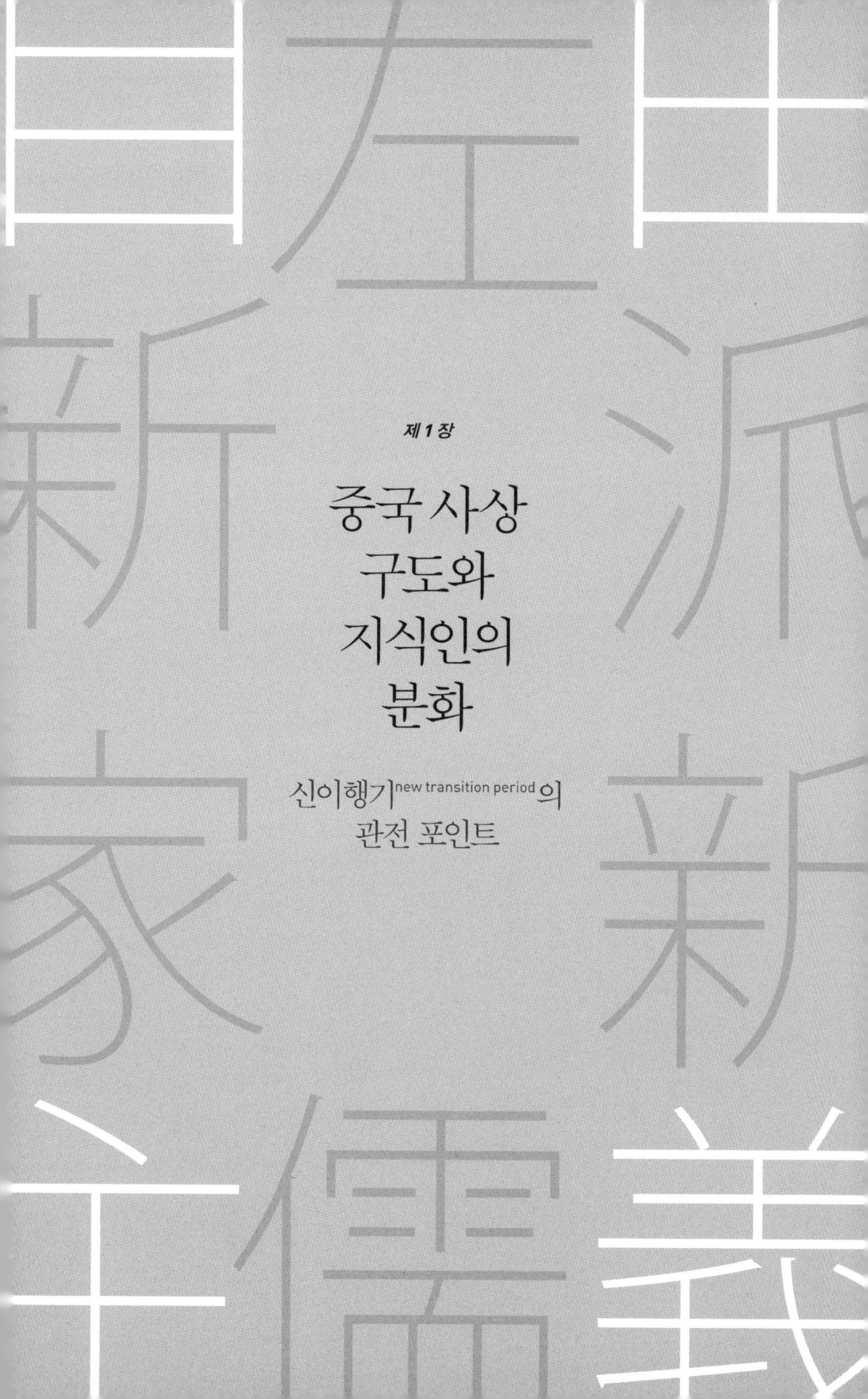

제 1 장

중국 사상 구도와 지식인의 분화

신이행기new transition period의 관전 포인트

2010년 중국은 내외의 모순이 전에 없이 격화된 시대로 진입했다. 연초 폭스콘富士康의 '다탸오러우大跳樓'부터 시작하여 쉐시血洗유치원의 돌발사건, 그리고 계속해서 여러 가지 원인으로 인해 일어난 각종 폭력사건이 발생하고 있다. 이 모든 것은 저층사회의 민과 관, 민간인과 상인, 약한 집단弱勢群體과 기득권을 가진 강한 집단強勢群體 사이의 모순의 격화가 이미 임계점에 도달했고 언제 어디서나 수시로 폭발하고 앞으로도 새로운 폭발이 있을 수 있다는 것을 말해주는 것이다. 2010년은 사회중간층의 위치에 있는 지식인에게는 한편에서는 다시 탄압을 받았기 때문에 체제와의 모순이 격화되었고, 다른 한편에서는 지식인 내부의 분화가 날로 격화되어 (…) 피차가 물과 불처럼 서로 섞이지 못하게 되었다. 그리고 바로 2010년은 고위층의 모순도 반드시 공개되는 지경에까지 이르렀다. 이것은 중국 전체가 고위층에서부터 중간층, 기층사회에까지, 중국사회 전체가 '이런 식으로는 더 이상 살아갈 수 없다'는 것을 느끼고 있음을 의미한다![1]

2010년 말 어느 좌담회에서 나온 첸리췬錢理群의 위의 말은 최근 몇 년 동안 중국사회 전체가 깊은 우울과 원한에 싸여 있으며 이러한 사회적 문제들로 인해 언제 대폭발이 일어날지 모르는 절박한 상황에 처해 있다는 것을 매우 압축적으로 보여준다. 그리고 결정적으로는 모든 계층이 이런 상태로는 중국사회가 더 이상 지속가능하지 않다는 것을 느끼고 있다는 점이다.

이로써 우리는 서론에서도 말한바, 중국이 개혁개방 30년 동안 이룬 고도성장으로 한편에서는 축포를 날리고 있지만 그로 인한 부작용 또한 매우 극심하다는 것을 알 수 있다. 근대화의 빛과 그림자는 무척 극명하게 갈리고 있는 것이다. 개혁개방의 성과를 중국 일부 계층이 독점하고 있다는 지적은 이제 더 이상 새로운 것도 아니다.[2] 그러니 국가의 GDP가 높아질수록 대다수 사람이 실제로 느끼는 행복지수는 낮아질 수밖에 없다. 국가의 부강이 곧 인민의 행복이 될 줄 알았는데 그와 반대로 전혀 비례하지 않는 것 같다. 이제 인민 자신이 이런 사실을 인식하기 시작했다.

그렇다면 지금껏 공으로 인식되어온 국가의 부강은 대체 누구를 위한 것인가? 이 질문에 답하기 위해서는 먼저 현재의 중국이라는 국가는 과연 무엇인가에 대해 묻지 않을 수 없다. 중국에는 "하늘은 높고 황제는 멀다天高皇帝遠"라는 말이 있지만 근대 이래, 특히 사회주의 중국으로 진입한 이후 더 이상 치자인 중국공산당과 피치자인 인민은 별개가 아니게 되었다. 국가 정책은 좋든 나쁘든 개인에게 '다이렉트'로 연결되어 영향을 미쳤기 때문이다. 그러나 현재까지 국가에게 인민은 관리와 통제의 대상일 뿐이다. 중국에서 인민은 아직 국가의 중대사뿐 아니라 자신들의 문제를 자신들이 결정할 수 있는 최소한의 제도적 장치인 인민주권을 갖고 있지 못하다. 인민공화국이 탄생한 지 60년이 지났지만 엄격히 말해 인민은 참정권을 가진 인민주체가 아직 못 되었다. 정치적으로나 사회적으로나 공公, official이 공공公共, public으로 확대되지 못한 것이다. 공公을 공共되게 하는 것은 인민의 참여가 있어야만 한다. 그런 의미에서 본다면 하늘은 높고 황제는 멀다는 말이 옛이야기만은 아니다.[3] 현재 중국인들이 느끼는 바는 전통 시기와는 다른 방식으로 정치에서 소외되어 있는 것이다.

그렇다면 공산당이 지배하는 중국이라는 국가는 현재 인민에게 어떤 존재인가에 대해 여기서 굳이 다시 물을 필요는 없을 것 같다. 다만 이 글이 지식인의 문제를 중심으로 논의하는 것이기에 지식인이 중국의 이러한 상황을 어떻게 보고 있는지가 중요하다. 이러한 문제들을 앞에 두고 지금 중국 지식계는 1990년대 말 신좌파 자유주의자 논쟁에 이어 또 한 번 극심하게 분화하고 있다. 경제성장이라는 목표가 이루어지는 순간 첸리췬의 표현을 빌리면 이제 중국은 어디로, 그리고 어떻게 갈 것이냐 하는 문제로 중국 지식계는 다시 한번 중요한 기로에 서게 된 것이다.

21세기 들어 나타난 지식계급의 분열과 이반의 결정적 계기는 경제성장과 국가 능력의 제고를 바탕으로 치러진 2008년 베이징올림픽과 2009년 신중국건설 60주년을 기념하는 팡파레였다. 이 두 행사의 성공적인 개최로 지식인 사이에서 민족주의,[4] 국가주의, 문화보수주의 담론이 전과 비교할 수 없을 정도로 유행하게 된 것은 결코 우연이 아니다. 이 담론을 이용하여 적지 않은 지식인이 30년 동안 국가가 이룬 근대화의 빛을 '이론적으로' 분석하는 데 열중했다. 물론 곡학曲學의 단계까지 갔다고 보는 지식인도 적지 않다.

왕샤오밍王曉明에 따르면 1980년대 계몽운동 시기에는 모두 사람을 이야기했고 이때의 키워드는 '개인'이었다. 1990년대 계급의 재조직과 분화가 발생함에 따라 핵심어는 '계층'으로 변화했다. 그런데 2010년을 전후해서는 '국가'로 변화했다. 이는 중국의 지식인 사회가 1980년대에는 반사회주의, 반反문혁이라는 '태도의 동일성' 속에서 반反집단 의식을 중요하게 여겼다면, 1990년대에는 중국사회의 자본주의화가 깊어지면서 사회 발전의 방향에 대한 각 유파의 '입장'이 드러났고, 21세기에 들어와 다수의 지식인은 국가와 협력하는 가운데 자신의 주장을 국가를 통해 '입안'하고 '실현'하기 위해 분주하게 움직이고 있다는 것을 말해준다.

이처럼 21세기 들어 중국 지식인들은 중국의 G2 등극과 수년 내 미국 추월이 기정사실화되는 분위기 속에서 국가를 자신과 동일시하면서 자기 입론을 펼치고 있다. 이는 특히 신좌파에게서 두드러지는데, 예컨대 중국모델과 관련해서 신좌파의 대표 격이라 할 수 있는 왕후이는 중국 경제적 성공 원인을 공산당의 독립자주적 사회발전 노선과 정당 및 국가의 자기조정 기제 그리고 당국 체제 역할에서 찾는다. 또 다른 신좌파 정치학자 왕사오광王紹光은 서구의 민주제도를 보완하는 방안으로 '응답형 민주'를 제안한 바 있다. 이들은 이러한 주장을 '중국모델론'으로 이론화하고 있다. 그러나 이러한 이론화 작업이 결과적으로 현재 중국공산당의 '국가자본주의'와 '과두적 통치'에서 드러나는 여러 정치적 문제를 은폐해주는 기능을 하고 있다는 점은 부정할 수 없다.

한편 쉬지린許紀霖에 따르면 최근 중국 지식인의 국가주의 경향으로의 전환은 비단 신좌파만에게서만 일어나는 것은 아니다. 자유주의자 중에도 국가주의와 자유주의 일체를 국가자유주의 관점으로 융합하려는 시도가 있다.[5] 예를 들어 자유주의자 가오취안시高全喜는 리바이어던 아래에서 비로소 현대 공민公民이 있을 수 있으며 진정 성숙한 자유주의는 국가이익을 가장 중요하게 여겨야 한다고 보고 있다. 쉬지린은 최근 중국 자유주의자들이 보여주는 이러한 경향성을 다음과 같이 비판한 바 있다. "고전자유주의에 대한 총체적인 이해가 부족한 상황에서 최근 몇 년 사이에 마키아벨리·홉스·슈미트 붐이 연달아 일어났고 이것이 국가주의 광풍을 형성하는 데 일조했다. 그리고 이는 사상계의 '국가기갈증'을 반영하는 것이다."

또 중국이 21세기로 진입하면서 '국가'라는 키워드를 떠올렸을 때 문화보수주의 유파의 '활약'을 간과할 수 없다. 신유학을 중심으로 하는 문화보수주의는 국가의 비호 아래 확산 일로를 걷고 있다. 필자는 현재 대륙의 유학 부흥 현상을 '자연발생적'인 것이라기보다는 국가와 지식인의 '선택'으로 봐야 한다고 주장했고, 이를 이른바 권력–자본–미디어–지식 복합체의 기획으로 정리한 바 있다.[6] 그런데 21세기에 들어오면서 대륙 신유가의 주류적 흐름 중 가장 큰 줄기는 현대 중국사회의 정당성의 기초를 중국의 전통에서 찾으려 한다는 점이다. 이것은 구체적으로 '서양에서 벗어나자'는 주장을 통해서 드러나고 있으며 이러한 주장들은 현대성 자체에 대한 반성적 의문을 표하는 것을 넘어 그 근간을 부정해버리는 것으로 연결되어 있어 이미 학문적·이론적 단계를 넘어서 있다고 할 수 있다.[7] 현대사회의 정당성의 주도권을 서양이 아니라 중국이 가져와야 한다고 보는 것이다. 대륙의 신유가가 보여주는 이러한 논의에서 우리는 춘추전국 시기의 철학 담론과 주자학이 보여주었던 어떤 보편이나 공공성에 대한 추구를 발견하기 힘들다. 더 나아가 국가권력과 분리된 또는 자기를 초월한 가치에 대한 열망이 보이지 않는다. 본래 권력에서 가치를 분리시켜 보는 것이 유학의 기본 교의이며 이것이 바로 역성혁명의 논리를 가능하게 했다는 것을 상기하면 지금의 담론들은 조금 당혹스럽기까지 하다.

이와 같이 21세기에 진입하자 지식인들에 의한 중국모델론, 국가자유주의 그리고 '대륙신유학' 등 거의 모든 사조와 토론이 이전과 달리 국가를 강하게 의식하는 가운데 진행되고 있다. 그렇다면 이처럼 지식인이 전반적으로 '국가주의화'되는 것은 어떤 논리로 설명할 수 있을까. 거기에는 중국이 부강해지면서 지식인의 입장 변화를 유도하는 어떤 심리적 기제가 작용하고 있을 것이다. 이에 대해서는 지면관계상 뒤에 나올 신좌파 부분에서 서술하기로 하자.

이 장은 위와 같은 기본적인 생각을 토대로 지금 중국에서 비판적 지식인의 조건은 무엇인가에 대해 질의하면서 시작하려 한다. 내가 이 글에서 비판적 지식인의 조건을 새롭게 물어야 한다는 것은 21세기 들어 중국의 국제적 위상이 변화하면서 지식 지형과 지식인의 좌우 분화가 왕성하게 진행되고 있기 때문이다. 이 분화는 구체적으로 신좌파의 변화,[8] 자유주의 내부의 분화, 문화보수주의의 출현과 확산을 말하는 것이며 이를 통해 각 파가 국가와 맺는 관계가 이전과는 달라지고 있을 뿐 아니라 유파 간의 관계도 달라지고 있다. 이런 의미에서 중국 좌우를 포함한 지식 지형 전체가 목하 재편 중에 있다고 할 수 있다. 그 재편의 중심에는 신좌파의 '국가주의화'가 자리하고 있으며 어떤 이는 심지어 이제 중국에 새로운 신좌파가 필요한 지경이 되었다고 선언할 정도다. 신좌파의 '국가주의화'는 단순히 자신들의 위상 변화만으로 끝나는 것이 아니다. 이들의 변신은 중국의 지식 지형을 보는 프레임 자체를 바꿔놓고 있다.[9] 이처럼 최근 신좌파의 '맹활약'과 문화보수주의의 저변 확대는 확실히 상대적으로 자유주의파를 일상의 운동 속으로 들어가게 하는 등 그들을 좀더 왼쪽으로 그리고 진보적으로 만들어주는 기능을 하고 있다. 그리고 사상적으로도 '자유주의의 중국화'를 절실하게 고민하게 하는 '기회'를 만들어주는 등 역설적으로 자유주의의 변신의 기회를 제공하고 있다고 할 수 있다.[10] 그리고 침잠했던 사민주의적 경향의 자유주의를 다시금 생성시키고 있는 측면도 있는 것 같다.[11] 결국 21세기 중국 지식계는 다시금 격렬하게 분화하면서 좌와 우, 진보와 보수의 재규정이 절실한 국면에 이르렀다.

이처럼 최근 10년간 중국의 지식 지형地形, topography은 1990년대와 연속성을 가지면서도 그 틀로는 다 설명할 수 없을 정도로 빠르게 변화하고 있다. 중국사회 변화의 속도가 빠른 만큼 그 문제의식과 처방에 대한 인식도 빨라지고 있는 셈이다. 이로 인해 정리의 순간 진실에서 멀어질 수 있는 위험을 감수해야 한다. 사실 이런 이유 때문에라도 중국의 지식 지형 또는 지식인 계보를 일목요연하게 정리한다는 것은 쉽지 않은 작업이며 위험하기까지 하다.

그러나 이러한 위험성에도 불구하고 이 책을 통해 필자가 가능한 한 21세기 중국의 지식 지형의 전체상을 묘사하려고 시도하는 것은 우리 독자들과 함께 다음과 같은 고민을 공유하고자 하기 때문이다. 첫째, 중국이 '제국으로 부상한 상황'에서 중국을 대표할 만한 유파와 지식인들의 중국 구상과 세계 구상을 객관적으로 알아봄으로써 우리는—우리가 보고 싶은 것만 보는 것이 아니라—중국 지식인이 구상하는 지금의 중국이 무엇이고, 또 무엇이어야 하는가에 대한 일단一段을 접할 수 있을 것으로 보기 때문이다. 둘째, 이 작업을 통해 지금 중국이 제국으로 부상하고 있는 상황에서, 그들의 자리에 걸맞은 '책임'을 다할 수 있는 지식인의 사유에서 준비되고 있는가. 즉 국가를 넘어 보편적인 문제에까지 넓은 고민의 폭을 보여주는가. 그리하여 대내외적으로 중국에 대한 합리적 우려보다는 합리적 기대를 품게 하는가를 가늠해볼 수 있다. 셋째, 이를 통해 우리는 중국 지식인 중 어느 유파의 사유가 상대적으로 중국사회의 문제를 공공적 시각을 가지고 파악하고 있으며 그것에 응답하려 하고 있는가를 알아볼 수 있다. 사상은 어떤 문제 상황에 대한 답으로 제시되는 것이기 때문이다. 넷째, 이 책을 포함하여 국내에 소개된 중국 지식인 관련 책자에서 지속적으로 등장하는 인물·유파가 전체 지식 지형의 어디에 위치하는지 독자들이 밑그림을 그리는 데 안내 역할을 할 수도 있지 않을까 하는 바람 또한 있다. 다섯째, 중국 지식인에 대한 앞의 판단에 의거하여 한국의 중국학, 특히 '비판적 중국학'[12]이 취해야 할 입장이 무엇인지를 재사유할 수 있다. 향후 국내의 '비판적 중국학'이 나아갈 방향에 대한 검토는 중국 지식인의 사유를 균형적으로 바라보면서 이뤄져야 한다. 변화된 지식 지형과 지식인에 대한 재인식은 한국, 아시아, 더 나아가 세계에 대한 중국 지식인의 구상을 추론하기 위해, 그리고 이들과 어떻게 만날 것인가, 어떤 고민을 공유할 수 있을 것인가를 위한 전략적 차원에서도 절실하다. 이 점이 현재 격렬하게 분화하고 있는 중국 지식계를 다시 날카롭게 주시해야 하는 이유이기도 하다.

이 책은 이러한 의도를 가지고 1990년대와 달리 21세기에 들어와 지식 지형이 어떻게 변화하고 있는가에 초점을 맞추어 서술할 것이다. 이를 위해 다음 2장에서는 한국에서 많은 사람의 의문의 대상이 되고 있는 중국의 좌와 우, 보수와 진보의 아포리아를 간단하게나마 짚고 넘어가려 한다. 많은 사람이 중국의 좌와 우를 헷갈려하기 때문이기도 하지만 최근 중국에서 '좌파의 우파화' 현상이 뚜렷이 나타나기 때문이기도 하다. 그런 다음 3장에서는 중국 지식 지형 전체에 대한 지형도와 일람표를 제시한다. 이후 4, 5, 6장에서는 현재 주요 사조인 대륙 신유가, 자유주의, 신좌파 순으로 논의와 쟁점이 무엇인지를 서술한다. 마지막 7장에서는 앞에서 서술된 유파별 사조를 바탕으로 지식의 공공성, 공공성의 지식을 의식하면서 필자의 최종 견해를 밝히고자 한다. 그리고 부록에서는 21세기 지식 지형의 전사로서 1980~1990년대의 사상을 소개, 분석한다.

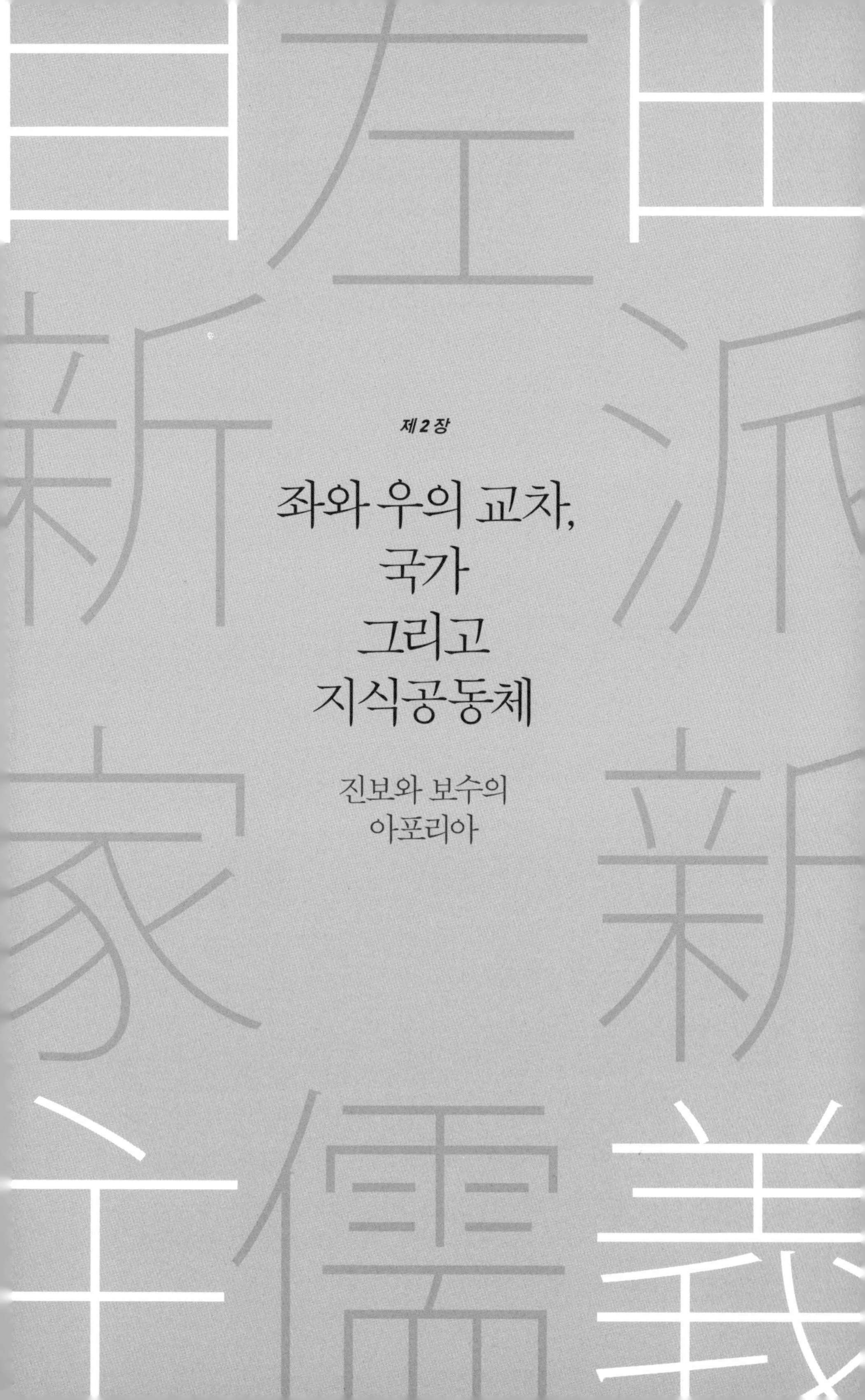

제 2 장

좌와 우의 교차, 국가 그리고 지식공동체

진보와 보수의 아포리아

중국 지식 지형을 볼 때 흔히 간과하는 것이 좌와 우 그리고 진보와 보수의 헷갈림 현상이다. 물론 좌와 우의 구분은 자본주의를 비판하느냐 아니냐가 전통적인 기준이다. 중국도 예외는 아니다. 그러나 현재 중국의 정치사회적 맥락에서 누가 진보이고 보수냐는 질문을 받았을 때 한국처럼 좌파가 진보이고, 우파가 보수라고 말하기는 힘들다.[1] 인터넷 시대에 진입하면서 조금씩 약화되고 있기는 하지만 여전히 중국은 국가의 노선과 정책에 따라 지식인의 주류와 비주류가 결정되고 포함과 배제의 범위가 결정된다. 이러한 정치 환경에서 좌와 우의 문제는 다른 나라에서 볼 때 결코 간단한 문제가 아니다. 이와 관련하여 중국 학계에서 새로이 주목받으며 자칭 '애매한 좌파'라 부르는 소장학자 류칭劉擎의 다음 발언은 중국 지식계의 진보와 보수의 아포리아의 단면을 잘 보여주고 있다.

좌에서 우까지 다만 선형의 수축이기 때문에 적어도 문화적, 정치적, 경제적인 다양한 방면을 포괄하는 입장, 즉 입체적이고 삼차원적인 좌표를 가지고 정위를 할 필요가 있다. 예를 들어 독립학자인 추펑秋風은 초기에는 하이데거 사상을 연구했고 최근에는 유가를 읽고 있으며 유가 전통과 헌정의 관계를 탐구하고 있다. 그렇다면 그는 경제에서는 자유주의적이고 문화에서는 보수주의적이며 정치에서는 자유보수주의적이기 때문에 간단하게 좌와 우를 사용하여 위치를 정하기가 어렵다. 다시 예를 들어 중국 신좌파라 불렸던 일군의 지식인도 1990년대 중후반에는 중국의 발전모델에 대해 매우 비판적인 태도를 견지했다. 그들 자신이 '비판적 지식인批判型知識分子, critical intellectuals'으로 불리기를 원했다. 그러나 근래에는 신좌파 중 많은 사람이 갈수록 중국의 굴기에 대해 긍정하고 찬양贊頌하게 되었고 좌파가 항상 사용했던 첨예한 구절—도대체 누구의 굴기냐, 평민이냐 아니면 귀족이냐[2]—을 사용해 중국모델에 대해 따지지 않는다. 비판적 지식인은 아마도 찬양형 지식인으로 변했거나 변호형 지식인으로 변했을 것이다. 이런 변화는 당연히 자기에게 이론적 근거가 있다. 이들을 (어떤 의미에서) 여전히 좌파라 부를 수 있는 것일까. 왜냐하면 좌파라는 것은 일종의 비판의 전통이고 우선적으로 이 비판은 자신이 처한 상황 속의 '기존의 틀status quo'을 겨냥한 비판이어야 한다. 그들은 여전히 날카롭게 비판하고 있지만 조준하는 것은 미국 패권과 전 지구적 자본주의 질서다. 이런 사근구원捨近求遠적 비판이 핵심을 찌를 수 있는가, 중국 문제의 중요한 부분의 정곡을 찌를 수 있는가, 이 모든 것은 논쟁이 필요한 부분이다. 그러나 신좌파의 '옛 상표'로는 이러한 입장의 복잡성을 완전히 파악할 수 없다. 요약하자면 현재 지식인의 계보는 매우 복잡하게 변했고 과거의 라벨식 획분 방식은 그 유효성을 상실했다.[3]

류칭의 이 글은 최근 중국 좌우파 지식인 계보의 복잡하고도 가파른 변화 상황을 과연 기존의 좌우 기준으로 판단할 수 있는가에 대한 의문을 표한다. 또 자유주의자뿐 아니라 '비판적 지식인'으로 불리기를 원했던 신좌파에 대해서, 특히 후자에 대해 "자신이 처한 상황 속의 기존의 틀을 얼마나 비판적으로 바라볼 수 있느냐를 기준으로 봤을 때 신좌파의 사근구원적 비판의 태도는 더 이상 좌파라 할 수 없다"는 주장이다.

비판적 지식인이란 우리 상식으로는 자기 사회에 대한 성찰적 자세를 보여주는 지식인이고, 그 성찰적 자세란 주어진 환경과 언어에 대해 근원적인 질의를 통해 자기 근거조차 의문시할 수 있는 그런 것을 의미한다고 할 것이다. 그러나 현실적으로 자기 위상이 권력관계 안에 있다고 판단될 경우, 또는 그럴 가능성이 있다고 생각될 경우 성찰이 자기 근거를 문제 삼는 데까지 나아가기 힘든 것이 중국 지식계의 상황인 것 같다. 학술권력도 여기서 예외가 될 수 없다.

쉬지린의 다음 지적은 현재 중국 지식계의 좌우 도치 현상을 좀더 노골적으로 드러낸다.

좌와 우, 진보와 보수는 원래 절대적인 양극이 아니다. 특정한 조건 아래 그것들은 상호 전화할 수 있으며 심지어 이상하게 결합하여 일체화된 형좌우실形左右實의 모습을 보여줄 수도 있다. 하반신은 기층민중의 좌파를 동정하면서 상반신은 권위적인 우파를 옹호하는 모습 말이다.[4]

여기서 형좌우실은 실제로 신좌파를 겨냥하여 형상화한 용어다.

그렇다면 현재 중국에서 좌익은 누구이고 우익은 누구인가? 물론 좌와 우는 앞에서 말한 것처럼 자본주의를 비판하느냐 그렇지 않느냐를 기준으로 한다. 그렇기 때문에 지금 중국에서의 호칭 방식이 형식적으로는 틀리지 않는다. 신좌파가 좌익이고 자유주의가 우익이다.[5] 그렇다면 다시 이런 질문을 던져야 한다. 중국에서도 보편적인 의미에서 좌익이 진보이고 우익이 보수인가? 이에 대한 대답은 그렇게 간단하지가 않다. 이와 관련하여 최근 중국 지식계에 유포되어 유행하는 그림이 하나 있는데 이 대목에서 이를 참조할 필요가 있다.

[그림 1] 중국의 좌우파 상세 도해

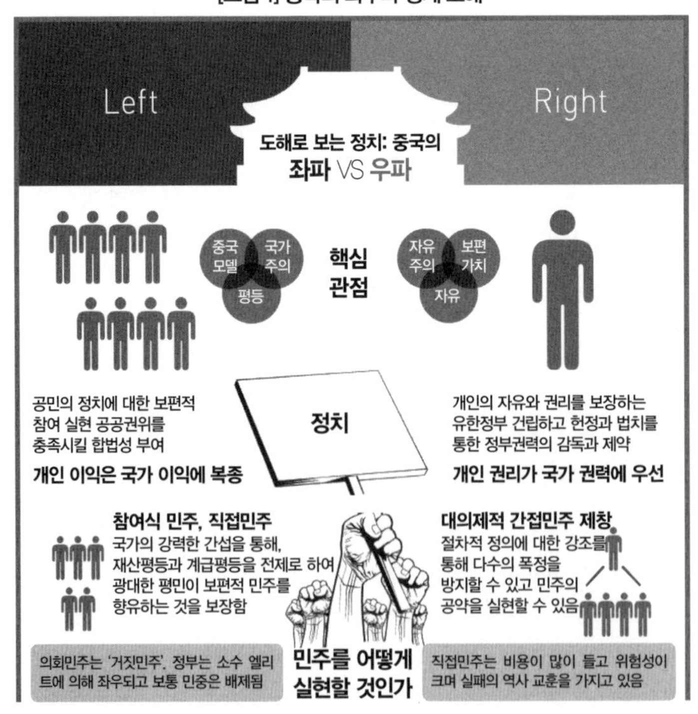

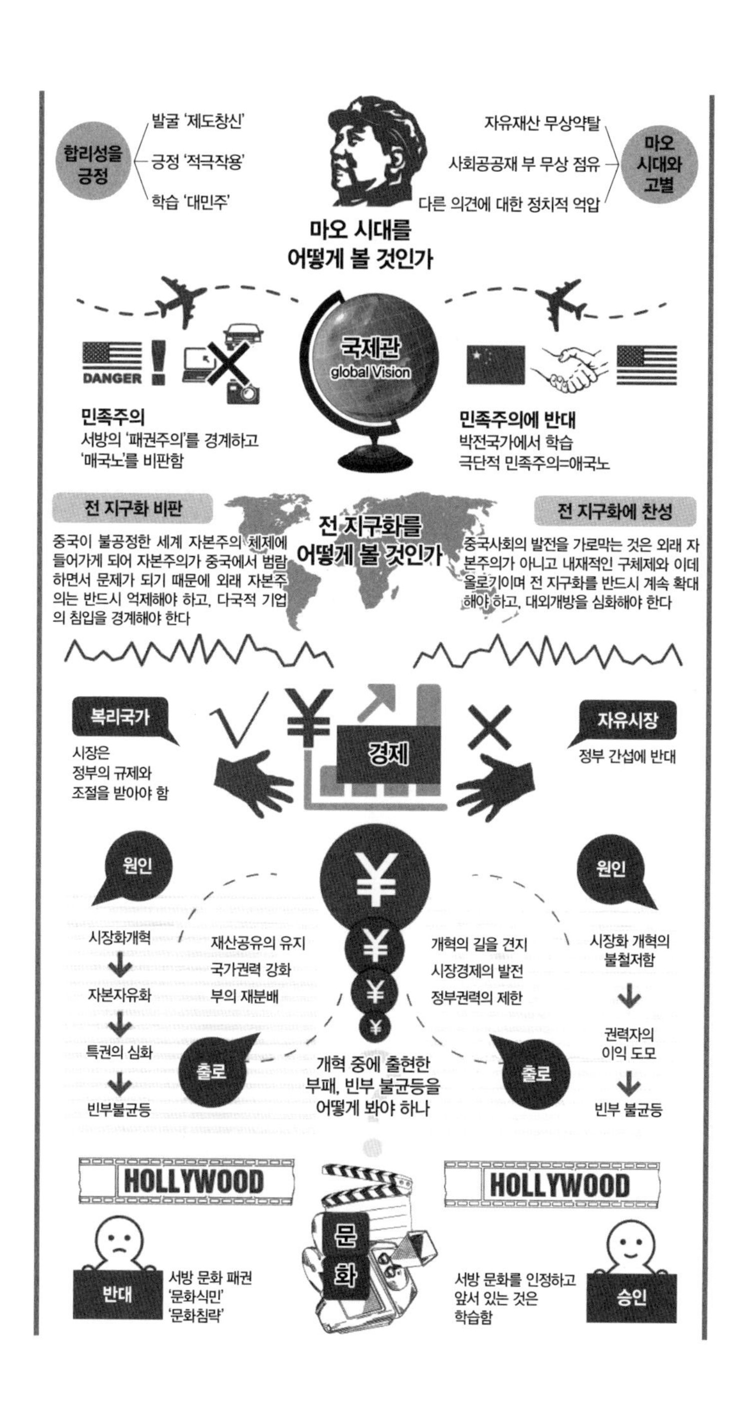
합리성을 긍정
발굴 '제도창신'
긍정 '적극작용'
학습 '대민주'
자유재산 무상약탈
사회공공재 부 무상 점유
다른 의견에 대한 정치적 억압
마오 시대와 고별
마오 시대를 어떻게 볼 것인가
DANGER
국제관
global Vision
민족주의
서방의 '패권주의'를 경계하고
'매국노'를 비판함
민족주의에 반대
박전국가에서 학습
극단적 민족주의=애국노
전 지구화 비판
중국이 불공정한 세계 자본주의 체제에 들어가게 되어 자본주의가 중국에서 범람하면서 문제가 되기 때문에 외래 자본주의는 반드시 억제해야 하고, 다국적 기업의 침입을 경계해야 한다
전 지구화를 어떻게 볼 것인가
전 지구화에 찬성
중국사회의 발전을 가로막는 것은 외래 자본주의가 아니고 내재적인 구체제와 이데올로기이며 전 지구화를 반드시 계속 확대해야 하고, 대외개방을 심화해야 한다
복리국가
시장은
정부의 규제와
조절을 받아야 함
경제
자유시장
정부 간섭에 반대
원인
시장화개혁
자본자유화
특권의 심화
빈부불균등
재산공유의 유지
국가권력 강화
부의 재분배
출로
개혁 중에 출현한
부패, 빈부 불균등을
어떻게 봐야 하나
개혁의 길을 견지
시장경제의 발전
정부권력의 제한
출로
원인
시장화 개혁의
불철저함
권력자의
이익 도모
빈부 불균등
HOLLYWOOD
HOLLYWOOD
반대
서방 문화 패권
'문화식민'
'문화침략'
문
화
서방 문화를 인정하고
앞서 있는 것은
학습함
승인

ⓒ 方可成·龔方舟, www.weibo.com/cnpolitics

[그림 1]에서 말하고자 하는 핵심은 중국에서 좌파는 서양에서 우파이고, 중국에서 우파는 서양의 좌파와 같다는 점이다. 여기서는 자본주의만이 아니라 국가에 대한 입장을 좌우를 가르는 기준으로 보는 것 같다. 이 그림은 좌우 양쪽 모두에 대한 이해에서 많은 부분 도식적인 느낌이 들지만 이것이 중국의 내부 지식인들 사이에 널리 유통되는 데는 나름의 이유가 있는 듯하다.[6] 21세기 들어 신좌파의 국가주의화 경향이 뚜렷함에도 불구하고 그들이 지식인 사이에서 여전히 '진보'로 여겨지는 것이 정당하지 못하다는 것에 대한 보편적 인식이 깔려 있는 것이다.[7]

그런데 사실 중국에서 좌우의 문제를 좀더 내실 있게 검토하기 위해서는 경제체제가 어떻게 움직이고 있는지 그 메커니즘을 제대로 파악할 수 있어야 한다. 즉 중국의 시장경제 메커니즘이 공산당과 어떤 관계 속에서 작동되는가를 아는 것이 매우 중요하다. 중국에서 좌우의 착시현상은 기본적으로 1949년 인민의 지지를 받은 좌익 정권, 즉 공산당이 권력을 잡았고 현재는 그들이 실제적으로 보수화되었다는 데서 비롯된다. 거자오광葛兆光에 따르면 1950년대의 '반우파'투쟁이라는 명칭에서 보듯이 국가와 대척점에 있는 지식인들이 이때(1957년)부터 '우파'가 되었다. 그리고 그 동일한 권력이 개혁개방을 단행하면서 시장경제를 도입했고 1990년대 이후 시장과 상품경제가 전통적 사회주의의 금욕주의와 평균주의를 와해시켰다. 그렇지만 오히려 그것에 대한 국가주의와 정치권력은 실질적으로 와해되지 않았다.[8] 중국에서 계획경제가 붕괴된 것은 사실이지만 정부의 간섭이 예전보다 줄어들기는커녕 오히려 더 광범위하게 진행되고 있다는 허칭롄何清漣의 주장도 앞의 거자오광의 견해와 일맥상통한다. 오늘의 중국은 시장경제 본래의 메커니즘이 아니라 시장경제 체제와 정부의 간섭이라는 쌍두마차에 의해 돌아가고 있다는 것이다.[9] 정치와 경제 형식의 불일치성이 문제의 복잡성을 더해준다고 할 수 있다. 중국 정부가, 정치는 형식적으로 여전히 레닌식의 사회주의 정권을 유지하면서 경제는 선부론先富論에 근거한 자본주의를 지향하게 되면서 이에 대응하는 지식계의 태도 또한 복잡해지는 것이다. 그렇기 때문에 나는 '현대 중국 보수주의'를 분석한 글에서 정치적으로는 자유주의가 국가 견제를 담당했으며, 경제적으로는 신좌파가 국가의 경제정책을 비판하여 중국 지식계가 국가에 대한 견제라는 측면에서 나름의 역할 분담을 한다고 보았다. 그러나 이때도 신좌파의 주 비판 대상은 전 지구적 자본주의와 다국적 자본이었다. 선부론을 추구하는 중국 정부는 신좌파의 직접적인 비판 대상에서 제외되어 있었다. 이렇게 본다면 중국에서 좌파와 우파는 국가에 대해 비판적이냐 아니냐를 기준으로 보는 것이 내용상 맞을 수 있다.

이 문제의 실제에 더 근접하기 위해서는 개혁개방 이후 중국에서 국가를 어떻게 봐야 하는가 그리고 그것이 자본과 어떤 관계를 맺고 있는가를 알아야 한다. 만일 자본이 국가의 통제 아래 있다면 시장의 절차도 국가가 개입하여 좌지우지할 가능성이 높기 때문이다. 덩샤오핑 시기 선부론을 내건 이래 국가는 본질적으로 자본과 대립관계가 될 수 없었다. 오히려 자본을 통제하면서 동시에 그들과 이윤을 공유하는 공생관계에 있다고 보는 것이 맞다. 사실 '혼성적인 국가-자본가hybrid state-capitalist'라는 말이 생겨났듯이 중국에서는 국가 관료와 사적 자본가의 관계가 불분명하다. 왜냐하면 정부 또는 관료가 직접 기업을 경영하는 '기업가적 국가entrepreneurial state'의 행태를 보이고 있기 때문이다.[10] 그리고 실제로 중국에서 자본가가 공산당과의 '관시關係' 없이는 사업하기 힘들다는 말이 있듯이 자본은 국가권력의 뒷배경 없이 생존하기 힘든 것이 현실이다. 이처럼 중국에서 국가는 반시장적이지 않으며 시장도 국가와 대립해서는 생존하기 힘들다. 그러므로 시장과 국가의 관계를 천적으로 본다는 점에서 자유주의파와 신좌파 모두 중국의 현실을 왜곡하여 이해하는 것이다. 국가와 시장이 철저하게 유착하고 있다면 자본만 비판하는 것도 의미가 없으며 국가만 비판하는 것도 의미가 온전하지 않다. 국가가 상위에 있다면 국가 비판이 근본적인 비판이 될 것이다.

사상계가 좌든 우든, 경제계가 자본시장을 지향하든 국가조절을 지향하든, 학계가 정치를 논하든 학을 논하든, 이것은 모두 정치 환경에 대한 반응[11]이라고 한 거자오광의 말은 어떤 분야, 어떤 입장을 막론하고 정치 이데올로기와 국가권력의 통제라는 부분을 전제해야 함을 강조한 것이다. 이는 현재 중국의 정치 지형에서는 국가라는 존재가 지식인의 지식 지형을 좌우하는 데 언제든 상시적 변수가 될 수 있음을 암시한다. 현실적으로 국가라는 매개항을 고려에 넣지 않고 어떤 일도 진행할 수 없다는 말이다. 그렇다면 "중국에서는 지식계의 논쟁이 누가 가장 최전방의 사상을 대표하느냐, 누가 가장 유력한 지지를 받을 수 있는가로 변질된다"[12]고 한 거자오광의 지적은 그만큼 국가의 통제가 전방위적이라는 이야기다. 이는 다음의 류칭이 지적하는 바와 매우 상통하는 부분이 있다.

> 중국에서 독립된 지식공동체가 발전하지 못한 것은 공인된 지식 준별의 기제가 아직 형성되지 못했다는 것과 밀접하게 관련이 있다. 지식공동체의 허약함은, 논쟁의 내용이 지식장의 규칙에 따라 판단·처리되지 못하고 각종 외부의 힘에 호소하는 쪽으로 귀결되게 하며, 이것이 결

과적으로 학계에 비규범적인 악성 경쟁을 불러일으킨다.[13]

이러한 사실로 볼 때 중국의 맥락에서는 현 국가체제에 대한 비판이 무엇보다 근원적이고 중요하다. 국가와 자본이 명확히 구분되지 않고 또 많은 부분 자본이 국가의 통제 아래 있기 때문이다. 그런데 앞에서 말한 바 국가를 비판하는 것은 좌파가 아니라 우파다. 그러니까 친후이가 "좌우파의 서양에서의 기능과 중국에서의 기능이 뒤바뀌었습니다. 서양의 좌파는 중국의 우파이고 중국의 우파가 서양의 좌파죠. 반체제적인 거잖아요. 우리가 반대하는 체제와 그들이 반대하는 체제가 다릅니다"라고 한 말이 맞다. 어쨌든 지금 중국의 좌와 우, 진보와 보수는 이제 더 이상 고정적으로 인식될 수 없다는 것은 확실하다. 이에 대한 좀더 자세한 내용은 아래 인터뷰에서 확인할 수 있다.

> 어떤 좌파는 자유파가 국가의 퇴출을 주장한다고 하는데 나를 자유파로 본다면 나는 이렇게 말한 적이 없다. 나는 국가의 권리를 제한할 것을 주장했을 뿐이다. 그러나 국가의 책임을 늘리는 데 있어서 나의 주장이 그들보다 더 명확하다. 어떤 사람들은 지금 중국에서 좌파가 잘나가는지 우파가 잘나가는지를 묻는데, 조 선생이 보기엔 어떤 것 같으냐? 나는 오늘날 중국의 집정자들은 좌파도 좋아하고 우파도 좋아한다고 본다. 좌파를 좋아하는 건 권리를 확장할 수 있기 때문이고, 우파를 좋아하는 것은 책임을 회피할 수 있기 때문이다. 그러나 좌파는 권리를 제한하는 것을 아주 싫어하고 우파는 책임을 추궁하는 것을 싫어한다. 때문에 나는 중국에서는 국가의 권리를 제한함과 동시에

책임을 추궁하는 태도가 가장 필요하다고 본다. 이런 태도를 취하는 나는 좌파에 속하는지 우파에 속하는지 모르겠다. 서양에서는 이런 것이 없고 또 필요하지도 않기 때문이다. 그러나 중국에선 필요하다. 중국에서는 좌파가 되든 우파가 되든 모두 정부의 환심을 살 수 있다. 좌파가 된다면, 왕사오광王紹光이 가장 대표적인데, 끊임없이 국가가 흡수 능력을 강화해야 한다고 주장하면 된다. 국민에게서 더 많은 것을 거둬들이면서 중앙 재정에 바치는 돈이 부족하다고 한다. 이런 좌파는 정부에서 아주 좋아한다. 반대로 어떤 우파도 정부에서 좋아하는데, '하강下崗(중국에서는 언덕을 내려온다는 뜻으로 실업을 하강이라 부른다) 근로자는 정부에게 손을 내밀지 말아야 한다. 심지어 에이즈 환자도 정부에 도움을 요청하지 말아야 한다. 이런 사람들은 다 자업자득이다. 죽든 살든 정부는 이들을 돌봐줄 책임이 없다.' 이런 말도 정부는 좋아한다. TV 광고에도 이런 내용이 있다. '승패와 영욕은 별게 아니다. 처음부터 다시 하면 된다. 즉 모든 걸 박탈당해도 이들은 자업자득이다. 혼자서 알아서 해결하라지 뭐, 처음부터 다시 시작하면 되지 않나. 누굴 원망하지 말라'는 식의 말들이다. 이런 말은 정부에서 좋아한다.[14]

첸리췬도 신좌파가 최근 새로운 대표성 이론을 제시했고 이는 현재의 권위적 사회주의를 위해 새로운 정당성을 부여한 것이라고 지적한다. 그는 이를 중국의 '좌파의 우파화' 현상이라고 본다. 체제를 비판했던 사람들이 체제를 변호하는 것으로 바뀌었기 때문이다.[15] 이처럼 구미와 중국에서의 좌우는 다르다. 구미에서 개혁을 주장하는 사람들은 좌익이지만 중국에서는 지금의 분류 기준에서 개혁을 주장하는 사람들이 우익이다.

예를 들어 뒤에 소개할 사회민주주의 사상도 구미에서는 좌익에 속하지만 중국에서는 오히려 우익에 속한다. 자유를 제한하고 노조와 농민조합의 활동을 제한하는 것이 국제적으로는 우익의 주장으로 통하지만[16] 중국적 맥락에서는 반드시 그렇지만은 않다. 좌와 우를 기준으로 모든 것을 평가하는 것에는 많은 한계가 있고 이미 그런 시대가 지났다고 하지만, 중국의 지식 지형에서 좌와 우가 중요한 것은 그것을 가르는 기준인 국가가 아직도 매우 강력하기 때문이다. 앞에서 본 것처럼 중국과 서양 사이에 존재하는 차이를 잘 인식해야 하고 또 그 함의를 잘 음미해야 중국 전체 사상의 좌우 구도를 균형감 있게 바라보는 안목을 지닐 수 있다.

제 3 장

최근 주요 학파와 주장들

현대 지식 지형과 분류 기준

2012년 마리칭馬立誠은 『중국팔대사상사조』라는 책에서 중국 사상계의 최근 변화를 반영해 8개 유파로 분류했다. 그는 현재 중국의 사조를 중국 특색의 사회주의 사상(덩샤오핑 사상), 구좌파, 신좌파, 민주사회주의, 자유주의, 민족주의, 민수주의, 신유가 사조 등으로 나눴다. 또 1990년대 신권위주의 연구로 유명한 샤오궁친蕭功秦은 개혁개방 이후 민간에서 6개의 사조가 사회적 영향력이 있다고 보고 그것을 형성된 시간 순서에 따라 다음과 같이 분류한다. 1980년대 중엽에 출현한 자유주의계몽 사조, 1980년대 후기에 출현한 신권위주의 사조, 1990년대 중기에 나타난 신좌파, 1990년대 후기에 굴기한 신민족주의, 21세기 초의 문화보수주의 사조, 최근 몇 년 사이에 출현한 민주사회주의 등이다.[1]

사실 이렇게 많은 사조가 현재 중국에서 서로 각축을 벌이면서 존재한

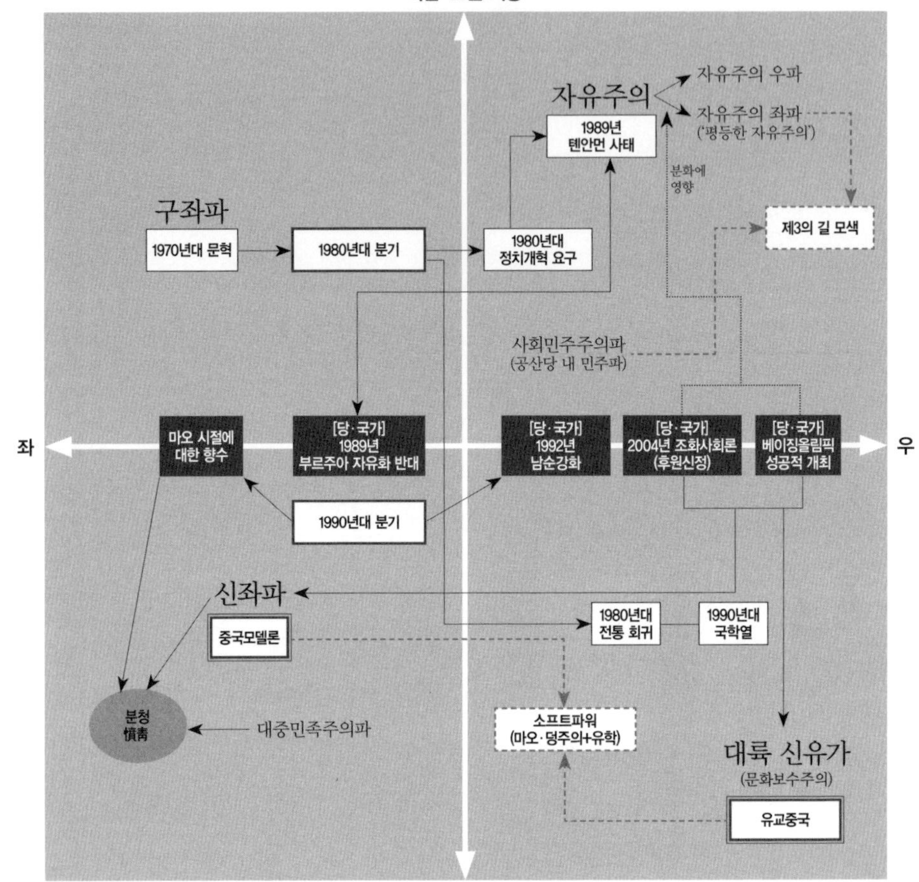

[그림 2] 중국 1980~2010년대 사상 분기와 지식 지형도

「中國ナショナリズム分析の枠組みと實踐」, 加加美光行, 『中國の新たな發見』, 日本評論社, 2008에 나오는 그림 7 참조. 다지마 에이치의 그림에서는 X축을 민民과 사士로 보았고, Y축을 서양洋/국제주의 지향과 중국土/전통문화 지향으로 보았다.

다는 자체는 개혁개방 이후 30년 동안 이전 30년과 비교할 수 없을 정도로 민간 사회 사조가 탄생, 변화, 발전했다는 점을 말해준다. 그것은 자본주의가 중국에 진입한 이래 사회경제가 구조적으로 변화하는 과정에서 각종 모순과 문제가 발생해갔던 것과 궤를 같이한다. 사회의 각종 문제를 대면하면서 지식인들은 유파별로 나름의 진단과 해결 방안을 모색해왔고 그 결과 다양한 사조를 형성할 수 있었다. 이러한 사조들은 각종 사회 문제에 대한 나름의 응답 형태로 출현한 것이다. 이 점에 비추어보면 현대 중국의 사회 사조가 집단성·민간성·공공성·자주성을 띤다고 한 샤오궁친의 말[2]은 전혀 과장이 아니다. 좌든 우든 중국의 민간 사조가 그 어느 때보다 자유롭게 용기하고 있으며 그 결과 중국의 복잡한 사상과 지식 지형이 만들어졌다고 볼 수 있기 때문이다.

다음 4장에서는 중국의 사상 지형에서 21세기의 변화를 잘 보여주는 세 유파를 중심으로 서술하려 한다. 그런데 3장에서 각론으로 들어가기 전에 [그림 2]와 같이 전체 지식 지형도를 제시해 보인다.

이 그림은 다지마 에이치田島英一가 만든 '1980년대, 1990년대의 분기'를 기본으로 하여 필자가 21세기의 변화 상황을 추가한 것이다. 즉 Y축의 오른쪽 점선 처리한 부분은 거의 모두 필자가 그려 넣은 것이다. 이 그림에서 2000년대로 진입하기 전 상황인 '1980년대의 분기'와 '1990년대의 분기'에 대한 설명이 필요하다. 신계몽주의 기치 아래 '태도의 동일성'을 보여줬던 사상계가 다큐멘터리 「허상河殤」 방영이 당국으로부터 비판을 받게 되자 자유주의파와 전통회귀파로 나뉘게 되는 것을 '1980년대의 분기'로 표현한 것이다. 또 1989년 톈안먼 사건 이후 기입공간을 찾지 못한 대중이 대중민족주의에 빠져들자, 중국 정부는 그것을 차단할 필요성을 느끼게 되었다. 이에 정부가 '차분한 민족주의'(애국주의)를 내세우면서 '1990년의 분기'가 형성되었다고 할 수 있다. 이 설명을 기초로 하여 세 유파의 최근 변화를 서술하면 아래와 같다.

첫째, 대륙 신유가다. 최근 나타난 대륙 신유가의 특이한 경향은 수기와 치인을 분리하는 기존의 신유가를 비판한다는 점이다. 또 하나 주목해야 할 것은 기존의 문화보수주의자가 아닌 유파에 속해 있던 지식인들이 유학에 관심을 가지면서, 대표적으로 대륙 신유가의 '유교중국'과 신좌파의 '중국모델론'이 [그림 2]에서와 같이 중국 정부의 소프트파워 구상을 중심으로 만나고 있다는 점이다. 그 지형도도 훨씬 복잡해졌다는 점이다.

둘째, 자유주의다. 자유주의 유파는 2004년 전후까지만 해도 우여곡절이 있었지만 그래도 평탄한 기조를 유지했다. 그러나 최근 다시 위축되는 분위기가 감지된다. 그 원인은 이들이 정치체제 개혁을 주장하면서 다양한 형태의 민간 사회운동에 주체적으로 참여하고 있고 이로 인해 국가와의 관계가 불편해졌기 때문일 것이다. 그러나 자유주의 내부도 예외 없이 중국이 베이징올림픽 성공, G2로의 등극을 계기로 [그림 2]에서 보는 바와 같이 분화가 이뤄지고 있다. 그리고 분화 이후의 자유주의 좌파는 사민주의파와 '제3의 길'의 구상을 중심으로 하여 협력할 가능성이 점쳐지고 있다.

셋째, 신좌파다. 1990년대의 신좌파는 중국공산당의 경제정책을 비판했지만 21세기에 들어와서는 중국모델론을 지지하면서 국가와 더욱더 친화감이 형성되었다. 신좌파와 자유주의파는 1990년대의 격렬한 논쟁에 이어 2010년을 전후해 중국모델론을 둘러싸고 또 한 차례 충돌했다. 따라서 이들은 중국의 사상 지형에서는 영원한 카운터파트이자 적수다. 2000년대 초반까지만 해도 유교자본주의를 비판했던 신좌파는 [그림 2]에서 보는 것처럼, 중국모델론을 구상하게 되면서 대륙 신유가와는 친화적이 된 반면, 자유주의와는 더 멀어졌다. 그러므로 이 그림에서 신좌파를 좀더 오른쪽으로 이동시켜도 무방하다. 그리고 마오 시절의 향수와 함께 신좌파의 정서는 분노한 청년들憤青(분청)에게 막대한 영향을 주고 있다.

마리청과 샤오궁친은 두 사람 모두 자신의 사조 분류에서 민족주의를 8개 사조 또는 6개 사조 안에 넣고 있다. 그것이 현재 중국의 지식 지형에서 빼놓을 수 없을 정도로 대세인 것만은 분명하다. 특히 중국의 1990년대는 민족주의를 빼놓고 설명하기 힘들다. [그림 2]에서 보는 바와 같이 대중 민족주의가 '분청'에 주는 영향을 무시할 수 없다. 하지만 민족주의는 자기 이론 지형을 고유하게 가지고 있기보다는 국민국가가 근대화를 진행하는 과정에서 일반적으로 나타나는 보편적 현상 중 하나라고 할 수 있다. 민족주의는 독립된 어떤 유파라기보다는 주로 다른 어떤 유파나 분위기와 결합하여 나타나는 것이 보통이다. 그렇기 때문에 민족주의는 어떤 분명한 사조라고 지칭하기에는 약간 무리가 있다. 또 신권위주의와 덩샤오핑의 사회주의는 하나의 사상 유파라기보다는 1989년 톈안먼 사건 이후 1990년대 초반 정치적 위기 해결을 위해 나타났던 정치적 권위주의의 한 중국적 유형이라 할 수 있다. 그리고 민수주의와 구좌파의 출현에 대해서는 최근 구좌파의 권토중래가 뚜렷한 것이 사실인데, 이는 사회적으로 빈부격차의 문제가 심각해지고 마오쩌둥 시대에 대한 소구력이 높아진 데 그 원인이 있다. 사민주의 사조도 크게 보면 그런 원인과 무관하지 않다. 그리고 이들 유파는 공히 퇴직한 공산당 원로들에서 상대적으로 많이 나타난다. 그런데 필자가 2013년 6월 초에 베이징을 방문하여 새롭게 느낀 것은 사회민주주의(또는 민주사회주의) 사조가 당내 민주파에게는 물론 자유주의 좌파 지식인들 사이에서도 '제3의 얼터너티브'로서 매우 광범하게 운위되고 있다는 사실이었다.

따라서 이 장에서는 다음 장에서 3대 유파를 중심으로 서술하기 전에 현재 중국의 전체 지식 지형에 대한 기초적인 이해를 돕기 위해 이 장 맨 끝에 도표 '중국 지식 유파별 주의·주장 일람표'를 그려 제시하려고 한다. 그런데 최근 중국의 지식 지형에서 사회민주주의가 차지하는 위치가 예사롭지 않다. 따라서 그 현재적 중요성을 감안하여 도표와는 별도로 설명을 덧붙이고자 한다.

중국에서 사회민주주의는 오랜 기간 '반역자'로서 부정적으로 인식되어왔다. 중국공산당이 1950년대 말 소련과 사이가 나빠지면서 소련을 수정주의라고 비난했을 때, 사민주의자였던 베른슈타인과 카우츠키도 싸잡아서 비난당했다. 이들을 마르크스주의의 반역자로 본 것이다. 따라서 베른슈타인과 카우츠키의 저작은 지속적으로 당내의 비판용 회색 문건 대우를 받아왔다. 그러나 개혁개방 이후 사정이 변했다. 사민주의 관련 문헌들이 지속적으로 번역 소개되기 시작했다.

그런데 21세기 들어 지식계 내부에서 사민주의가 주목을 받는 계기가 된 것은 중국 런민대학 부총장을 지낸 셰타오謝韜의 「민주사회주의만이 중국을 구할 수 있다」라는 글이 『옌황춘추炎皇春秋』에 발표되면서부터다. 이 글은 발표된 즉시 지식계의 논쟁을 불러일으켰다. 이 글의 핵심 내용은 이렇다. 민주는 사회주의의 본질적 요구다. 장기간 비판, 부정되어왔던 '민주사회주의'[3] 이론에서 그 원래의 창안자는 수정주의자인 베른슈타인이 아니라 엥겔스다. 레닌주의의 폭력혁명론은 결코 마르크스주의를 대표하는 발전도로가 아니다. 중국은 반드시 민주사회주의 방향으로 정치개혁을 진행해야 한다. 이 글을 기준으로 보면 민주사회주의는 레닌주의적 사회주의 정통에 대한 도전을 의미하기도 한다. 중국에서 말하는 민주사회주의는 보통선거권 쟁취를 통해서 점진적 개량을 실현하자는 것으로, 마르크스가 제출한 무산계급혁명과 폭력을 이용하여 정권을 쟁취하는 방법과는 구별된다.

이러한 입장은 중국공산당 내의 지식인 노간부들에서 주로 나타나며 이들은 마오주의자들과는 조금 다르다. 이들은 소위 당내 민주파로 마오쩌둥의 극좌 노선을 지지하면서도 또한 동시에 박해를 받은 적이 있다. 이들은 젊었을 때 공산주의자가 되기 이전에는 유가문화와 서양의 자유주의 및 5·4 민주계몽 사상의 영향을 깊이 받은 적이 있으며, 1940년대 이후에는 국민당의 부패에 불만을 품고 혁명사업에 비교적 적극적으로 참여한 경험이 있다. 이들은 사회주의혁명과 건설의 참여자로서 관념, 심리, 정서적 측면에서 사회평등을 소구하는 사회주의 이상을 방기할 수 없지만 그러나 또 한편에서는 전제주의적 강권사회주의에 대해서는 심각한 반성을 하고 있다. 따라서 이들은 최종적으로 민주사회주의를 선택하는 것이 이치에 맞다고 본다. 요컨대, 이들은 마르크스주의 전통에 대해 새로운 선택과 해석이 필요하다고 보며 소위 엥겔스의 만년 사상에 고도의 동질감을 표시하는 것 같다.

민주사회주의의 최대 장점은 사회주의적 이상과 가치, 공정 평등과 기층 이익에 대한 관심, 그리고 자유와 경쟁의 현대 경제질서에 대한 긍정을 하나의 체제 속에서 결합하려는 데 있다. 따라서 민주사회주의는 자유주의처럼 국제경제질서에 접궤하여 법치 자유를 강조하지만 서구의 다당민주제를 통해 중국 정치의 현대화를 실현하는 것에는 동의하지 않는다. 동시에 신좌파처럼 기층 민중의 이익을 주장하고 공평과 평등의 가치를 강조하지만 문혁 이상에 대한 낭만적 회귀에 대해서는 동의하지 않는다.

이들은 잡지『옌황춘추』를 중심으로 모여 있다. 이들은 종종 국내외 문제에 대한 의견을 개진하기도 하는데, 거기서도 상당한 영향력이 있다. 그러나 이에 대한 젊은 층의 반응은 다소 냉담하다. 왜냐하면 사회주의 운동이 실패했기 때문이다. 주목할 것은 민주사회주의의 이상과 신민주주의론, 자유주의가 주장하는 민주헌정론 사이에는 겹치는 부분이 적지 않다는 점이다. 따라서 당내 민주파인 민주사회주의파는 일부 홍2세대, 그리고 자유주의 지식인과 결맹이 가능하다고 할 수 있다.

다음에 나올 지식 지형 정리와 도표에 대해서는 주로 다음 글들을 참조했다.

錢理群,「和印度朋友談我對當下中國思想文化狀況的觀察」, 2012년 11월 17일 강연 원고.

錢理群, 2013년 6월 6일 첸리췬과 필자와의 인터뷰.

蕭功秦,「當代中國六大社會思潮的歷史與未來」, 馬立誠,『當代中國八種社會思潮』, 社會科學文獻出版社, 2012.

馬立誠,『當代中國八種社會思潮』, 社會科學文獻出版社, 2012.

砂山幸雄,「ポスト天安門時代における中國ナショナリズム言說の諸相」,

『東洋文化』 2005년 3월, 東京大學東洋文化硏究所.

Joseph Fewsmith, *China since Tiananmen -from Deng Xiaoping to Hu Jintao*, the United States of America by Cambridge University Press(New York), Second Edition, 2008.

유명 지식인 중에는 어느 유파에도 배속될 수 없는 인물들이 있다. 쑨거孫歌, 원톄쥔溫鐵君, 허자오톈賀照田, 리쩌허우李澤厚 등이 그렇다. 그리고 반체제 지식인이면서 소수민족 전문가인 왕리슝王力雄 또한 어느 유파에도 속하지 않는다. 또 류샤오보劉曉波는 반체제 지식인이지만 사상적으로는 연방공화국 주장을 제외하면 자유주의파와 유사하다. 지식인들 중에는 1990년대와 비교하여 사상 경향이 변화한 사람도 있는데 이럴 경우 최근의 경향에 초점을 맞춰 분류했다. 자오팅양趙汀陽은 유가적 경향과 신좌파적 경향을 동시에 보이기에 양쪽에 다 넣었다.

[도표] 중국 지식 유파별 주의·주장 일람표[5]

유파	신좌파	자유주의파 (자유주의 좌파 포함)	문화 보수주의파
1. 대표 인물	왕후이汪暉(중문학), 왕사오광王紹光(법학), 추이즈위안崔之元(경제학), 간양甘陽(철학), 장쉬둥張旭東(문학), 류샤오펑劉小楓(철학), 한위하이韓毓海(중문학), 판웨이潘維(정치학), 자오팅양趙汀陽(철학)	류쥔닝劉軍寧(정치학), 왕딩딩王丁丁(경제학), 쯔중쥔資中筠(국제정치), 레이이雷頤(역사학), 친후이秦暉(역사학), 첸리췬錢理群(중문학), 쉬지린許紀霖(역사학), 류칭劉擎(정치학), 거자오광葛兆光(역사학), 샤오궁친蕭功秦(역사학), 쑨리핑孫立平(사회학), 류샤오보劉曉波(중문학), 위젠룽于建嶸(법학), 허칭롄何淸漣(경제학), 진관타오金觀濤(철학), 쉬유위徐友漁(정치철학)	천라이陳來(철학), 두웨이밍杜維明(철학), 장칭蔣慶(법학), 캉샤오광康曉光(생태학), 천밍陳明(철학), 장샹룽張祥龍(철학), 정자둥鄭家棟(철학), 위단于丹(미디어학), 추펑秋風(본명 야오중추姚中秋 역사학), 성훙盛洪(경제학), 량즈핑梁治平(법학), 간춘쑹幹春松(철학), 자오팅양趙汀陽(철학)
2. 출현 시기	1990년대 중후반기	1980년대 중반기	1990년대 초반과 21세기 초반
3. 마오쩌둥 시대와 문혁 시대	문화대혁명의 의의와 가치를 다시 발견해야 한다고 봄	이상주의와 전제주의가 결합된 형태로 일상에서 존재, 따라서 비판적으로 성찰하는 작업이 필요하다고 봄	문혁 시기에 유학이 비판되었기 때문에 공식적으로 찬성하지는 않음
4. 자본(시장) 또는 전 지구화	중국은 1990년대 중반에 이미 자본주의 사회로 진입했다고 봄. 중심-주변 이론에 근거하여 전 지구화는 세계의 빈부격차를 가중시킨다고 봄	포스트 공산주의 사회 혹은 권위주의 사회로 봄. WTO 가입 찬성하는 입장을 견지했음	유가 지식인, 자본, 국가의 결합으로 유학열이 진행된다고 볼 때 결코 자본과 대립관계가 될 수 없음
5. 국가와의 관계	국가에 대한 정면 비판은 하지 않음-최근에는 당국 체제를 옹호하고 있음	정치개혁을 주장하기 때문에 상대적으로 다른 유파보다는 국가와 대립적 입장을 보여줌	유학을 소프트 파워로 재구성하려는 것에서 국가와 입장을 공유하고 있음
6. 서구 근대성 ('보편가치')	반성적 입장이었으나 2000년대 들어서는 다소 부정하는 입장. 선거제도에 반대-선거는 혼란과 퇴행을 초래한다고 봄	자유 법치 민주 인권을 인정하고 지속적으로 추구해야 한다고 여김. 선거제도에 찬성, 선거는 국민의 정치 참여를 확대하는 데 도움을 주고 집정의 합법성을 제공할 수 있다고 봄	'보편가치'의 정당성을 인정하려 하지 않으며 그 자리에 유학을 자리매김하려 함

사회 민주주의파 (또는 민주사회주의파)	구좌파 (포퓰리즘파)	대중 민족주의파	신민주 주의론파
*왕뤄수이王若水(철학), 후성胡繩(철학, 역사학), 가오팡高放(정치학), 두광杜光(林道茂, 중앙당교부주임역임), 왕잔양王占陽(역사학), 후싱더우胡星斗(경제학), 셰타오謝韜(사회학), 화빙샤오華炳嘯(정치학)	왕둥싱汪東興(공산당 원로), 위광위안于光猿(경제학), 덩리췬鄧力群(공청단 출신 공산당 원로), 랑셴핑郎咸平(경제학), 장훙량張宏良(시사평론가), 위안위화袁庾華(민간 학자), 궁셴톈巩獻田(법학), 마빈馬賓(장위안張源, 공산당 원로)	허신何新(역사학, 경제학), 지셴린季羨林(역사학), 왕샤오둥王小東(정치학), 쑹창宋強(작가), 장창창張藏藏·차오볜喬邊(젊은 지식인), 쑹샤오쥔宋曉軍(군사전문가), 황지쑤黃紀蘇(사회학)·류양劉仰(문화평론가), 모뤄摩羅(본명 완쑹성萬松生, 문학), 팡닝房寧(정치학), 양빈楊斌(경제학), 류밍푸劉明福(국방학)	류위안劉源(군 지도자), 장무성張木生(철학)
21세기 진입하여 최근 몇 년 사이 (『옌황춘추炎皇春秋』)	1977년부터 발생, 1989년, 1992년에 각각 위기를 겪었고 21세기에 진입하면서 대거 출현(2004년 이후 강세를 띰)	1990년대 후반기	21세기 초
전제주의적 극권極權사회주의에 대해 깊이 반성하자는 입장을 견지함	계급투쟁, 공유제, 계획경제.문혁을 변호하고 마오 시대에 대한 향수를 가지고 있음, 마오파라고도 함		반대는 하지 않지만 그 시대를 그리워하지는 않음
혼합사유제, 사회시장경제, 복지보장제도의 혼합을 지지함	반대함	전 지구화에 반대하며 WTO 가입에 반대했음(그러나 왕샤오둥은 WTO가입에 반대하지 않았음)	찬성하는 입장임
공산당 내의 민주파로 구성, 따라서 반국가적이지 않음	언론, 결사, 집회, 파업의 자유를 보장해야 한다고 봄	체제 이데올로기(애국주의)와 대중 민족주의는 일치하지 않음. 그러나 국가와는 상호 보완관계 내지는 묵적默約 관계에 있음	일당 체제가 유지되어야 한다고 봄
(선거의회제를 인정하려 함)		서방은 세계의 병소病巢이고 침략, 약탈, 예속, 불평등을 대표한다고 생각함	전 세대의 지도자들에 비해 통치 위기와 개혁 동력을 가지고 정책을 결정함

7. 중국 현대화 방안	평균주의로 사회불공정 문제를 해결해야 한다고 봄	지속적인 개혁개방을 통해 문제를 해결할 수 있다고 봄	중국모델론 중에 유가사회주의 공화국 등이 거론되는 등 신좌파와 일정한 공감대가 있음
8. 부패 문제 발생 원인	자본주의적 개방 과정에서 발생한 것으로 봄	시장에 대한 국가의 간여로 인해 발생했다고 봄	
9. 민족주의	1990년대에는 민족주의에 거리를 두었으나 21세기에 들어와서는 점점 강화되는 추세임	민족주의가 국가주의화 또는 파시스트화의 단계에 들어섰다고 비판함	민족주의적 성향을 강하게 보여줌
10. 민주주의	대민주(대자보, 대변론, 대명, 대방)를 대의민주주의에 대응한 직접민주로 봄. 이것을 응답형 민주라고 부름	정치개혁을 통한 민주주의를 주장함	헌정유학과 민본주의를 강조함
11. 인권 문제	인권 문제를 서양이 중국을 압박하는 이데올로기로 취급함	자유주의 좌파적 경향의 민간 운동가를 중심으로 인권보호운동을 진행함	입장 표명이 없으나, 일단 개체성에 대한 중요성을 인정하지 않는 편임
12. 5·4운동	자유와 민주 평등이라는 보편 가치보다는 애국주의를 강조하는 국가 입장에 이의 제기 안 함	5·4운동의 민주와 과학의 전통을 이어야 한다고 봄	유학을 전면 비판한 신문화운동에 대해 비판적 입장임
13. 소수민족 문제	소수민족 분쟁은 거의 모두 개혁개방 이후 자본주의가 들어오면서 발생한 것으로 봄(왕후이)	대체적으로 그 개별성을 인정하자는 입장임(연방공화제는 아님)	
14. 사회복지	마오쩌둥 시대에는 상대적으로 인민의 복지가 잘 이루어졌다고 봄	마오쩌둥 시대에도 사회복지는 문제가 많았다고 비판함	
15. 기타 (특이 사항)	분청憤靑의 지지를 받고 있음	최근 자유주의 좌파의 출현이 두드러짐	신좌파와는 중국모델론을 통해 친화감이, 자유주의와는 유가헌정(추펑)을 통해 친화감이 형성되고 있음

말년의 엥겔스 사상에 동의, 제3의 길을 모색해야 한다고 봄	기존의 마오쩌둥식 사회주의를 통해 실현해야 한다고 봄. 분청憤靑(젊은층)의 지지를 받음	국가 이익을 우선으로 하는 것에서는 전쟁도 불사함	지속적인 개혁개방을 통해 시장 경제체제 유지를 주장함
	개혁개방을 하면서 발생한 것으로 봄		
매우 조심스러운 입장	갈수록 민족주의와 가까워짐	대표작: 『No라 말할 수 있는 중국』『불쾌한 중국』	찬성
민주헌정(헌정 민주 강조)		대만과의 통일은 민주주의를 드높여야 가능해진다는 비판을 받음	1989년 톈안먼 사건 이후 당정 분리 진행을 중단했음
1957년 이후 비판 받은 경험 때문에 정서적으로 우호적			정부의 입장과 일치
민주 · 자유 · 평등을 견지	긍정적 평가	5·4운동을 비판하고 차이위안페이, 천두슈, 루쉰, 후스 등이 서구화를 주장한다고 비판	
		소수민족의 자립화 분리 경향에 대해 민족주의를 통한 구심력의 역할을 강조(연방제 반대를 분명히 함)	
번영과 평등을 통해 복지국가 건설을 사회정책으로 내세움	의료 · 교육 · 거주 · 양로 사회보장 요구		문혁 시기 하방 경험이 있기 때문에 비교적 중국사회기층민중의 정서를 잘 이해함
베른슈타인, 카우츠키, 엥겔스의 만년 사상	오유지향烏有之鄉(풀뿌리 마오파)이라는 서점이자 단체의 지원을 받음. 이 중에는 마오의 계속혁명론 지지자도 있음	잡지 『전략과 관리』를 중심으로 활동했음	태자당과 홍2세대가 주로 포진

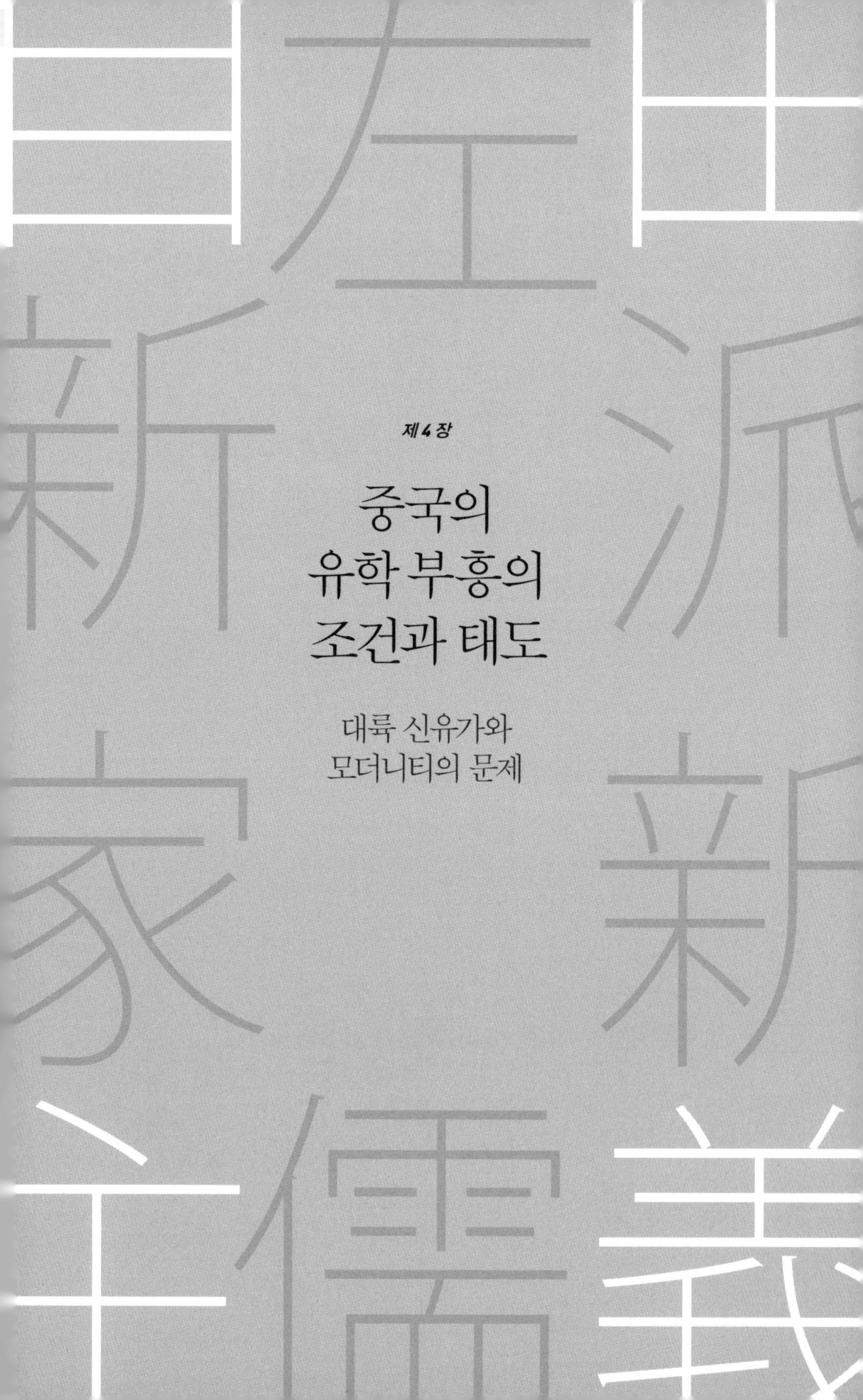

제4장

중국의 유학 부흥의 조건과 태도

대륙 신유가와 모더니티의 문제

1.
유학은 사상계 전체의 공통 배경이 되었는가

중국에서 지금 유학은 지식계뿐만 아니라 민간에서도 대세가 되었다. 최근 중국의 유학열은 일단 그 규모에서 1990년대와 비교 자체가 불가능하다. 유학독경운동, 전통문화 민간 단체의 대거 출현, 텔레비전을 통한 전통문화 보급, 각 대학의 국학연구원 개설, 국학학과의 개설, 『광밍일보』의 국학판 창간 등으로 이어지는 일련의 유학 관련 움직임들[1]은 이제 유학 부흥이 지식인들만의 '운동'에 그치고 있지 않다는 것을 보여준다. 현재의 유교 부흥은 19세기 말 서양에 의해 역전되어 100~150년 동안 '자기부정'의 역사를 겪어야 했던 상황을 다시 한번 역전시켜 '자기긍정'의 토대를 만들어낸 결과 나타난 현상이라는 점이다. 이 점을 인식한다면 유교 부흥 현상 자체를 부정적으로 볼 필요는 없다. 어찌 보면 자신의 문화정체성으로 귀환하는 모습으로 볼 수 있기 때문이다.

하지만 문제가 그리 간단치 않다. 21세기 중국의 유학 부흥은 그 과정에서 '강제성'이 전혀 없는 '자연현상'의 결과로 보기 힘든 부분이 있기 때문이다. 아직 국가의 사상교육 분야에 대한 통제가 전혀 없다고 할 수 없는 중국의 특수한 정치 상황에서 국가, 미디어, 자본, 그리고 지식인의 유학 부흥에 관한 전방위적 공세와 그 공세 속에 놓여 있는 대중의 입장에서 봤을 때, 유학은 이미 거부할 수 없는 신이데올로기가 되었다고 할 수 있다. 엄격하게 말한다면 유학은 중국이라는 문명 제국의 재구축이라는 프로젝트 속에서 '재발견'된 것이며, 이는 또한 국가통합 이데올로기로서의 마르크스주의가 위기를 맞고 있는 상황과 딱 맞물려 있다. 따라서 필자는 중국에서 유학 부흥 현상을 경제성장을 기초로 한 자기 전통의 귀환이라는 측면 외에 국가 통합의 필요성에 의한 중국공산당의 '선택'으로 보았고 이 선택된 유학을 '국가-지식 복합체로서의 유학'이라고 명명했다. 그리고 이에 대응하여 필자는 「현대중국의 유학부흥과 '문명제국'의 재구축-국가·유학·지식인」이라는 글에서 '비판 담론으로서 유학'의 재건을 제시한 바 있다. 중국의 유학 부흥 현상의 이러한 다층적인 배경을 두루 인식할 때만이 비로소 유학 담론과 그 기획의 전체 구도가 날것 그대로 눈에 들어오게 된다.

중국에서 거의 모든 사상 유파가 유학 논의에 관심을 보이는 것은 이러한 '자기긍정'의 토대가 만들어진 것, 그리고 무엇보다도 국가의 '선택'과 '윤허'가 그 배경에 존재했다는 사실과 밀접한 관련이 있다. 현재 중국의 유교 담론은 크게 세 가지 경향을 보여준다. 첫째, 유학과 극단적인 보수주의가 결합한 형태로서 장칭蔣慶 등의 '정치유학'이 거론되고 있다.[2] 둘째, 유가와 극좌 사조가 결합하여 일종의 권위주의 이론을 형성하고 있다. 셋째, 슈미트와 스트라우스의 영향을 받은 자유주의자들이 유학과 헌정을 결합하려는 시도를 하고 있다.[3] 이처럼 21세기에 들어와 중국 지식계에 주목되는 현상 중 하나는 대륙 신유가만이 아니라 신좌파와 자유주의파 지식인들이 기존 주장에 유학을 접목하려는 새로운 시도를 하기 시작했다는 점이다. 이러한 시도들 때문에 현재 중국 사상계 내부에서는 유학(또는 유교)을 중심으로 한 이합집산 또는 합종연횡이 이뤄지는 중이고 이로 인해 지식 지형은 더욱더 복잡해지고 있다. 사상계가 좌우를 불문하고 유학을 자기 사상의 '공통 배경共同底色'으로 삼게 된 것인데, 혹자는 만일 이러한 상황이 지속된다면 앞으로 유학좌파, 유학우파 또는 유가적 마오파, 유가적 자유주의파라는 용어가 출현할 것이라고 예견하기도 한다.[4]

이와 더불어 최근 유학 부흥 현상에서 또 하나 주목해야 할 것은 현재의 신좌파, 자유주의, 문화보수주의 이 3자의 '유학 해석'에서 어떤 공통점이 발견된다는 점이다. 그것은 바로 유학에서 심성의 측면보다 정치제도의 측면을 중요하게 여기는 것이다. 즉 '심성유학內聖'과 '정치유학外王' 중에 정치유학 또는 외왕의 측면을 훨씬 더 강조하는 것이다. 이는 타이완의 신유학이나 해외 신유학의 심성유학처럼 유학의 사유 방식이나 행동 양식 등 사회문화적 측면만을 강조하는 것이 아니라 유학의 정치철학이 어떤 식으로든 현실 정치에 반영되어야 한다는 것을 암묵적으로 함축한다.(물론 외왕에 대한 강조의 목적에서 이 세 유파가 동일한지는 확인을 요하는 부분이다.)

외왕을 가장 강력하게 주장하는 대륙 신유가 중 대표 주자는 장칭이다. 그는 『정치유학政治儒學』(삼련서점, 2003)이라는 책에서 중국 정치의 정통성을 유학에서 찾아야 한다고 주장한다. 서구 민주제도를 초월해 유가의 본원으로 돌아가야 하며 유학에 기초해 중국의 독자적인 정치체제를 만들어야 한다고 보는 것이다. 그에게 유학은 헌법이나 다름없다. 따라서 장칭은 머우쭝싼牟宗三의 심성유학을 배척하고, 현대 중국의 정치사회 조직 형태에 유학의 합법성을 부여해야 한다고 본다. 이 책은, 시대에 대한 고려는 없지만, 유가 관련 학술서 중 그 본령을 가장 강력하게 주장한 것으로 알려져 있다.[5]

그렇다면 앞의 장칭의 주장과 국가의 입장은 같은가, 다른가? 중국 정부 입장에서는 장칭의 주장에서 외왕을 주장하는 부분에서는 정치의 문제와 관련되어 지나치게 앞서가는 측면이 있다고 판단했을 수 있다. 하지만 지금의 중국에 유학을 적극적으로 부활시키려는 장칭의 노력은 큰 방향에서는 결코 국가의 입장과 대립하지 않으며 오히려 일치한다고 할 수 있다. 국가가 공식적으로 나서서 주장하기 곤란한 부분을 대륙 신유가들이 대신해주는 지점들이 존재하기 때문이다. 특히 서양의 현대성을 비판한다든지 서양 민주주의가 중국에 맞지 않는다는 등 '서양에서 벗어나자'는 식의 언술이야말로 중국 권위주의 정부가 인민 대중을 향해 하고 싶은 말을 적극적으로 대신해주고 있다고 할 수 있다.

문제는 이러한 주장들을 우리는 현재 중국의 맥락을 고려하면서 어떻게 받아들이고 대응해야 하는가이다. 유학 부흥이 국가의 '선택'으로 시작되었다 하더라도 그것이 이미 대세가 된 상황에서 되돌리는 것이 불가항력이라면 이제 그것이 존재해야 할 규범적 이유를 만들어 그 방향에 적극적으로 개입하는 것이 지금 상황에서는 적절한 대응 방법일 수도 있다. 이것이 일종의 체념적 대응만은 아니라는 것은 중국인의 사유와 행동을 지배하는 아비투스로서의 유교라는 측면을 중국의 사회 현실에서 도무지 무시할 수 없다고 생각하기 때문이다. 유교적 사유 양식은 서양 근대와 교류가 이뤄진 지 150년이 지났음에도 어떤 형태인지는 확실치 않지만 사상과 일상에서 면면히 살아 숨 쉬고 있는 것이다.[6] 유학의 여러 측면 중에서도 유교적 사유 양식은, 정치·경제·문화적 형식이 대폭 바뀐 상황에서도 관습으로 남아 동아시아인의 일상을 지배하고 있다는 점을 부정할 수 없다.[7]

위의 서술은 유학의 여러 측면 중 제도와 교의 면에서는 동아시아가 서양의 근대를 수용하고 국민국가와 자본주의 사회를 추구하면서 사라졌지만 사유 양식에서의 각인은 강하게 남아 있을 수 있음을 말해준다.[8] 그러나 그동안에는 이런 부분들이 사회를 설명하는 데 관건이 아닌 것으로 인식되어 소홀히 다뤄진 측면이 있었다. 한 예로 유학을 배격하는 논리조차도 유학적 사고방식 안에서 이루어졌다는 기존 평가는 유학의 아비투스적 측면이 관념이나 이성적 차원을 넘어 동아시아인에게 얼마나 신체화되어 있는가를 역설적으로 말해준다고 하겠다. 여기서 문제는 이러한 현상을 본질주의적인 방향으로 몰아가지 않고 어떻게 역사적 범주 속에서 다룰 것인가다.

여기서 잠시 부르디외의 논의를 빌려오면, 그는 인간 행위의 관습적 측면(아비투스)과 그 패턴을 조정하는 문제가 사회 구조의 변화와 더불어 사회 변혁의 관건으로 매우 중요하다는 것[9]을 학문의 범주 안에서 일깨워주었다. 그런데 이 관습적 측면은 규범으로서 신체화되어 있다 해도 거기에는 역사성이 각인되어 있다. 즉 사유 양식의 형성은 고대적 생태 환경 속에서 이루어졌지만 역사성을 완전히 탈각하여 존재할 수는 없기 때문이다. 푸코의 통치성 개념에 이미 나타나 있듯이 일상생활 속에서 자아 구성의 원리는 반드시 한 시대를 구획하는 통치성의 원리와 긴밀히 연결되어 있다.[10] 중국 근현대 시기 주권, 자유, 민주 등의 개념들이 통치성의 한 형태임을 부정할 수 없다고 한다면 유교적 사유 양식은 이 통치성의 개념과 어떻게 만나고 있는지를 면밀하게 검토해야 할 것이다.

그런데 여기서 중국 당시에는 여러 근대적 개념이 '강제된 선택'이면서 동시에 '추구' 대상이었다는 점을 인지할 필요가 있다. 정치적으로는 국민국가의 형태와 경제적으로는 자본주의라는 체제를 받아들이지 않으면 살아남을 수 없다는 당시의 형세를 감안했을 때 이 선택은 어느 정도는 불가피한 것이었다.[11] 그러나 동시에 근대는 봉건적 신분 차별의 비판, 생활양식의 혁신이라는 데서 상징성을 지니고 있었기에 중국, 동아시아인에게는 '지향'해야 할 하나의 표상이었다. 즉 근대는 '강제성'과 동시에 '지향성'을 내포하고 있었던 것이다. 그렇다면 중국인, 동아시아인의 근대 인식은 '강제'와 '지향'이라는 이중의 표상 속에서 복합적으로 파악되어야 그 리얼리티를 간취할 수 있게 된다.

따라서 현재의 맥락에서 유학 소구에 대한 안이한 자기 긍정과 국가통합이라는 다소 정치적이고 실용적인 이유를 뛰어넘어 좀더 적극적인 유학의 규범적 자기 근거를 제시하기 위해서는 유교적 사유 양식 안에서 근대(모더니티)의 문제를 일상, 제도, 사상 등에서 다각도로 검토해야 한다. 그러한 면밀한 연구의 바탕 위에서 유학은 현재를 사유하고 미래의 새로운 가치를 제시할 수 있을 것이기 때문이다. 여기서 새로운 가치는 인민대중의 주체화라는 문제와 결부되어야 하기 때문에 역시 민주의 문제가 거론될 수밖에 없다. 결국 현재 중국의 유학 담론에서 핵심은 유학적 사유 양식이라는 큰 틀 안에서 모더니티와 민주의 문제를 어떻게 사유할 것이냐이다. 따라서 필자가 제시한 '비판 담론으로서의 유학'의 재구성은 유교적 사유 방식에 근거한 '새로운 모더니티' 그리고 '새로운 민주주의' 창출을 염두에 두고 폭넓은 사유를 할 수 있느냐의 문제이기도 하다. 향후 중국사회에서 유학의 지속가능성 여부는 이 문제에 대해 어떤 전망을 가지고 있으며 또 얼마나 열려 있느냐에 따라 결정될 것이다.[12]

이 장은 위와 같은 문제의식으로 우선 2000년대 유학과 관련하여 사회적으로 가장 관심의 대상이 되었던 '사건'[13]과 현상들을 기술한다. 이후 장칭의 '정치유학'과 함께 대륙 신유가를 대표할 만한 인물들과 주장이 무엇인지 그 핵심 내용을 소개·분석한다. 그리고 장칭의 '정치유학'이 주는 파장을 의식하여 유학 담론에서 모더니티와 민주의 문제를 중국 현대사회의 성격에 주의하면서 그 담론의 조건과 태도에 대해 문제삼고자 한다. 그리고 마지막에는 국가와 자본의 논리에 갇히지 않는 지속가능한 유학에 대한 방향을 제시하고자 한다.

2. 유학 관련 두 가지 사회적 '사건'

먼저 앞에서 중국사회에서 유학이 대세가 되었다고 했는데, 21세기로 진입하면서 유학과 관련하여 사회적으로 화제가 되었던 두 가지 구체적인 '사건'이 있었다. 여기서 '사건'이라는 말을 쓴 것은 이 두 사건 이전과 이후가 달라졌다고 보기 때문이다. 이 사건 이후 지식계와 대중사회 모두 유학을 인식하는 것과 대하는 태도가 많이 달라졌고, 비록 작긴 하지만 교육계에서 제도적인 변화가 있었다.

그중 한 사건의 경위와 내용은 이렇다. 2003년 여름 후난 성 창사에서 '전국아동경전송독경험교류회全國兒童經典誦讀經驗交流會'가 개최되었다. 60개 이상의 도시에서 2011년 기준 1000만 이상 가정의 아동이 참가했다.[14] 2004년 5월 앞의 아동송독운동을 이어받아 왕양명이 심학으로 돈오했던 구이저우貴州 룽창龍場에 양명정사陽明精舍를 개학하고(2001) 그 산장을 맡고 있는 장칭(원래 선전深圳행정학원 교수였으나 지금은 해고된 상태임)이 '중화문화경전기초교육송본中華文化經典基礎教育誦本'을 편집했다. 이것을 손수 편집한 장칭은 '정치유학'의 부흥을 역설하고 중국유교협회를 통해 아래와 같은 10개 항목의 유교 부흥 플랜을 발표했다.

1. 유교의 정치 형태(인정, 왕도정치와 대동 이상)
2. 유교의 사회 형태(예악교화 향촌자치 사구社區문화를 중심으로 한 도덕 진흥 운동)
3. 유교의 생명 형태(상제신앙, 귀신신앙, 양지신앙)
4. 유교의 교육 형태(전 국민 독경운동, 서원 강학)
5. 유교의 자선 형태(빈민 구제, 재해 구조, 고아원, 임상심리, 종말 치료 등)
6. 유교의 재산 형태(문묘 공묘, 사묘祀廟, 성황묘城隍廟의 건설, '중국유교부흥기금회'에 의한 원조, 유교유산사용세의 징수 등)
7. 유교의 교의 형태(중국 유교대학, 지방 각급 유교학원의 창설)
8. 유교의 전파 형태(유교출판사, 유교보간잡지儒教報刊雜誌, 유교네트워크 논단, 유교TV, 해외전교센터 창설)
9. 유교의 집회 형태(전국 각 급의 '강경당講經堂'을 유교의 종교적인 공공활동의 장으로 함)
10. 유교의 조직 형태(중국유교협회에 의한 성省·시市·현縣 각급 유교협회의 총괄 관리 지도)[15]

다른 하나의 '사건'은 9월 중화민족촉진회가 주최한 '2004 문화고봉논단文化高峯論壇'은 쉬자루許嘉璐, 리셴린李羨林, 런지위任繼愈, 왕멍王蒙, 양전닝

楊振寧 등 5인과 72인의 문화인이 서명한 '갑신문화선언'을 발표한 것을 말한다. 이 선언은 "중화문화는 인격, 윤리, 이타를 중요하게 여기고 조화로운 동방의 품격을 중시한다. (…) 오늘날 개인·물욕의 지상주의, 과도한 경쟁, 약탈적 본능의 범람을 비롯해 인간을 초조하게 만드는 다양한 현상을 사유하여 해소하는 일, 인류의 안녕과 행복을 추구하는 일에 반드시 중요한 사상적 계시를 제공할 것"이라고 밝혔다.[16] 이 선언은 글로벌리즘 속에서 문화의 다양성을 구가할 필요가 있다고 역설하면서 유교적 가치의 재건을 주장하고자 한 것이다. 2004년은 유학에 있어 매우 중요한 해다. 독경운동부터 시작하여 '갑신문화선언'까지 발표되었기 때문인데, 이로 인해 사람들은 이 해를 '문화보수주의의 해'로 명명하기도 한다.

신유학과 관련된 이러한 운동은 학계와 사회에서 큰 논쟁을 불러일으키고 있지만, 분명한 것은 신문화운동 이후 지금까지 민족 전통에 대한 자긍심이 이 정도로 높았던 적은 없었다는 점이다. 전통문화에 대한 이러한 미만彌滿의 분위기는 학계, 문화계, 정치계, 경제계 등 분야를 가리지 않고 확산되고 있다. 그리고 이처럼 거역할 수 없는 분위기는 유학을 전문으로 하지 않는 학자들의 참여까지 이끌어내는 역할을 하고 있으며 유학에 대한 관방과 반관방의 전향적 조치와 지지를 얻어내고 있다. 이를테면 관방은 중국경전송독中國經典誦讀 등을 교육체제의 각종 커리큘럼에 포함시키는 것을 추진했으며 이러한 조치는 점차 경제, 정치의 흐름과 어울려 거대한 문화적 조류를 형성하고 있다.[17] 그리고 이후 미국의 금융위기와 2008년 베이징올림픽의 성공적인 개최로 분위기는 더욱더 고조되었다.

3.
대륙 신유학의 대표적 인물과 그 주장들
: 유교, 유학을 어떻게 파악할 것인가

우리가 대륙 신유학에 주목해야 하는 이유는 단순히 독경운동과 갑신문화선언 같은 '사건' 때문만이 아니다. 오히려 주목해야 할 부분은 대륙 신유학자들의 주장에서 보이는 '급진성'에 있다. 이 급진성 때문에 기존 현대 신유학의 주의·주장과 큰 차이를 보인다. 두웨이밍을 위시한 3기까지의 신유학자들이 '유학의 현대화'를 통해 동서 융합을 시도했다면[18] 대륙 신유학자 중 천밍陳明을 제외한 장칭蔣慶, 캉샤오광康曉光 등은 심성유학만이 아니라 정치유학, 제도유학, 공민유학을 통해 '현대의 유학화'를 꿈꾸고 있다. 이들은 차이가 나긴 하지만 전체적으로 서양의 근대적 가치와 유학이 맞지 않는다고 여긴다. 대륙 신유학자들은 이제 그들만의 전통으로 중국사회의 재구성을 꿈꾸고 있는 것이다. 또한 아래에서 보겠지만 거의 모든 유학자가 마르크스주의를 대신하여 유학이 어떻게 하면 국가의 합법성의 기초를 제공해줄 수 있는가에 집중하고 있다.

『제도유학』의 저자 간춘쑹幹春松과 마리칭의 정리에 따르면 우리가 주목할 만한 논의는 세 가지다. 하나는 앞에서 소개했던 장칭의 유교국가론이다. 그에게 유교는 헌법이다. 그러한 전제 아래 장칭은 중국의 독자적인 정치체제를 구상하는데 이것은 의회삼원제로 구성되어 있다. 즉 서민원庶民院, 국체원國體院(서양 고대의 귀족원), 통유원通儒院이 있다. 서민원은 민의를 대표하는 기관이고 국체원은 합법성을 대표하는 기관이며 통유원은 초월적 신성에 의한 합법성을 대표한다. 사실상 왕도정치의 의회삼원제에서 통유원은 서민원·국체원과 상호 견제의 관계다.[19] 장칭에게는 유자의 수신제가보다는 치국평천하라는 이상이 더 중요하다. 더구나 그는 정치제도 문제를 해결해야 비로소 심성(도덕) 문제를 해결할 수 있다고 봤다. 장칭에게서 외왕유학은 객관화된 예법제도 건립을 사명으로 한다. 외왕은 내성으로부터 나오는 것이 아니고 그 독자적인 규정성과 권능을 지닌다. 이는 세계를 심체의 용用으로 볼 것이 아니라 심체 바깥에 독립적으로 존재하는 가치임을 승인하자는 것이다. 그는 또 정치의 핵심은 권력과 제도이고 정치유학이 건립하려는 정치제도는 예, 즉 고대의 예제이며 예제를 통해 사회생활의 모든 곳을 규범화해야 한다고 주장한다. 이러한 문제의식 아래 그는 이전 신유학자들이 보여주었던 개조유학에 반대한다. 개조유학은 자유·민주·법치를 추구하자는 것인데, 이는 유가의 종지에서 벗어나며 받아들일 경우 서양의 문화적 식민지가 될 우려가 있기 때문이다. 따라서 그는 중국의 유학 전통과 서양의 민주 제도 전통을 전면적이고 정확하게 인식함으로써 정치유학을 무시하고 서양의 민주제도를 신봉했던 편파적인 심리를 극복해야 한다고 주장한다.[20] 유학 전통과 서양의 민주 제도의 전통을 제대로 인식하여 중국은 앞으로 정교합일의 유교국이 될 필요가 있다는 것이다.[21] 장칭을 '정치유가'라고 하는 것은 이처럼 외왕을 강조하기 때문이다. 장칭은, 주장의 정당성 여부를 떠나 학계 전체의 논란의 대상이 되고 있다.

둘째는 유교국교화론을 주장하는 캉샤오광이다. 제도 신유가라 불리기도 하는 캉샤오광은 유사공동체儒士共同體로서 인정仁政 실시를 주장한다. 그에게서 유가의 인정은 현재 중국의 권위주의에 합법성을 제공할 수 있는 것이기 때문에 매우 중요하다.[22] 그는 기본적으로 자유민주주의로 문제를 해결하려는 자유주의적 시도에 대해 찬성하지 않는다. 인정은 권위주의에 속하지만 인자한 권위주의라고 주장한다.[23] 유사공동체에서 최고 권력은 어떤 일정한 규칙 속에서 교체되어야 하고 유사공동체의 천거가 있어야 하며 그다음은 선양禪讓이 있어야 한다. 그것이 안 될 경우 혁명까지도 불사한다는 주장이다. 이는 맹자의 역성혁명론을 떠올리게 한다. 천거와 유덕자에 기초한 인정의 실시를 강조하는 것은 역시 캉샤오광도 유학을 통해 어떻게 하면 국가의 합법성을 기초지을 것인가를 고심하고 있다는 이야기다.[24]

셋째는 공민유교를 주장하는 천밍이다. 그는 기본적으로 그냥 종교로서의 유교가 아니라 시민종교로서 유교를 보자고 주장한다.[25] 천밍은 국가유교나 학문으로서 유학의 측면보다는 민간 유교의 측면을 주시한다. 그는 앞의 두 사람이 자유주의를 부정하고 있는 것에 반해 유교사상과 자유주의를 융합하여 유가로 하여금 새로운 조류에 적응하게 해야 한다고 주장한다.

"만일 유교를 종교라고 말했을 때 많은 이론적 난제에 부딪힐 것이 예상된다면 유교를 공민종교라고 말하는 쪽이 좀더 부드럽게 넘어갈 수 있다. 요컨대 공민종교라는 개념이 나오는 것이 미국의 사회 상황과 연접해 있다는 것에 구애되지 않거나 혹은 공민이라는 개념의 근대적 배경에 구애되지 않고 그것을 일종의 공공성으로 이해한다면 중국은 공민종교가 충분히 발전한 국가라고 말해도 과하지 않다."[26] 천밍은 앞의 두 사람이 유교를 종교로 보고 접근하는 데서 올 수 있는 난제, 즉 종교 개념의 애매함, 정치와의 관계에서 말할 수 있는 주권의 이중화나 정교분리 원칙의 침범 등의 문제를 회피하고자 공민종교를 주장하는 것이다.[27] 천밍은 자신의 역할이 기독교의 신교혁명처럼 유교의 내부 변혁을 통해 유교를 사회 변화에 적응시키는 것이라고 본다.[28] 그리고 그 또한 앞에서 말한 것처럼 다른 한편에서는 공민종교로서 유교의 역할이 특히 공공 영역인 정치 제도 및 그 운용과 평가에서 모종의 기초성·형식성·목표성을 담당하는 데 있다는 점을 강조한다.[29] 이렇게 보았을 때 천밍에게도 역시 국가의 합법성에 대한 고민이 관건임을 알 수 있다.

천밍에 대해 좀더 설명을 하자면 그도 타이완과 홍콩의 신유가에 대해 기본적으로 이의를 제기하는 입장이다. 그는 머우쭝싼 유의 신유가는 주로 서구 학술을 통해 전통 유학의 지적 정당성을 증명하려 하고 나아가 그 가치의 정통성을 증명하려 한다는 점에서 문제가 있다고 본다. 그는 유학은 실천 속에서 그 가치의 유효성이 인정되어야 의미가 있으며, 그랬을 때에만 지식에서의 정당성도 승인을 받을 수 있다고 본다.[30] 하지만 머우쭝싼 유의 유학이 실천 영역으로 진입해 들어갈 수 없었고, 더구나 현실에서 출발하여 문화 정체성이나 정교관계와 결합하여 논의할 수 없었던 것은 시대와 사회 조건에서 제한이 있었기 때문이라고 보고 있다.[31]

이처럼 홍콩과 타이완의 신유가에 대해 앞 두 사람에 비해 유연한 입장을 보이는 것은 천밍이 모더니티를 대하는 태도에서 차이가 나기 때문이다. 이런 점에서 천밍은 신유가 내부에서는 반역자로 불리기도 한다.

모더니티에 대한 인식의 차이는 유학을 대하는 태도와 인식에서도 그대로 드러난다. 천밍은 모더니티는 일종의 가치이자 사상이며 방법일 뿐 아니라 이성화처럼 일종의 생산 방식이고 생활양식이며 사회 구조를 의미한다고 본다. 그리고 이 모든 것을 그는 사실상 현재의 유교 담론을 구성하는 기초이자 전제로 인식한다. 그렇기 때문에 그는 일부 유교근본주의자로부터 '가짜 유가僞儒'라는 비난을 받는다. 그는 소위 모더니티가 현대사회에서 피할 수 없는 것이고, 중화민족의 부흥이 실제로 한족의 다른 선택의 여지가 없는 목표라고 한다면 그가 말하려는 유교의 공민종교설은 확실히 비교우위를 갖게 된다고 본다. 천밍은 장칭과 자신의 차이점은 장칭이 유학의 각도에서 중국의 문제를 보는 반면 자신은 사람의 각도에서, 중국인의 각도에서 유학을 본다는 것이다.[32] 그리고 캉샤오광과의 차이점은 유교를 국교화하여 중국으로 제한하면 민족정신을 초월한 자원으로서의 유가에 제한을 가하는 것이 된다고 비판한다. 그는 이처럼 유교의 국교화를 결사반대하는데, 그 이유 중 하나는 유교의 국교화를 단행했던 동중서 이후 유교는 갈수록 정치화되었고 엘리트화되었으며 이로 인해 설득력이 매우 줄어들었다고 본다. 그리고 이것이 도교가 흥기하게 된 원인 중 하나[33]라고 주장한다.

천밍이 이처럼 공민종교로서 유교의 측면에 주목하는 이유 중 하나는 소수민족을 의식하기 때문이다. 천밍에 의하면 현재 중국이라는 국가는 한족의 국가가 아니라 '오족공화'이며 다원일체의 현대국가다. 천밍이 '종교로서의 유교'와 '공민종교로서의 유교'를 구분하는 이유도 여기에 있으며 유교의 국교화에 반대하는 이유도 그것에 소수민족, 즉 타자에 대한 존중이 체현되지 않기 때문이다.

하지만 천밍이 주장하듯 이러한 차이에도 불구하고 현재 중국을 대표하는 유학자들 사이에서 공통된 인식은 넓은 의미로서의 '종교'의 각도에서 유가문화를 이해하고, 해석하며, 재건하려 한다는 점이다. 그리고 이것은 유학을 지식의 시스템으로 간주하고 그 내부 논리 관계의 정리, 즉 서양 철학 유파 혹은 개인 문제와의 비교 속에서 그 성과를 평가하는 것에 만족하는 것이 아니라, 대륙 신유학이 유학, 생활, 생명이라는 삼자의 내재적 관계에 관심을 갖고 있음을 의미한다.[34]

이들 세 사람 외에도 『논어심득』으로 유명한 위단于丹은 유학을 포함한 중국 전통 사상의 대중화에 적지 않은 기여를 했다.[35] 2000년대 초반 신유학의 영향력 면에서 정자둥鄭家棟의 기여도 적지 않다. 정자둥은 1990년대 신유학이 부상하면서 초기부터 가장 주목받았던 신유가였다. 그의 저작이 한국에도 소개되는 등 일찍부터 그의 주장과 논리의 정치함은 자타가 공인하는 바였다.[36] 특히 중국 철학의 합법성 문제를 제기하여 국내는 물론 한국·일본·미국 등으로 가장 많이 불려다닌 대륙 신유가였다. 그러나 그는 비상식적인 불법 행위를 저질러 학계에 큰 충격을 주었다. 2002년에서 2005년 사이 그는 학술회의 참여를 위해 미국에 가면서 자신의 아내로 사칭하여 총 4명의 여성을 밀입국시켜주고 인민폐로 17만 위안(그 당시로는 매우 큰돈)을 받았다. 이 사건으로 당국으로부터 2년형을 선고받았으며 사회과학원 공직에서도 물러났고 2006년 9월 국제유학연합회에서도 제명되었다. 이 사건을 놓고 이후 중국 학계에서는 작은 논쟁이 일어났다. 『중국청년보』 쪽에서는 '그가 다른 것도 아닌 공맹의 도를 연구했고 사람들을 향해서 인의예지신을 말해왔다. 지식과 가치, 글과 도덕이 분리될 수 있겠는가' 하면서 대륙 신유학계 전체를 비판했다. 그러자 신유가계 쪽에서는 정자둥이 일개 연구자일 뿐 신도도 아니므로 개인의 행위와 직무는 구분되어야 한다고 반박했다. 다른 유파가 아닌 신유가에 속해 있던 인물과 관련된 부도덕한 사건이었기에 학계에 미친 파장은 그만큼 컸던 것이다.[37]

마리청은 대륙 4기 신유학의 공통된 심리 기조를 '위기감'으로 파악한다. 서양 문화의 대세에 직면하여 민족은 어떻게 행동해야 하는가? 이에 대응해 신유가는 사람들 생활 속에서 문화정체성 회복, 정치의 재건, 심신 안정安頓의 3대 문제를 먼저 해결해야 할 것으로 보는 것이다.

그렇다면 앞에서 언급한 대륙 신유가의 급진성은 무엇일까. 이것은 두 가지 측면을 의식한 발언이다. 하나는 해외 신유학 비판 지점과도 통하는 것으로, 심성유학을 비판하고 정치유학을 강조하는 것이 미치는 파장과 관련된다. 또한 위의 3대 문제 중 정치 재건과도 무관하지 않다. 이는 중국 정부가 유학 관련 논의에서 암묵적으로 제시하는 가이드라인을 넘어서는 것이 될 것이기 때문이다. 다른 하나는 그들이 주장하는 신유학의 실현 가능성과 관련된 것이다. 즉 정치유학을 중국 정치·사회 현실에서 실현하려는 것이 목적인지, 아니면 그 현실적 조건의 한계를 명확히 직시하면서 담론이 정치에 미칠 파장을 염두에 둔 '담론의 급진성' 자체가 목적인지를 구분할 필요가 있다. 만일 후자라면 이 문제제기는 현재 시장 원리와 국가 통제가 일상 곳곳을 지배하는 상황에서 개인, 사회,

공공성이라는 실천적·윤리적 사고를 뒷받침해왔던 기본 언어에 대해 좀 더 심화된 질문으로 이어가야 하는 과제가 남아 있다. 반면 전자라면 공산당 내부와 어떤 현실적 구상에 대한 공감대가 없는 한, 중국 지식 환경의 조건 자체를 부정하는 것이어서 돈키호테식의 문제제기로 끝날 우려도 없지 않다.

이와 관련하여 류쥔닝의 발언을 들어봄 직한데, 중국에서 유학이 처한 상황의 딜레마를 매우 날카롭게 지적하고 있기 때문이다. "중국의 전통으로 보건대 유가사상이 생명력을 지녔던 것은 바로 유학이 관방의 정통 이데올로기가 되었기 때문이다. 다시 말하면 유학의 정통 지위는 정권과 결합된 덕분이다. 일단 유학은 정치권력과 관계가 완전히 끊어지면 그것이 아무리 합리적이고 깊이가 있다 하더라도 다시 정통이 될 수는 없다. 따라서 신유학의 모순은 유학으로 하여금 정통이 되게 하려 하면서도 권력과 결합하는 것에 반대하려 한다는 데 있다. 이렇게 유학은 일종의 프랑크푸르트학파처럼 순수한 비판적 지위로 돌아가는 것도 불가능하고 또 고전자유주의처럼 정통에 충실한 구사상의 옹호자가 될 수도 없는 것이다."[38] 신유학의 현실적 진화 가능성에 대한 고민은 이처럼 유학이 처한 딜레마적 현실을 직시하는 가운데 이루어져야 역설적으로 현실적 힘을 가질 수 있다고 할 수 있을지 모른다. 그런데 이런 딜레마적 현실을 돌파하는 데 유학에는 자유주의와 신좌파와의 대화가 유용할 것이다. 유학이 현실 정치 영역에 진입하든 현대 중국사회에 입각한 개념 체계를 재구상하든 다른 유파와의 소통은 필수적일 것이다.

4.
신좌파와 자유주의의 유학에의 접목

앞에서도 말한 것처럼 21세기 중국 지식계의 주목되는 부분 중 하나는 유학자들의 대담한 주장과 더불어 좌우파 지식인들이 기존의 자기주장에 유학을 접목하는 등 새로운 시도를 하기 시작했다는 점이다. 예를 들어 2004년 12월 28일 문화보수주의 간행물인 『위안다오原道』의 편집위원회는 잡지 창간 10주년을 기념하여 베이징에서 '공동의 전통: 신좌파·자유파·보수파 시야視域 속의 유학'이라는 학술좌담회를 개최했다. 쉬유위의 말을 빌리면 현장에서 신좌파는 문화보수주의에 대해 반대하지 않았지만 구체적인 구상은 많지 않은 반면, 자유파는 동정적 지지든 비판적 반대든 비교적 풍부한 사고를 보여줬다고 한다.[39]

신좌파와 자유주의 사조는 그동안 전통 사상과 일정한 거리를 두었지만 21세기 들어 이 두 유파도 전통을 대하는 입장이 이전과 많이 달라졌다. 따라서 이전처럼 그렇게 무 자르듯 간단하게 삼자 간의 관계를 정리할 수 없다.[40] 2000년대에 유학을 중심 논제로 하는 학술회의가 적지 않음은 여러 곳에서 확인된다. 어찌되었든 사상 구도로는 가장 오른쪽에 있어야 할 문화보수주의가 좌와 우가 만나는 중간지대를 형성하는 뜻하지 않은 결과를 만들어내고 있는 것이다.

예를 들어 자유주의 쪽에서는 '자유주의의 중국화'라는 말이 생겨날 정도로 유교와 접속을 시도하는 움직임이 많았음은 뒤의 자유주의 편에서 소개할 것이지만, 친후이와 같은 이는 일찍부터 기존 신유학의 한계를 지적하면서 개혁개방 이후 작은 공동체들의 새로운 구성과 관련하여 유학에 주목한 바 있다.[41] 신좌파의 중심인물 중 한 명인 왕후이도 철저하게 머우쭝싼 등 현대 신유가에 반대한다.[42] 심성을 유가의 핵심으로 본다는 데 그 반대의 핵심 이유가 있으며 이 점에서 정치유학을 역설하는 장칭과 통하는 바가 있는 것 같다. 신좌파에 속하는 간양 역시 유가사회주의 공화국을 주장하고 있으며 중국모델론에 유학을 접목시키는 대표적 인물이다.[43] 왕사오광이 제시한 '응답형 민주'도 실상 그 내용은 전통적인 민본주의에서 아이디어를 가져왔을 가능성을 배제할 수 없다. 이러한 시도들은 아마도 중국이 경제적 자신감을 더해가면서 지식인들이 유학을 기초로 한 문명중국의 기획에 대해 이전에 비해 더 높은 실현 가능성과 기대를 갖게 된 것과 밀접한 관계가 있는 듯하다.

이렇게 본다면 유학에 대한 신좌파, 자유주의, 문화보수주의 입장에서 어떤 공통점을 발견하게 된다. 그것은 바로 유학의 재해석에서 유학의 의미를 내성, 즉 심성의 측면만으로 제한할 수 없다는 점이다. 유학을 현재의 맥락에 가져오려면 외왕, 즉 치인을 위한 제도의 측면을 배제해서는 안 된다는 것이다. 삼자가 어떤 점에서 어떻게 차이가 나는지는 좀더 살펴야겠지만, 이러한 '합의'는 이후 중국의 정치 구상에서 유학의 정치철학이 어떤 식으로든 현실 정치에 반영되어야 한다는 것이 유파를 불문한 공통된 지점임을 확인시켜주는 것이다. 그렇다고 한다면 우리 질문은 좀더 근원적이어야 하지 않을까. 그 근원적 질문은 유학의 역설적 재구성을 위해서도 반드시 필요하다. 그 질문은 아래와 같은 내용들로 이루어져야 할 것이다.

5. 유학 부흥의 여러 조건 : 태도의 문제

1) 모더니티 문제

첫째, 유학은 왜 쇠락했었는가를 다시 물어야 한다. 지금 유학이 부흥하는 상황에서 그것의 현대적 재맥락화는 그것이 쇠락했던, 그리고 비판되었던 원인이 무엇인지를 엄중하게 따져 묻는 작업과 동시에 진행되어야 한다. 왜냐하면 쇠락은 부흥의 원인과 배경이 되었을 수도 있기 때문이다.[44] 신문화운동의 유학 비판 문제, 1949년 사회주의 시기 유학이 타자화되는 과정 등을 모두 정치적 외인으로만 볼 것인가, 과연 유학의 논리 내부에는 문제가 없었는가, 그리고 양자의 상호 작용은 어떠했는가 등에 대한 면밀한 연구가 진행되어야 한다. 여기에서 구체적인 사례로 옌푸嚴復와 량치차오梁啓超의 유교 비판, 그리고 후쿠자와 유키치福澤諭吉의 유교 비판을 그 당시 맥락을 고려하면서 살펴보는 일도 매우 유용할 것이다. 즉 이들의 유교 비판이 당시의 어떤 절박함에서 나온 불가피한 선택이었다는 점들이 간과된 채 지금의 논리로 재단되어서는 안 될 것이다. 당시의 '강제된 선택'은 그때의 생존의 문제와 분리될 수 없었을 테니 말이다. 혹 지금의 논리로 평가하더라도 당시 사회 문법에 대한 최소한의 존중이 전제되어야 한다.

둘째, 중국은 어떤 사회인가가 재고되어야 한다. 유학 담론은 유학을 부흥시키고자 하는 조건으로서 현재의 정치, 경제, 문화 환경을 지나치게 단순하고 선험적으로 전제하고 있는 것은 아닌지에 대해서도 질의를 해야 한다. 이미 중국사회도 혈연사회에서 계약사회로 바뀌었다는 사실을 유학의 부흥이라는 사태와 관련하여 엄중하게 재인식할 필요가 있다. 계약성contractualité을 통해 현대성을 재규정하려는 비데J. Bidet에 의하면 계약성은 시장관계와 사회적 연합관계, 국가권력 관계 등을 포괄한다. 그 계약성은 경제 영역에서 맺어지는 개인 간의 관계를 규정할 뿐 아니라 사회 및 정치 영역에도 적용되어 개인 사이의 연합association과 국가 권력의 성립 원리를 이룬다. 비데는 이 계약성을 현대사회의 메타-구조적 특성이라 부른다. 경쟁 자본주의 사회에서부터 소비에트 국가주의 사회에 이르기까지 다양한 현대사회 형태에 공통된 전제가 바로 이 계약성이라는 것이다.[45] 이러한 인식은 현대사회라는 조건이 유학의 교의와 제도까지 망라한 회복을 허용할 수 있는지를 판가름하는 데 매우 유용한 잣대가 될 만하다. 유학 부흥을 주도하는 담론 주체들은 그 실현 가능성의 정도와 한계를 냉철하게 주시하면서 진행할 필요가 있다.

셋째, 중국(인)은 모더니티를 얼마나 내재화하고 있는가에 대해 본격적인 질문이 필요하다. 이것은 듣기에 따라서는 서구 중심적 발언으로 들릴 수 있다. 그럼에도 불구하고 최근 중국 유학 담론과 중국모델론을 주장하는 일각에서는 '서구에서 벗어나자'는 주장이 유행하고 있고, 이것이 근대성을 만악萬惡의 근원이며 근대 극복만이 대안인 것처럼 생각하게 할 수도 있다는 판단 때문에 더욱더 필요한 질문이라고 생각한다. 이 주장은 어떤 면에서는 이데올로기성이 매우 짙으며 따라서 학문의 범주를 벗어나 있다고 봐야 한다. 이는 메이지 30년(1897) 근대화를 시작한 지 약 30년이 되었을 때의 일본 학계의 분위기와 매우 비슷하다. 이때 지식인들은 일본의 '문명개화'가 일단락지어졌다고 느꼈다. 이때 철학자 오시니 하지메大西祝는 계몽주의를 고취시키려는 후쿠자와 유키치에 동정을 느낀다는 멘트를 날릴 정도였다.[46] 개혁개방 30년이 지난 지금 중국 지식계는 메이지 시기 일본 지식인들의 문제의식을 빼닮았다. 마루야마의 일본 분석 방향을 지금 받아들일 것인지를 떠나, 나는 최근의 중국 문제를 사유하는 데 그의 문제의식에서 가져올 것이 적지 않다고 본다.[47] 예를 들어 근대를 부정한 기초 위에서 근대 초극을 주장할 경우 근대 초극은 전근대와 자연스럽게 결합하기 쉽다는 점은 일본의 근대초극론에서도 쉽게 발견되는 부분이다. 또 하나 문제를 지적할 것은 모더니티의 반사反思로서 즉자적으로 유학을 환기해야 한다면 "근대사상은 곧 서구 사상이라는 안이한 등식화로 거꾸로 돌아가버릴 위험을 내장하고 있다."[48] 그러나 이럴 경우 중국 근현대사를 어떻게 해석할 것인가의 문제가 남는다. 근대는 곧 서구 사상이라고 한다면 중국의 근현대 100년은 무화되는 것이다.

마루야마는 '근대적 사유'라는 매우 짤막한 글에서 다음과 같이 말한다. "근대성이 마치 현대의 모든 악의 근원인 것처럼 이야기하는 언사와, 그 정도는 아니어도 '근대'에 단순한 과거의 역사적 역할을 용인하며—일본에서조차 아니 바로 일본에서—그 초극만이 문제인 것처럼 이야기하는 다양한 언사가 유행하곤 했다고."[49] 일본의 메이지 시기에 '근대'를 처리하는 방식은 대륙 신유학자들이 개혁개방 30년의 사상을 바라보는 데, 본의는 아니겠지만 '정면교사'가 되는 꼴이 되어서는 곤란하다.

역사로서의 근대든 가치로서의 근대든 그 모두를 중국이 경험했다는 것을 부정할 수 없다. 그런데 물질적 근대화와 구분되는 정신적 근대화는 얼마나 이뤄진 것인가. 마루야마가 제기한 것처럼 타락한 서구화와 번성한 서구화는 같은가, 다른가 등의 문제가 역사학적으로 면밀하게 검토되어야 한다. 그리고 그 결과에 대해 그것이 어떤 것이든 겸허하게 받아들이고 사실에 대한 대면을 두려워하지 말아야 한다. 그런 바탕 위에서 근대 초극을 운위해야지 그렇지 않으면 '서양에서 벗어나자'는 구호는 마오쩌둥 시기 "15년 내 영국을 따라잡는다"는 식의 서양 따라잡기 경쟁의 뒤집힌 판본에 불과한 것이 된다.

2) 문화정체성의 문제

유학의 재맥락화를 현실화하려면 중국의 문화정체성의 문제를 심도 있게 따져야 한다. 이는 쇠락했던 유학을 왜 다시 살려야 하는가에 대한 질문과 매우 깊은 상관관계가 있다. 그리고 이는 다시 어떻게 살려야 하는가의 문제로 연결된다. 물론 여기에서 '유학이 중국 문화의 근본'이기 때문에 '정통의 지위'를 회복해야 한다고 하는 것[50]이 현재 대부분 대륙 신유가들이 암묵적으로 전제하고 있는 부분이다. 그러나 '중국이란 무엇인가'라고 했을 때 과연 그렇게 간단하게 '유학이라는 하나의 동일한 문화'로 정체성화할 수 있을까? 일견 명백해 보이지만 학문적으로는 긴 토론을 요하는 부분이다. 왜냐하면 유학은 중국 문화에서 상당히 중요한 부분을 차지하지만 정통 지위를 갖지는 않기 때문이다. 문화 전통은 영원히 불변하는 본질이 아니다. 어떠한 문화도 중심과 주변, 정통과 이단, 통일성과 다양성, 내부와 외부, 연속과 단절 등 내재적 긴장감을 포함하고 있다. 성하고 쇠하는 일 사이에 오래된 것의 독특성은 사라지고 새로운 독특성이 생성된다. 중국 문화의 근본을 유가에 귀속시킨다면 이것은 일종의 문화본질주의적 오류를 범하는 것이다.[51]

유가는 주나라 제도를 수호하기 위해 소공동체 본위의 윤리와 정치 개념을 세우려 한다. 여기서 친후이는 방법론의 원칙을 강조하는데, 그는 어떤 관점을 이해하기 위해서는 그것이 무엇을 주장하느냐를 볼 것이 아니라 그것이 무엇을 반대하느냐를 보아야 한다고 말한다. 예를 들어 맹자가 양주楊朱, 묵적墨翟을 금수라고 비난하는 것은 분명하게 유가의 소공동체 본위의 특징을 보여준다. 즉 맹자는 알다시피 '가정' 관념을 강조했는데 유가의 소공동체가 양주가 말하는 개인보다, 묵적이 강조하는 천하보다 높다고 여기기 때문이다. 따라서 대의멸친은 유가 입장에서 보면 허튼소리에 불과하다. 유가에서는 친친親親이 존존尊尊보다 중요하다. 나중에 유가에 대한 법가의 공격도 주로 여기에 집중되어 있다.[52] 여기서 친후이가 말하고자 하는 것은 유학이 좀더 보편성을 가지려면, 즉 닫힌 소공동체가 아니라 열린 공동체의 재구성이 필요하고, 이를 위해서는 양주와 묵적이 주장하는 '개인주의'와 '겸애주의'를 수용해야 한다는 것이다. 열린 공동체는 정통과 이단, 내부와 외부 사이의 긴장감이라는 기본 조건 속에서 존재해야 하기 때문이다.

현대사회에서 정체성 문제는 논란의 와중에 있다. 후기 모더니티 사회에 접어들면서 사회를 안정적으로 만들었던 옛 정체성들이 쇠퇴해 '정체성의 위기'를 맞고 있다는 것이 일반적인 분석이다. 이런 입장에서는 현대의 정체성이 탈구되거나 파편화되고 있다는 데 공감하는 사람이 적지 않다.[53] 이는 비단 서구만의 문제가 아니라 전 지구적인 현상이다. 라클라우는 이러한 탈구가 긍정적인 특징이라고 주장한다. 이 개념은 과거의 안정적인 정체성들을 어지럽게 만들지만 또한 새로운 정체성의 구성, 새로운 주체의 형성 등 새로운 접합의 가능성을 열어준다는 것이다.[54] 스튜어트 홀에 따르면 정체성은 우리를 둘러싼 문화 체계들 속에서 재현되거나 다뤄지는 방식과 관련하여 형성되고 끊임없이 변형되는 것이다. 그것은 생물학적으로 정의되는 것이 아니라 역사적으로 정의된다. 그는 완전히 통합되고, 완성되어 있고, 확실하고 일관된 정체성이란 환상이라고 본다.[55] 그렇다면 위기, 탈구, 파편화되고 있는 문화정체성 시대에 유학 논의의 합리적 형태를 상상하는 것은 어떻게 가능할까?

이와 관련하여 최근에 나온 나카지마 다카히로의 순자荀子 분석은 적잖이 참고가 된다. 조금 길지만 그의 논의를 따라가보자. 그는『순자』「정명正名」편에서 "만일 왕이 출현한다면 반드시 오래된 이름을 좇아 새로운 이름을 짓는다若有王者起 必將有循於舊名 有作御新名"라고 말한 것을, 지금 시점에서 아주 새로운 이름을 짓는 것이 아니라 오래된 이름에 기초하여 그것에 변경을 가하면서 시대에 맞춰 이름을 제작해야 함을 의미한다고 해석한다. 규범의 형성에 있어서 역사적 차원을 도입하는 것이다. 규범과 언어에 역사성을 승인하는 것은 그것을 제작할 때의 자의성에 제약을 거는 것이다. 성인이나 왕자王者는 자의적으로 규범이나 언어를 세워서는 안 된다. 어디까지나 역사를 참조해 생각되지 않으면 안 된다. 어떠한 독재자도 이 조건에서 벗어날 수 없다. 이러한 제약 조건이라는 관점과 더불어 또 하나 중요한 효과가 역사의식이다. 그리고 그것은 순자의 사고가 현재 우리에게 가장 강력하게 호소하는 것이다. 즉 역사성을 가지고 규범과 언어를 보는 것은 이것들이 근원적으로 복수성複數性을 가지고 있음을 승인하는 것임과 동시에 규범이나 언어에 있어서 복수의 타자와의 교통을 중요시하는 효과가 있다는 것이다. 순자에 있어서 참조해야 할 과거의 이름도 하나가 아니다. 그것은 복수다. 동일한 역사의식 아래, 순자는 관습을 달리하는 먼 지역에도 다른 이름이 있다는 것에 주의를 기울이고 있다. 예禮나 명名은 역사축에 있어서나 공간축에 있어서 복수로 존재한다. 여기서 도출되는 중요한 귀결은 규범이나 언어가 역사적이라고 하는 것은 그것이 현재에 있어서도 복수로 존재할 수 있다는 것이다.[56] 그리고 이것은 순자에 의하면 사회와 시대가 변하면 규범이나 언어의 존재 방식을 변경하는 것이 가능하고 오히려 이것이야말로 바람직하다. 왜냐하면 순자에게 있어서 예를 포함한 제도는 일반적으로 작위의 산물에 다름 아니며 결코 본질주의적으로 이해되는 것은 아니기 때문이다. 규범이 복수인 것을 인정하는 순자는 규범을 본질 속에 가둬버리지 않는다. 나카지마는 마지막에서 성인이 죽은 오늘날 우리 한 명 한 명이 신체에 기초하면서도 신체적인 존재 방식을 변화시키려고 하는 것과 같은, 사회적 규범으로서의 예를 제작하고 그것에 참여함으로써 악한 현실을 축소시키는 것, 그것이야말로 순자가 "성은 악한 것이다"라고 주장한 이유라고 말한다.[57] 나카지마는 어떤 규범을 만들어가는 데 있어서 역사성과 복수성에 근거하는 것이야말로 자의성에 제약을 가할 수 있다고 보는 것이다. 그리고 이러한 공공적 구상력에 의해 정치 차원을 새롭게 회복해야 한다고 주장하는 것이다.

3) 아비투스의 문제

대중의 내면에 자리하고 있는 유학의 습속, 즉 아비투스로서의 '성향 체계'는 어떠한가. 이와 더불어 또 중국인은 60년 이상 사회주의의 독특한 '제도화된 도덕' '도적화된 제도' 속에서 살아오면서 어떤 습속을 형성했는가. 이 두 부분은 그동안 중국 근현대사에서 상대적으로 소홀히 다뤄져왔다. 다만 관심을 가져왔다면 전자에 대해서는 루쉰이 '예교'나 '국민성'이라는 용어로 이 문제를 서술했다. 루쉰은 어쩌면 근대적 학문 체계를 갖추지는 않았지만 정신분석학적이고 포스트모던적 통찰로 근대 시기 중국인을 분석한 거의 유일한 인물일 것이다. 그 분석 과정에서 그가 자신을 포함한 중국인들에게서 느낀 것은 커다란 좌절이었다. 아마도 그가 중국인에게서 발견한 것은 시간이 흘러도 끊임없이 재생산되는 '수성적獸性的 인간 유형'과 '노예적 인간 유형'이고 혁명은 이들의 자리 바꿈일 뿐이다. 그런 두 인간형이 한 몸에 압축된 것이 바로 '아큐阿Q'다. 루쉰은 푸코나 부르디외처럼 권력관계 속에서 노예적 인간이 재생산되는 구조적이고 보편적 작동 기제를 사회과학적인 방법을 동원하여 서술하지는 않는다. 그러나 그는 중국의 역사와 인간에 대한 애정 및 증오의 변증 속에서 예리한 통찰을 통해 왜 아큐가 끊임없이 재생산될 수밖에 없는가를 날카롭게 그려낸다. 그것은 바로 전사회적으로 잘 짜인 억압위양抑壓委讓(상위자로부터의 억압을 하위자에게 순서대로 떠넘김으로써 전체의 정신적인 균형이 유지되는 체제)의 연쇄고리라는 구조 속에 자신을 위치 지으면서 살아가야 하는 현실 때문이다. 그런데 루쉰의 국민성에 대한 이러한 인식은 중국인의 일상의 저변을 지배하고 있는 심리 구조인 예교적 유학과 밀접한 상관관계가 있다.

리쩌허우의 문화심리 구조 또한 루쉰의 이러한 인식과 유사한 측면이 있다. 이지理智와 정감情感이 일상에서 분리되어 나타나는 복합적 현상을 리쩌허우는 문화심리 구조로 보았다. 그에 의하면 이 구조의 개조, 전환은 단순히 관념의 변화에만 기대서는 진정으로 실현시킬 수 없다. 반드시 행위 양식의 진정한 변혁이 뒤따라야 한다.[58] 이제 유학을 담론화하려는 주체들은 루쉰과 리쩌허우의 이러한 결론에 도전하기 위해서라도 현재의 중국인이라는 다중 주체의 심리 구조의 면모에 대한 면밀한 연구를 진행해야 한다.

그리고 60년의 중국 사회주의 경험에 대해 아비투스의 문제와 관련하여 어떻게 접근해야 하는지도 매우 중차대한 문제다. 왜냐하면 중국 사회주의의 제도화된 문화는 도도한 변화의 물결 속에서도 그들만의 낙인烙印을 꽉 껴안고 있기 때문이다.[59] 이 낙인을 역사화하고 청산하기 위해서는 아직까지도 금기시하는 사회주의 시기 중국 지식인 집단의 무의식 부분을 본격적으로 문제 삼아야 한다.[60] 특히 1949년 신중국건설 시기의 해방감과 곧바로 찾아온 57년 체제, 이후 대약진운동, 1966~1976년 사이의 문화대혁명 시기에 형성된 문화는 이미 중국인의 민족 심리와 잠재의식의 구조 속에 일정한 정치문화를 형성하고 있다고 봐야 한다.[61]

이를테면 최근 중국 굴기의 분위기를 타고 신좌파의 주장이 인터넷상에서 청년들에게 인기가 있다는 분석이 있다. 이런 현상을 샤오궁친은 중국의 청년들이 초등학교부터 받아온 교육의 결과로 본다. 그 주 내용은 무산계급은 흥하게 하고 자산계급은 없애자고 하는 흥무멸자興無滅資의 정통 교육이었다. 현재 중국의 청년들은 소학교 때부터 받아온 교과교육을 통해 형성된 가치의식을 가지고 지금 현실의 불공정을 평가한다. 신좌파의 사유는 사회교육 과정 안에 있는 '좌'적 이론 성분을 통해 활성화되어 청년 세대들에게 영향을 주는 것이다.[62] 이들이 대학생이 되었어도 초중등 과정에서 받은 교육의 각인은 쉬이 해소되지 않는다. 따라서 아비투스로서의 문혁을 포함한 사회주의 경험을 통해 잠재의식이 어떤 방식으로 형성되었는지에 대해서 중국 초중등 과정의 커리큘럼도 검토할 필요가 있다. 특히 그것이 현대 중국사회에 어떤 기능을 하고 있는지를 아는 것은 매우 중요하다.

이후 1978년 개혁개방을 거치고 1989년 톈안먼 사건에 대한 경험 그리고 베이징올림픽의 성공 등 다종다양한 집단 경험이 어떤 형태로 서로 결합되어 새로운 사유 양식을 형성했는지, 그리고 이것이 현재 중국인의 사유와 행동을 얼마만큼 지배하고 있는지에 대해 면밀한 연구가 필요하다. 특히 유학 담론이 유학의 단순한 복원을 목표로 한 것—사실 이것은 불가능한 것이기도 하지만—이 아니고 현대 중국사회에 재맥락화되고 전유되려면 유학 담론을 주도하는 지식인들은 그것을 소비하고 유통시킬 주체로서 대중의 문화습속의 실상이 어떠한가를 연구하는 것이 필수다. 유학 부흥이 '자연발생'이 아니라 '프로젝트'로서의 기획이라면 더욱 그럴 것이다.

4) 민주주의의 문제

장칭은 현대 유학에서 외왕外王을 실현하는 데에 서양의 민주를 표준으로 할 수 없다고 말한다.[63] 그에 따르면 민주는 보편적 가치 개념이 아닐 뿐 아니라 서양의 역사문화 전통에서 발원한 하나의 구체적인 제도일 뿐이다. 민주는 서양의 역사 전통과 밀접하게 관련된 독특한 문화적 산물이며 그렇기 때문에 역사와 문화를 초월한 보편성을 가질 수 없다.[64] 따라서 민주는 인류가 정치생활을 하는 데 있어 실질적인 내용에 대한 요구를 해결할 수 없다고 보는 것이다. 민주는 '서양적 특수성'과 '불완전성'의 두 속성 때문에 중국의 미래 청사진에서 수용할 수 없다는 것이다. 따라서 장칭은 중국은 민주의 핵심을 흡수한 기초 위에서 민주를 초월하여 훨씬 완벽한 중국 특색을 구유한 현대정치 제도를 창조해내야 한다고 주장한다. 여기서 중국식의 정치제도란 왕도정치, 예치정치, 무위정치, 대일통大一統의 정치 등으로 개괄할 수 있다.[65]

위의 주장들은 엄격히 말하면 틀린 말은 아니다. 모든 주의주장은 그것이 탄생한 고유한 사회적 맥락이 있기 때문에 역사적이고 이데올로기적이며, 맥락이 다른 사회에 무차별적으로 적용할 수 없는 것은 당연하다. 그런 면에서 최근 중국에서 무성하게 진행되고 있는 민주주의 논의는 그 자체로 의미가 있다. 장칭이 말했듯 서양의 모델을 그냥 가져다가 쓸 수는 없기 때문이다.[66] 그런데 장칭의 이러한 주장은 완전히 새로운 것이 아니며 신좌파가 1990년대 후반부터 펼쳐온 주장의 재판이다. 다만 신좌파는 노골적으로 자신들이 지향하는 정치 형태를 유교의 언어로 표현하지 않고 서양의 '멋진' 신좌파적 언어로 표현하는 데서 차이가 나는 것뿐이다.[67] 여기서 문제는 이들이 왜 지금 이런 주장을 하는 것일까를 생각해볼 필요가 있다는 것이다.

장칭을 비롯한 문화보수주의자들의 논의는 순수하게 학문적 차원으로만 해석할 수 없다. "정치적 투쟁은 단어들을 전유하기 위한 투쟁"이라는 말이 있듯이 민주, 자유, 평등, 인권 등을 언어의 패권으로 받아들이는 것은 대륙 신유학자들뿐 아니라 신좌파에서 이미 강조된 지 오래다.[68] 이런 점에서 대륙 신유학자들의 주장도 학문적인 측면과 프로파간다의 측면이 혼재되어 있다고 보면 된다. 이런 입지에서 다른 문화를 이해하려 할 때 흔히 두 유형을 보여주게 된다. 하나는 장칭과 유사하게 양자가 다르다는 것을 유독 강조하는 것이다. 이럴 경우 다른 문화가 생겨난 특수한 지적 맥락에 주의하여 그것을 받아들이고자 할 때 받아들이는 측에서의 의미작용을 통해 '전유'라는 단계를 경험할 수 있다. 이때 그 의미작용은 양자의 차이를 인정하고 그 차이를 정면에서 대면할 때만 가능한 것이다. 그러나 대륙 신유학파나 신좌파가 차이를 강조하는 데는 타자성에 대한 적극적 대면을 위해서가 아니라, 많은 부분 의도하지 않았더라도 정치적 권위주의 옹호로 귀결될 공산이 크다. 다른 하나는 타문화에서 어떤 개념을 발견했을 때 우리에게도 이미 그것이 있다고 주장하거나 또는 그 원적지가 중국이라고 주장하는 유형이다. 자유라는 개념을 둘러싸고 성홍盛洪 같은 지식인이 이런 태도를 보여준 것은 그 좋은 예다. 마루야마 마사오는 일본 지식인의 유사한 문제를 지적하면서 앞의 경우를 과민증, 뒤의 경우를 불감증이라고 표현한 적이 있는데, 어떤 때에는 이 과민증과 불감증이 역설적으로 결합된다고 지적했다.[69]

이런 점 외에도 민주에 대한 태도와 기본 관념에서 토론을 요하는 부분이 적지 않다. 먼저 민주가 서양에서 발원한 것이라 보편성을 가질 수 없으며 따라서 중국사회에 적용될 수 없다고 한 것은 일견 타당한 주장인 듯하나 여기에도 생각해야 할 점들이 있다. 일본도 전후 몇 년 되지 않아서 '민주주의'는 이미 알고 있다고 생각하는 분위기가 팽배했다. 민주주의가 서양에서 발생한 것은 맞지만 그 이후 그것을 풍부하게 만들어 나가는 것—모더니티의 문제가 그렇듯이—은 전체 인류의 몫으로 봐야 한다. 이제 중국은 오히려 서구 민주주의의 한계를 넘어서는 좀더 대범한 민주주의를 만들고 실천함으로써 업그레이드된 중국식 민주주의를 다시 서양이 배우도록 해야 한다. 바로 이것이 우리가 기대하고 있는 바가 아닌가.

그리고 장칭이 제시한 민주 개념은 암암리에 어떤 완성된 민주 모델을 상정하고 있다. 그렇기 때문에 서양의 민주 모델이 중국에 맞지 않는다는 결론은 당연한 것이다. 그러나 민주화된 사회에서도 민주주의가 여전히 문제시된다는 것은 그 사회가 불완전한 민주주의를 가진 후진 사회이기 때문이 아니라 민주주의 개념 자체가 어떤 완성된 모델을 갖고 있지 않기 때문이다.[70] 더구나 민주주의란 특정한 근거 위에서 생각하고 행동하기 이전에 자기 근거 자체를 비판의 대상으로 삼을 수 있는 정체라 할 수 있다.[71] 민주는 다만 정치를 사유할 수 있게 해주는 토대 자체인 것이다.[72]

서양의 비판적 지식인들에 의한 민주주의에 대한 사망 선고가 민주주의의 의미를 다시 묻고 갱신하자는 것이지 그것 자체를 폐기하자는 것은 아니다. 따라서 중국 지식인들이 서양에서의 민주주의에 대한 비판 행위를 독해하는 방식은 '서양 민주의의의 사망 선고'라는 결론보다는, 자기 사회에 대한 비판이라는 '태도'와 '방법'에 초점이 두어져야 한다.[73]

6.
유학 부흥에 대한 기대와 우려
: 비판 담론으로서의 유학

중국의 유학 담론 안에서 모더니티에 대해 열린 태도, 민주주의를 비판하는 민주주의, 민주주의의 역설을 기대할 수 있을까? 현재 중국의 맥락에서 유학 열풍은 어느 정도 지식과 권력과 자본의 합작품임을 부정할 수 없다. 유학이 권위주의와 시장지상주의의 극복을 의식한다면 '권력-지식 복합체로서의 유학'이 아니라 '비판 담론으로서의 유학'을 어떻게 재구성할 것인가를 고민해야 한다. '비판 담론으로서의 유학'의 재구성은 유교적 사유 방식에 근거한 '새로운 모더니티' 그리고 '새로운 민주주의'를 창출할 수 있느냐의 문제와 밀접한 관련이 있으며, 이것이 중국에서 유학 소구의 조건을 결정하는 관건이기도 하다.

유학이 사실상 국가와 자본에 의해 활성화될 수 있었다는 것을 인정한다면 국가의 '선택'을 역이용하는 것도 하나의 전략이라 할 수 있다. 유학 부흥이 국가와 자본의 덕을 본 것은 사실이지만, 국가와 자본의 논리 안에 갇히지 않고 그것으로부터 탈피하여 중국사회가 요구하는 새로운 가치 규범을 만들어가는 데 앞장선다면 그것이야말로 공자가 바라던 것이 아니겠는가. 춘추 시기의 맥락에서 새로운 사회관계와 인간관계를 구축하려 했던 것이 바로 공자의 꿈이었다. 유학의 본연인 선진유가를 돌아보고 그 안에서 새로운 어떤 것, 오래된 미래, 즉 지금의 시대가 요구하는 중요한 가치규범을 적극적으로 사유해야 한다. 그것은 바로 현재 중국의 맥락에서는 근대성을 면밀하게 살피는 것이며, 민주주의에 대한 중국적 사유를 펼치는 것이다. 이러한 가치체계에 대한 고민으로 뒷받침되는 한, 유학 부흥은 잠시 국가와 자본의 필요성에 의해 이용되어버리고 버려지는 이데올로기가 아니라 지속가능한 사상으로 존속할 수 있을 것이다.

유학과 관련하여 모더니티의 문제는 중국 근현대 100년의 역사를 어떻게 볼 것인가의 문제와 깊이 연동되어 있다. 어떠한 문화적 자각도 세계의 주류 문명과 대항적으로 수립될 수는 없는 것이다. 주류 문명에 참여하면서 개조해나간다는 것이 중요하다.[74] 그러나 현재 중국에서 대륙 신유가나 신좌파에 있어 근대는 '이성'이 아닌 도구일 뿐이다. 서구 근대를 대할 때, 근대적 이성을 대할 때, 결과적으로 도구로 타락한 측면도 있지만 중세의 봉건을 비판했던 그 해방적 측면도 있음을 잊어서는 안 된다. 그렇지 않으면 중국 근현대 100년 동안의 인간해방과 민주를 향한 역사를 해석하는 데서 곤란한 문제가 발생한다. 여기서 필자는 모더니티의 문제를 처리하는 방식에서 서양과 동아시아는 조금 달라야 한다고 생각한다. 유학 담론 안에서도 모더니티의 문제는 궁극에는 민주주의의 문제에 대한 질문으로 이어질 수밖에 없다. 민주주의란 제도로서는 현재 많은 문제를 노출하고 있지만, 그럼에도 제도든 가치든 그 자체로 인류가 추구해야 할 어떤 것이다. 중국의 유학 담론 주체들이 유학을 부흥시키는 데 있어서 문제가 무엇인지 정확히 진단하고 그 방향을 제시하기 위해서는 모더니티 문제를 면밀히 검토해야 하지만, 그것의 생명력을 유지시키는 것은 유학이 민주주의를 어떻게 내면화하느냐의 여부와 밀접하게 관련된다. 모더니티와 민주주의 문제에 적극적으로 대면하는 행위는 그 자체가 자기 역사에 대한 역사적 태도일 뿐 아니라 유학에 대해서도 역사적 태도를 취한다는 것을 의미한다. 앞에서 순자의 지식사회학적 인식에서 역사성은 규범이나 언어에도 각인되어 있음을 확인했다. 그렇다고 한다면 아비투스로서의 유교적 사유 습관도 역사초월적일 수 없다.

일본의 근대 초극 담론의 허구성을 경험해보았고 중국 사회주의의 문제점을 경험해본 동아시아는 이제 좀더 솔직해져야 한다. 지금 중국인들을 포함한 동아시아인들에게 내면적 사고와 정신 방면에서 근대성을 극복해야 할 만큼 어떤 근대적 측면에서 본질적인 변화를 경험해보았는지 자문이 필요한 시점이다. 차분히 근현대사의 전 과정 속에서 유학과 서구 근대가 어떻게 조우했으며 그리하여 서로에게 어떤 변화를 초래했는가를 유학의 사유 양식을 고려하면서 면밀히 검토하는 작업이 진행되어야 한다.

그리고 이 자체로 유학 소구의 조건으로서 유학이 모더니티와 맺는 관계가 무엇인지 논구될 수 있을 것이다. 바로 이러한 바탕 위에서 새로운 가치와 주체화 전략을 짜야 한다. 여기서 새로운 정치사회를 건설하기 위해서는 민주에 대한 구상을 피해갈 수 없다. 유학이 중국의 미래 구상이나 동아시아의 가치 지향을 제시하기 위해서는 유학 내부에서 민주주의의 문제를 어떻게 사유하고 있는지를 명확히 제시해야 한다. 그리고 이러할 때, 동서양을 지나치게 구분하려 해서도 안 된다. 중국 굴기와 유학 부흥이 지속적이려면 모더니티 문제와 민주주의 문제를 얼마나 개방적으로 사유할 수 있느냐가 관건이며 이것이 담보될 때 유학의 동아시아적, 세계적 확장이 가능해질 것이다. 그리고 이것은 유학이 현대 사회에 재맥락화되기 위한 필요조건이기도 하다.

이 장 맨 앞에서 제기한 필자의 가장 큰 질문은 중국에서 유학이 왜 지금 다시 문제가 되어야 하는가였다. 중국의 근대현대사가 전체적으로 반전통, 반유학의 역사였다는 점은 누구나 인정한다. 따라서 지금 유학 담론이 활성화되는 것은 일단 자기 정체성에 대한 긍정이라는 계기와 연결된다는 점에서 매우 중요한 의미를 지닌다. 그러나 서양 근대성의 대안까지를 운위하기 위해서는 기존에 통용되어온 규범의 자명성에 괄호를 치고 유학이 중국의 민주주의 형성에 어떻게 개입해야 하는지를 본원적으로 다시 질문해야 한다.

사실 '유교 문명'에 근거한 동아시아 담론은, 동아시아의 현실적 맥락에서는 여전히 "서양과는 상이한 자본주의적 노동통제의 전략과 형태"로 활용될 소지가 다분하다는 견해가 아직까지도 지배적이다. 이제 유학 담론이 대세가 되었으니 이런 '편견'을 의식할 필요가 없는 것일까. 헌팅턴의 문명에 대한 강조는 '문명'에 대한 강박으로부터 자유롭지 못한 아시아로 하여금 좀더 자유롭게 문명을 논의하는 공간을 만들어주었다.

중국에서 유학이 문명론에 갇혀 있지 않다는 이야기를 듣기 위해서는 유학 담론이 현재 우리가 살아가는 일상과 언어의 문제 속으로 어떻게 진입해 들어갈 것인가 하는 문제를 적극적으로 사유해야 한다. 예컨대 중국 개혁개방 30년의 과정 속에서 드러난 다양한 사회 문제, 즉 정치와 경제의 부조화 문제, 경제성장에 따른 가치관의 혼란이나 빈부격차 등의 문제에 정면으로 대결해야 한다. 이 문제는 곧 타자의 문제이고 유학은 이에 어떻게든 응답해야 한다. 타자는 중국 내부로는 인민 일반일 수도, 소수민족일 수도 있다. 외부로는 동아시아의 다른 나라일 수도 있으며 동아시아의 지식인일 수도 있다. 그리고 이견異見이 있는 다른 사람 일반일 수도 있다. 물론 여기서 타자는 약자로서의 타자다. 이런 점에서 유학은 중국의 내부 문제뿐 아니라 외부 문제를 고려에 넣어야 한다. 그랬을 때만 비로소 생명을 다해가는 서구 자본주의의 대안을 고민할 자세가 되었다고 할 수 있을 것이며, 유학 담론 주체들의 사유와 태도가 서구 근대의 주체 중심적 사유를 뒤집어놓은 것에 불과하다는 비난에서도 벗어날 수 있을 것이다. 문명사적 전환도 중요하지만 중국 내부의 역사(5·4운동과 57년 체제, 개혁개방의 역사)와 현재의 문제가 이 문명사적 전환과 맺는 관계 또한 매우 중요하다. 다시 말하면 문명비평과 사회비평이 함께 있어야 맹목적이지 않을 뿐 아니라 공허하지 않다. 나는 개인적으로 양자가 연동되어 있지만 후자의 문제가 풀려야 비로소 문명사적 전환을 운위할 수 있다고 본다.

최근 중국에서 시장경제의 발전으로 사회의 다원화가 빠르게 진행되고 어떤 통일된 원칙이 받아들여질 공간은 줄어들고 있다. 반면 이러한 변화된 시스템에 어울리는 새로운 원칙은 아직 형성되지 못하고 있다. 이런 상황에서 응축성으로 표상되는 국가와 집단도 중요하지만 다른 한편 그것들과 불화하고 있거나 그것들에서 이탈한, 즉 분산성으로 상징되는 개인과 사회를 어떻게 수용하고 해석할 것인가가 더 중요해질 수도 있다. 다시 말해 '중국식'의 개인과 사회의 존재 방식에 관한 전반적이고 심층적인 고민이 있어야 할 것이고, 중국의 독특한 현대화의 구체적 진로 속에서 좀더 복합적이고 다층적인 대안적 관념이 제시되어야 한다. 21세기 세계 자본의 총공세 속에서 거기에 맞설 민족과 국가의 형태가 어떤 식으로 변화를 겪을지 알 수 없으나 분명한 것은 개인이 희생되거나 배제되지 않을 수 있는 또 다른 새로운 원리를 필요로 한다는 것이다. 유학 담론이 사회주의와 자본주의의 문제점을 모두 경험한 상황에서 21세기의 새로운 공동체 형성을 위한 담론이기를 포기하지 않는다면 복수의 가치, 다원성에 대해 어떻게 접근할 것인가를 적극적으로 사유해야 하며 이는 곧 민주주의에 대한 고민이기도 하다.

결국 이 장의 논지는 공자의 선진유학으로 돌아가 공자가 인간관계를 근본적으로 변혁하려 했다는 그 근본정신을 강력하게 환기하자는 것이었다. 그러기 위해서는 유학을 국가 및 자본과 분리시켜 이것들을 견제하고 비판함으로써 기득권을 제한하는 사회 이념, 21세기적 대동사상으로 거듭나게 하는 것이다. 이는 전통 시기 사士 계층이 망국亡國보다는 망천하亡天下에 초점을 맞추어 사유했던 전통적 방식과도 통하는 것이다. 이처럼 유학의 본래 면모를 회복해갈 때에만 유학은 지속가능한 철학으로서의 생명력을 유지할 수 있고 또 현재의 맥락에서 '인민 유학'으로 진화할 기반을 확보할 수 있을 것이다.

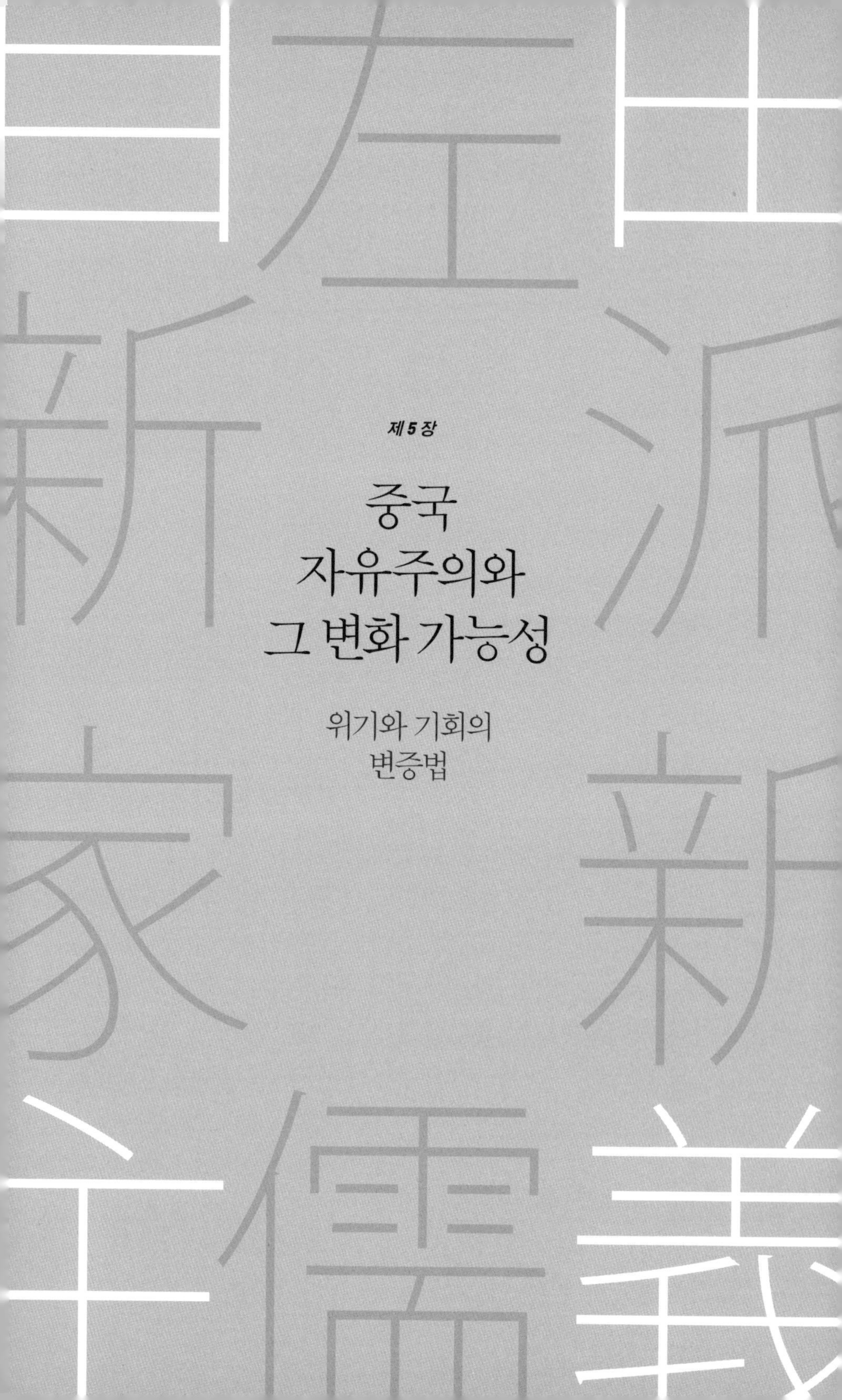

제5장

중국 자유주의와 그 변화 가능성

위기와 기회의 변증법

1. 중국 자유주의의 위기와 쟁점

자본주의의 위기라는 국제정세와 중국의 경제성장에 힘입은 국가 능력의 강대화는 신좌파에게는 새로운 기회를 가져다주었지만 자유주의자들에게는 위기 국면을 초래하고 있다. 중국 정부는 경제자유주의가 제공해왔던 경제성장의 '비결'이 더 이상 필요해지지 않자 자유주의와 또 다른 긴장 국면에 들어섰다고 할 수 있다. 특히 이 긴장과 위기는 최근 중국의 경제성장을 중국모델론으로 정식화해온 신좌파가 '대중민주'를 중심 개념으로 한 정치적 구상을 밝히면서 정치개혁을 둘러싸고 자유주의파와 정면 대립하고 있는 상황과 무관하지 않다. 또 이와 더불어 중국 자유주의자들을 격발하는 움직임이 있다면 대륙 신유학자들과 일부 자유주의 사이에 유학과 헌정을 연결시키려는 새로운 시도들이 왕성하게 이뤄지고 있다는 점이다.

자유주의와 국가의 긴장관계를 촉진하고 자유주의 내부의 분화를 격발한 또 하나의 중요한 계기가 있다면 바로 류샤오보劉曉波의 노벨평화상 수상이라는 '사건'일 것이다.[1] 류샤오보가 2010년 '08헌장'의 발기와 추진으로 노벨평화상을 받으면서 중국공산당의 강권통치를 어떻게 볼 것인가를 놓고 대륙의 자유주의 내부에 일대 논쟁이 벌어졌다. 이후 벨벳혁명을 지도한 폴란드의 미크니크Adam Michnik가 중국에 왔을 때 중국의 자유주의 지식인, 유권 인사들과의 대화에서도 이 문제가 쟁점이 되었다. 그 결과 국가[2]와 타협하자는 입장과 비타협으로 버티자는 입장으로 갈리면서 자유주의 내부에도 분열의 양상을 보이고 있다.

중국사회 발전이 중요한 변곡점을 맞을 때마다 자유주의가 다른 사조에 비해 상대적으로 위기의식과 굴곡을 심하게 겪는 것은 중국 근현대 100년 동안 있어온 일이다. 그리고 이는 중국사회에 대한 자유주의의 착근 여부와 밀접한 상관관계가 있다. 사실 자유주의는 중국에서 전통적으로 지식인 내부에서만 수용되었지 대중 속으로 들어가 뿌리를 내리지 못했던 원천적 한계를 안고 있다. 그 한계는 여러 이유에서 비롯된 것이고 이에 대한 면밀한 검토가 필요하지만, 중국 자유주의가 갖는 이론적 한계와 중국사회의 정치적, 사회적, 경제적 특성이 상호 작용한 결과임은 분명하다. 그렇다면 자유주의 지식인들은 현재 이러한 문제들을 어떻게 인식하며, 이를 돌파하기 위해 어떤 노력을 하고 있는가. 지금 중국 자유주의가 처한 위기의 현실은 이런 질의를 요청하고 있다.

그동안 중국 자유주의는 중국의 현실 사회주의에 대해, 또는 신유가에 대해 지나치게 방어적이거나 네거티브한 방식으로 대응해온 점을 부정할 수 없다. 따라서 중국에서 자유주의는 '반중국적'이라거나 '반전통적'이라거나 심지어 '친제국주의' 또는 '친서구'라는 오명과 비판에서 자유롭지 못했다.[3] 자유주의자들은 그동안 자기와 입장이 다른 사조들에 대해 소극적, 즉자적으로 대응하기에 바빴지 중국사회와 역사에 대해 자유주의를 활용한 적극적인 자기 구상을 갖지 못했던 것이 사실이다. 그렇기 때문에 앞에서의 '오명'은 어떤 측면에서는 자유주의자들 자신이 자처한 것이라 할 수 있다.

이 점에서 리쩌허우의 다음 지적은 중국에서 자유주의의 착근이라는 문제를 고민하는 지식인이라면 경청해야 할 대목임에 틀림없다.

"중국에서 자유주의 일반, 후스胡適에서 구준顧准, 리선즈李愼之에 이르기까지 모두 반전통이다. 기실 이 사람들은 자유주의 구호를 제기했을 뿐이며 진정 아무도 중국의 출로에 대해 자신의 자유주의 이론을 제시한 적이 없다. 그들은 다만 자유주의 선전가일 뿐이다."[4]

리쩌허우의 이러한 문제제기는 엄밀한 평가라 하기에는 다소 과장이 있다 하더라도 중국에 자유주의가 진입한 지 100년이 지난 지금 시점에서 자유주의가 대면해야 할 문제가 무엇인지 정확하게 지적하고 있다.

또 최근 미디어에서 큰 인기를 누리고 있는 추펑秋風도 중국 자유주의가 위기에 처한 것은 신속하게 변화하는 현실에 대응하여 이론적 의제를 설정하는 능력의 결핍 때문이라고 말한 적이 있다. 그는 이로 인해 자유주의는 학계에서나 정치계에서 점차 매력을 잃고 있으며 바로 이 점이 자유주의 주 변화의 근본 원인이라고 지적한다. 그리고 이는 근원적으로 자유와 중국의 관계 설정 자체를 어떻게 할 것인가의 문제와도 관련되어 있다고 본다.[5] 추펑의 이 지적은 중국의 자유주의가 현실에 개입하는 방법을 다시 궁구해야 할 뿐 아니라 이제는 이론 구성의 단계로 진입하지 않으면 도태될 수도 있다는, 자유주의자로서의 자기 경고성 발언이라고 할 수 있다. 자유주의에 대한 이 두 사람을 필두로 한 비판과 우려의 사상적 배경에는 여러 가지가 있겠지만, 이는 이제 중국의 자유주의도 자신의 고유한 이론 체계를 가지고 중국사회의 문제를 적발하고 응답해야 할 단계가 되었다는 현실을 인식하기 시작했음을 반영한다.

그런데 자유주의가 이러한 시도를 전혀 하지 않았다고는 말할 수 없다. 사실상 사상 측면에서 자유주의의 중국화에 대한 시도들은 21세기 들어 비로소 생겨난 현상이 아니고 1990년대 말부터 이미 자유주의 지식인인 친후이나 류쥔닝 등에 의해 시도되어왔다. 그러던 것이 21세기에 들어와 유학 부흥이 절정을 이루는 형세와 맞물려 거기에 대응코자 '자유주의의 변신 필요성'이 학계의 피할 수 없는 과제로 대두된 것이다. 자유주의의 중국화에 대한 시도는 두 방향으로 나타났는데, 하나는 2003년을 기점으로 자유주의자들이 절차적인 정의를 문제 삼으면서 인권을 보호하는 '권리보호운동維權運動'에 나선 것이다. 이는 사회적, 시민운동적 방향이라고 할 수 있다. 다른 하나는 사상적으로 자유주의자들이 문화보수주의, 즉 신유학에 자유주의의 접속을 시도하기 시작했다는 점이다. 일본의 중국 연구자 오가타 야스시緒形康는 이러한 시도를 '자유주의의 중국화' 또는 "중국 사상사에 있어서 불교의 중국화와 마르크스주의의 중국화에 이은 제3의 문화융합"[6]이라고 해석한다. 나는 여기서 전자를 '시민사회운동 측면에서의 중국화'로, 후자를 '사상 측면에서의 중국화'라 부르려 한다. 그리고 덧붙여 사상 측면에서 자유주의의 중국화를 반드시 유교와의 결합으로 제한해 인식하는 것은 문제가 있다고 본다. 물론 앞장에서 말한 것처럼 중국인의 사유와 행동을 결정하는 주요 패러다임에서 유교적 사유 양식을 무시할 수는 없을 것이다. 그러나 그 사유 양식이 시장 원리와 계약성이 지배하는 오늘날의 중국 현실사회의 층위에서 어떻게 나타나는지가 중요하다. 자유주의의 중국화는 현실 추인에 중심을 두는 최근 유학 담론과의 단순한 인위적 결합으로는 사회적 요구를 담아낼 수 없을 것이다. 이에 자유주의의 중국화는 최근의 유학 담론과의 소통을 통해 그것의 변화를 추동해내는 방향을 취하든가 아니면, 단독으로 유학에 대한 독창적인 재해석을 통해 새로운 경지를 개척하는 방향이 있을 수 있다.

기존의 신좌파가 좌파로서의 자기 역할을 지속해나가기 어렵다는 지식인들의 공통된 인식은 다른 각도에서 보면 자유주의의 역할 변화를 촉구하는 것으로 이해할 수 있다. 이러한 인식 아래 필자는 중국 자유주의자들이 신좌파의 국가주의화 현상을 의식하면서 위기를 변화의 기회로 삼으려면 지금 벌어지고 있는 상황의 변화에 개입하려는 전략과 사상이 필요하다고 본다. 이에 부응하기 위해서는 앞에서 리쩌허우와 추펑이 요구한 자유주의의 자기 구상이라는 일차 과제에 착수하는 동시에 자기비판 역시 병행되어야 한다. 1990년대 논쟁에서 드러난 자유주의의 가장 큰 문제점은 현대성을 동질적인 것으로만 파악하여 처음부터 그 내부의 긴장과 모순을 소거해버렸던 데 있었다.[7] 따라서 후쿠야마의 역사종언론에 대해 어떠한 이견도 낼 수가 없었다.

자유주의가 신좌파 및 문화보수주의와의 경쟁 구도 속에서 자신을 새롭게 정위하려면 중국사회의 맥락 속에서 현대성을 비판적으로 인식하려는 데서 시작해야 한다. 이를 위해 우선 이미 서구 자유민주주의 자체의 정당성이 의문시되고 있는 상황을 깊이 인식해야 하고 "정치적 자유주의를 경제적 자유주의와의 제휴에서 구해내야 한다"[8]는 샹탈 무페의 지적을 다시 한번 음미해볼 필요가 있다.[9] 그녀는 이 양자를 구별해내지 못한다면 근대성을 옹호한다는 구실로 '부유한 북대서양의 민주주의 제도와 관행'을 순수하고 단순하게 찬양하는 방향으로 내몰릴 것이라고 말한 바 있다. 1980~1990년대처럼 자유주의를 주장하는 것 자체만으로 비판의 상징이 되었던 시대는 이미 지났다. 지금은 서양의 급진자유주의가 자본주의와 자유주의를 어떻게 비판하고 있는지, 그리고 어떻게 변화를 꾀하는지 유심히 관찰할 필요가 있다.

중국의 현대성 인식의 원형은 왕후이 등 신좌파의 1990년대 인식을 거론하지 않더라도 19세기 말 20세기 초, 세계 자본주의 체제에 진입해 들어가는 과정에서 옌푸, 장빙린, 루쉰 등 일련의 선배 사상가들이 보여주었던 바로 그 방식, 즉 봉건성과 근대성을 동시에 견인해내려는 아슬아슬한 긴장에 있었다. 사실 루쉰은 자유주의에 대해 심하게 회의했지만 생활세계와 정치에서는 '자유'를 추구했다. 이런 점에서 자유주의는 21세기를 맞아 자기를 과감하게 부정하지 않고는 살아남을 수 없다고 본다.

이 장에서는 이런 문제의식 아래 21세기 중국 자유주의의 새로운 가능성을 서술하려 한다. 첫째, 중국 정부와 자유주의가 결별하는 2000년대 이전까지의 전사前史로서, 즉 1980~1990년대의 자유주의의 존재 형태에 대해 간략하게 기술한다. 둘째, 새로운 격변의 '이행기transition period'라 할 수 있는 20세기 말 21세기 초 자유주의의 사상적 계보는 어떠했으며 이들은 국가와 어떤 관계를 유지했는가를 알아본다. 셋째, 자유주의의 중국화를 위기와 기회라는 가능성을 염두에 두면서 사상 측면에서의 중국화와 시민사회적 측면에서의 중국화로 나누어 서술한다. 자유주의가 어떻게 유권운동과 신유가에 접속을 시도하는지를 살펴보는 가운데 중국에서 자유주의의 새로운 가능성을 탐색하고자 하는 것이다.

2.
1990년대 중국의 자유주의
: 자유주의 계보와 국가와의 관계

자유주의의 1980~1990년대에 대해서는 2000년대 이후 자유주의의 변화와 접맥되는 부분에 초점을 맞춰 논의하려 한다. 자유주의는 개혁개방 이래 가장 일찍 출현한 민간 사상이며 사회주의의 극좌적 문화에 대한 비판과 성찰 속에서 사상해방운동과 함께 출현한 사상이다. 자유주의는 개혁개방 초기 덩샤오핑 사상과 일정한 밀월기가 있었다. 쌍방이 공통의 단계적 목표를 지녔기 때문이다. 개인 숭배 타파, 사상 속박을 타파하고 개인 자유를 확대하고 민주법치를 불러들인다는 면에서 공통의 목표가 있었다.[10] 하지만 그 과정은 그렇게 평탄하지가 않았다. 1980년대에도 두 차례에 걸쳐 반자유화운동이 있었기 때문이다.

1980년대 사상의 테마는 반성과 계몽이었다. 이때 사르트르, 프로이트, 베버 등은 가장 중요한 사상적 자원이었다. 1980년대 사상계의 가장 두드러진 주장은 급진적 반전통주의였고 TV 다큐멘터리 「허상河殤」의 출현은 1980년대 사상운동의 최고봉이었다. 그러나 1989년 톈안먼 사건으로 자유주의 색채를 띤 계몽운동은 멈춘다. 이후 약 2년 동안 사상과 경제가 모두 곤경에 빠지자, 1992년 잘 알려져 있다시피 덩샤오핑은 남순강화를 통해 개방을 강화하는 정책을 세워 위기에서 탈출하고자 한다. 사실상 1989년 톈안먼 사건 이후 지식인들이 우려한 것은 반개혁적인 정치 복벽이었는데 덩샤오핑은 오히려 남순강화를 계기로 모두의 예상을 깨고 자본주의적 개방의 강화로 선회하였다. 남순강화 이후 '시장화'는 신속하게 매체와 학계의 주류 언어가 되었고 당국도 대규모로 시장제도 쪽으로 형태를 바꾸기 시작했다. 덩샤오핑은 정치적으로도 남순강화를 계기로 좌경 근본주의를 비판했다. 이로 인해 자유주의는 1990년대에 화려하게 부활했다고 할 수 있다. 사상해방이 다시 고개를 들었다. 자유주의자들은 다시 개혁개방을 지지했으며, 시장경제 체제, 개인 재산권 보호, 세계무역기구에 가입할 것을 지지했고 이러한 문제에서 정부와 다시 공감대가 형성되었다. 이로써 자유주의는 복기했다. 이때 우칭롄吳敬璉 등 원로 경제학자들이 중요한 역할을 했다.[11]

이 기회를 이용하여 경제학이 새롭게 출현했다. 거기에 학술과 관념 영역의 경제학은 서양에서도 환영을 받고 있었다. 이들은 프리드먼Milton Friedman, 코스Ronald Coase, 노스Douglass C. North, 하이에크Friedrich A. von Hayek 등으로 대표되는 자유시장 경제학파였다. 더욱이 하이에크와 그의 스승인 미세스가 펼친 계획경제의 불가능성에 대한 논단은 시장화에 대한 지식 장애를 소거해버리는 역할을 했다. 이것은 중국에서 자유주의의 중요 지류인 시장자유주의 혹은 경제자유주의를 형성했다. 이러한 관념의 영향으로 현재까지 중국의 많은 사람은 여전히 재산권의 관점에서 권리를 이해하고 경제 자유와 자유경쟁의 각도에서 자유를 이해하는 데 익숙하다.

이러한 분위기 속에서 문학과 사상 쪽에서 새롭게 주목받은 지식인은 문학에서는 첸중수錢鍾書, 린위탕林語堂, 저우쭤런周作人 등이었고 사상계에서는 천인커陳寅恪, 후스胡適 그리고 1940년대 서남연합대학의 자유주의 색채를 띠었던 교수들과 『관찰』이라는 잡지였다. 반면 관방의 혁명사관은 빛을 잃었고 공공여론의 공간에서도 자취를 감추었다. 이러한 전통은 1980년대의 계몽주의에 훨씬 많은 역사적·이론적 근거를 부여했고 이 자유주의 전통은 여론 공간에서 광범하게 전파되어 '반전통'이라는 상식도 나날이 확대되어갔다. 계몽적 자유주의 역시 당대 자유주의의 중요한 하나의 지류로 형성되었다. 그 대표 인물은 위안웨이스袁偉時와 레이이雷頤였다.

그러나 1990년대 중반 중국의 자본주의화가 가속화되는 속에서 자유주의는 그 성격에 변화를 일으킨다. 1990년대 이익 분화 과정에서 지식인 계층도 똑같이 이익을 얻는 계층이 되었고 자유주의 지식인 중 가장 활발했던 이들은 비정치적 공간 속에서 전에 없이 경제적 이익을 얻을 기회를 획득하게 된 것이다. 이처럼 경제자유주의가 유리한 상황을 만들어가는 속에서 1990년대 중반 자유주의의 또 다른 지류인 정치자유주의 또한 입지를 강화할 수 있었다. 대표적 인물은 잘 알려진 류쥔닝, 주쉐친朱學勤, 친후이秦暉, 쉬유위徐友漁 등이었다. 그들이 주장한 것이 비록 정치자유주의라고 하지만 그 의제는 결코 경제자유주의와 분리될 수 없었다. 그들은 특별히 즉 개인 자유의 가장 중요한 보장은 재산권임을 강조한다.[12] 즉 남순강화 이후 시장화가 대세가 됨에 따라 자유주의자가 다시 주류로 떠올랐고 그들의 지휘 아래 경제정책이 이뤄졌다. 이렇게 경제자유주의는 대규모로 관방 이데올로기 언어체계 안으로 진입해 들어왔다.

1990년대 이후 중국 자유파 지식인들은 하이에크의 온화한 보수적 자유주의 이론을 받아들이기 시작했다. 이는 이미 1989년 가두의 급진자유파와는 명확히 구분되는 것이었다.[13] 당시 중국사회에 소개된 자유주의는 하이에크 외에도 버크Edmund Burke, 토크빌Alexis de Tocqueville, 벌린Isaiah Berlin, 노직Robert Nozick 등이었고 이들의 학설은 광범한 흥미를 불러일으켰으며 이전 중국 자유주의 지식의 공백을 메워나갔다. 이들 사상에 힘입어 1990년대 중후반에는 자유주의가 학문적 형식을 갖춰 무대에 등장하고 자유주의 신좌파 논쟁을 이끌었다고 할 수 있다. 그 주역들은 리선즈를 시작으로 쉬유위, 류쥔닝, 주쉐친, 친후이 등이며 이들은 논쟁뿐 아니라 앞에서 언급한 서구 자유주의 학자들의 이론으로 무장하고 매체를 선도해가는 역할을 하게 된다. 이들의 활동으로 적지 않은 잡지와 신흥 인터넷 매체가 사실상 자유주의적 경향을 띠면서 자유주의 강세 여론 분위기가 형성되었다. 류쥔닝·허웨이팡賀衛方 등이 주편하여 1995년부터 나오게 된『공공논총』은 자유주의 여론을 주도해간 대표 잡지였다.

1990년대 중후반을 전후해 중국 자유주의는 1949년 이전 구미권 유학 경험이 있는 지식인들이 구상했던 수준을 이어 학문적 자유주의 모습을 회복해갔다고 할 수 있다.[14] 역설적이게도 여기에 혁혁한 공을 세운 사람들은 이들과 대척점에서 자유주의를 공격했던 신좌파 지식인일 것이다. 자유주의 측은 1990년대 중후반 신좌파의 공격에 대응하기 위해 앞에서 언급한 서양 자유주의 지식인의 이론으로 무장하지 않을 수 없었기 때문이다. 그 과정에서 중국의 자유주의파는 일정한 공동 전선을 형성했다고 할 수 있지만 그 내부에서의 편차도 적지 않았다. 자유주의 안에도 오른쪽부터 왼쪽까지 매우 다양한 스펙트럼이 존재하기 때문이다.

그러나 국유 부분의 축소화 과정에서 대규모 해고下崗와 부패가 발생했고 여론과 기층 민중의 불만이 크게 야기되었다. 2003년에서 2004년 사이에 대규모로 국유기업 재산권 대토론회가 열린 것은 널리 알려진 사실이다. 그리고 이런 여론을 강하게 의식하면서 나온 것이 바로 후원胡溫(후진타오·원자바오) 집정기의 '화해사회론'이다. 이후 경제자유주의는 10여 년간 누려왔던 주류의 자리를 점차 잃었고 공공정책의 결정과정에서도 갈수록 주변화되었다. 경제자유주의가 주변화되면서 정치자유주의도 동시에 찬밥 신세가 되어갔다. 무엇보다도 중국 지도층은 이미 경제성장의 '비결秘方'을 알게 되었고 그럼으로써 경제자유주의자에게 점차 냉담해졌다. 지도층 입장에서 보면 당초 필요한 것은 경제자유주의였고 자유주의의 기타 영역에서의 주장은 결코 중요한 것이 아니었다. 추평은 인터넷을 포함한 대중매체에서의 자유주의의 영향력도 오래가지 못할 것이라 예측한 바 있다.[15]

앞에서도 언급한 것처럼 정부 입장에서도 이제 자유주의는 경제발전의 측면에서 그 효용성을 잃어버렸고 자유주의자들이 요구하는 정치개혁은 수용할 수 없다고 보기 때문에 자유주의로서는 최대의 위기를 맞이하고 있다. 그렇다면 자유주의자들은 어떻게 이 위기를 돌파해나갈 수 있을까. '자유주의의 중국화'라는 실험은 과연 위기를 기회로 만들 수 있을까.

3.
자유주의의 중국화?

1) 사상적 측면에서 자유주의의 중국화?: 자유주의 유가냐, 유가 자유주의냐

뒤에서 나올 유권운동이 중국의 자유주의가 사회 정치적으로 중국 현실과 민중 속으로 진입하고자 한 하나의 움직임이었다면, 자유주의의 신유학에 대한 접근은 그 정당성 여부를 떠나 사상적 차원에서 자유주의가 어쨌든 '중국을 상징하는 유가'와 대화하거나 접속하려는 하나의 의미 있는 움직임이라 할 수 있다. 물론 이런 시도가 처음 있는 것은 아니다. 역사적으로 1949년 이전에도 그리고 1980년 이후에도 적지 않은 지식인이 이러한 시도를 단속적으로 시도했다. 그러나 오늘날이 예전과 다른 것은 개인 차원의 산발적인 형태가 아니라 사상계의 어떤 흐름을 형성할 정도가 되었다는 점이다. 사상계의 흐름이 되었다는 것은 그동안 유학을 백안시하던 지식인들도 관심을 갖고 유학을 재사유하게 하는 피할 수 없는 어떤 분위기가 조성되었음을 의미한다.

앞에서 문화보수주의를 설명할 때 장칭의 '중화문화경전기초교육송본'의 편집 등을 계기로 대논쟁이 야기되었다고 소개했다. 이 논쟁 중 하나를 보자.

2004년 7월 8일 쉐융薛涌은 『난팡주말』에 「몽매한 문화보수주의로 가다走向蒙昧的文化保守主義」를 발표하고 장칭의 행동을 비난했다. 7월 22일 『난팡주말』은 다시 쉐융, 장칭, 추펑, 주궈화朱國華, 류하이보 등의 관련 논문을 게재하고 아동독경운동을 특집으로 다뤘다. 여기서 추펑과 류하이보가 장칭에 대한 지지를 표명했다. 이에 대해 10월 24일 『위안다오』 동인과의 인터뷰에서 장칭은 '중도 자유주의자들'의 지지 표명에 놀라움을 표하고 그 이유를 다음과 같이 추측했다.

"그들이 받아들인 것은 하이에크의 자유주의 이론이다. 하이에크가 전통을 매우 중시하기 때문에 (…) 그 학설에서 출발한다면 유가 전통을 중시하지 않을 수 없다. (…) 나는 그들이 자유주의 발전을 위해서 토착적 자원을 찾아나서는 것이라고 생각한다."[16]

장칭은 중국 문화의 본질을 문화보수주의라고 묘사한다. 그러나 그는 많은 문화보수주의자의 경우처럼 정치적으로는 자유주의를 신봉하면서도 문화적으로만 보수주의를 주장하지는 않는다. 앞에서 본 것처럼 그는 오히려 정치, 경제, 문화 등 모든 면에서 유학의 복원을 추구하고 있다. 오가타 야스시의 분석처럼 추펑이나 류하이보가 공명하는 것은 하이에크가 고전적 자유주의의의 윤리규범으로 여겼던 중도적 자유주의를 장칭의 유교가 제공할 수가 있다고 보기 때문이다.

유학에 대한 논의가 중국 지식계에 확산되면서 추펑 등 유학의 복원을 꿈꾸는 지식인들의 논의는 현재 유가헌정을 외치는 데까지 나아가고 있다. 하지만 이에 대한 중국 지식계 내에서의 학문적 반발도 만만치 않다. 대표적으로 자유주의 좌파적 경향을 보이는 쉬지린의 반박을 소개하면 아래와 같다.

쉬지린은 유학을 현재 중국사회에 호출하는 것에 대해 조심스런 태도를 보이는데, 유학에서 주목하는 부분이 있다면 자유주의 대선배 리선즈처럼 천하주의로 보고 있다. 그는 천하주의와 구분하여 신천하주의로 명명하는데, 문화와 문명을 구분하고 천하주의를 보편 문명과 결합시켜 어떻게 세계주의로 업그레이드할 것인가를 문명대국의 목표로 삼아야 한다고 주장한다.[17] 쉬지린은 일단 유교를 헌정과 결합시키려는 동시대 유교 사상가들의 주장에 호의를 표한다. 그러나 그의 호의는 다음과 같은 '전제'를 깔고 있다. "유가헌정은 일그러진 예치형 헌정이다. 그 자체로는 극복 불가능한 내재적인 한계가 있다. (…) 유가헌정은 현대사회 속에서 되찾을만한 어떤 독립적인 가치를 더 이상 갖고 있지 않다. 다만 그 속에 있는 정치 지혜는 자유주의와 신중한 접목이 이뤄진다면 현대 민주헌정의 기본 틀 내에서 창조적인 전화가 가능할 것이다."[18]

지식계 내부에서 윤리규범을 전통적인 문화자원으로부터 흡수하려는 이러한 지향을 보여주는 이들은 비단 추평 같은 중도 자유주의자들만은 아니다. 이들 외에도 사실상 자유주의자 중에서 가장 먼저 그리고 가장 깊이 계통적으로 자유주의와 유학의 접속을 고려했던 지식인은 류쥔닝과 친후이다. 이 두 사람은 자유주의와 유학을 접목하는 데 있어서 그 중심이 자유주의에 가 있는 반면 추평의 관심은 자유주의보다는 유학에 관심이 집중되어 있다. 류쥔닝은 자유주의와 사유재산이 동생공사同生共

死의 중요한 관계라는 점을 명확히 한다. 그는 개인 자유의 핵심은 개인이 재산권에 대한 독립적이고 배타적인 지배권을 갖는 것[19]이라 하여 여타 자유주의자들과 달리 사회복지를 제기하지 않는다. 이 때문에 사람들에게 '가장 순수한' 자유주의자라는 말을 듣는다. 그의 주장은 이런 점에서 미국 공화당의 핵심 가치관과 유사한 측면이 있으며 따라서 그는 자유주의 우익으로 분류된다.[20] 그가 이렇게 분류되는 것은 다음의 그의 주장에서 확인된다. "베이징대를 주요 대표로 하는 근현대 중국 자유주의 전통은 지금 와서 보면 중대한 실수와 편차가 있다. 예를 들어 중국 지식인의 자유주의에 대한 학습과 수입은 불안전한 것이다. 옌푸嚴復 등 소수 지식인을 제외하고는 모두 자유주의 교육과정에서의 편입생插班生이다. 자유주의의 근본 처소인 로크, 몽테스키외, 흄, 애덤 스미스, 버크, 훔볼트, 콘스탄트, 토크빌, 액튼 경 등을 대표로 하는 고전자유주의로 시작된 것이 아니다. 옌푸조차 '선천하 후개인先天下後個人' '선강국 후부민先強國後富民'이라는 중국식 사대부의 사명감을 품었고 자유주의에 대해서는 공리주의적 태도를 보였다. 후스의 자유주의 사상은 대부분 듀이에게서 온 것이다. 듀이는 실용자유주의자에 가깝지 고전자유주의자가 아니다. 장쥔마이張君勱와 주안핑儲安平의 자유주의 사상도 그 연원이 대부분 영국의 래스키에게서 온 것이며, 래스키는 자유주의자라기보다는 민주사회주의자다."[21] 류쥔닝은 중국 자유주의의 초기 특징이라 할 수 있는 이러한 사민주의적 자유주의를 중국 자유주의의 결함으로 인식하고 있다. 하지만 그가 결함이라고 여기는 부분이 오히려 중국 또는 동아시아적 자유주의의 연원을 보여준다고 할 것이다.

친후이는 이론적으로 가장 활동적이며 정치하다. 이 두 사람은 자유주의자로서 유가와 접목을 시도한다는 점에서는 유사하지만 자유주의 내에서는 자유주의 우파와 좌파로 대립관계에 있다. 그는 최근 어느 강연에서 자신은 좌에도 속하지 않고 우에도 속하지 않는 중도의 관점을 취한다고 말한 적이 있다. 친후이는 어느 글에서 위생부 부부장으로 퇴직한 인다쿠이殷大奎의 '중국 의료 자원의 80퍼센트가 모두 관원에 의해 이용된다'는 말을 인용하면서 중국에서 주거·의료와 같은 복리는 상층부에 점유되고 있고 빈궁한 사람들에게는 혜택이 없다고 강하게 비판한다. 그는 사회복리의 정비와 공정평등의 실현을 강도 높게 주장한다.[22] 중국의 맥락에서 보면 그는 갈수록 자유주의자 중에서 비교적 사민주의적 경향을 강하게 띠는 인물이다. 그것은 앞에서 소개한 필자와의 인터뷰 내용에서도 확인된 바다. 친후이는 중국적 맥락에서 신자유주의는 없으며 구자유주의만 존재한다고 주장한다. 그리고 중국에서 구자유주의는 서양에서처럼 전제정권에 반대하기 위해 존재한다고 말한다.

> 중국의 신좌파와 한국의 신좌파 모두 그러하겠지만 현재 국제사회의 신좌파는 '신자유주의를 반대한다'는 말을 자주 합니다. 글로벌화, 다국적 자본 등과 연결되어 있는 것인데요. 신자유주의는 그럼 반대해야 될까요? 아주 본질적인 문제입니다. 신자유주의와 구자유주의의 차이점은 무엇일까요? 모두 자유주의이며 국가권력을 제한할 것을 주장합니다. 자유주의의 공통점은 국가의 권리가 지나치게 크며 시민의 자유를 침범한다고 보는 것입니다. 그러나 구자유주의는, 예를 들어 애덤 스미스, 로크 등 그 시대 사람들이 주로 반대한 국가는 전통적인 전제국가입니다. 신자유주의는 루스벨트 정권 이후로서 민주복지국가를

반대했습니다. 따라서 민주복지국가를 반대한 것은 신자유주의이고 전제국가를 반대하는 사람들은 사실 고전자유주의입니다. 그러나 중국에는 민주복지국가가 존재하지 않습니다. 중국엔 루스벨트가 없고 또 중국은 스웨덴이 아닙니다. 중국은 민주복지국가가 아니므로 당연히 민주복지국가 반대도 성립될 수 없습니다. 즉 중국에는 신자유주의가 존재하지 않습니다. 중국에 자유주의가 있다면 구자유주의입니다. 그래서 저는 그들에게 말합니다. '당신들은 늘 신자유주의 반대를 논하는데 당신들이 뭘 반대하려는지 모르겠다. 물론 나는 신자유주의가 미국 등 서양에서 자주 토론되는 화제라는 것을 잘 알고 있다. 묻고 싶은 것은 당신들이 신자유주의를 반대하는데 그렇다면 구자유주의는 반대하지 않는지? 애덤 스미스나 로크는 반대하지 않는지, 구자유주의는 서구에서 이미 한물간 주제여서 토론할 가치가 없다고 보는 것인지 묻고 싶다.' 구자유주의는 서구에서 흥미를 갖지 않지만 중국에서는 오히려 아주 필요한 것입니다. 중국에서는 이를 회피할 수 없습니다. 반대로 저는 중국에 신자유주의가 존재하지 않는다고 생각합니다. 많은 사람이 내가 신좌파를 비판한다고 하는데 엄격하게 말해 중국에는 신좌파도 존재하지 않는다고 봅니다. 이치는 간단합니다. 원래 신좌파는 자유방임을 반대합니다. 루스벨트나 스웨덴 식을 말하는데, 중국에 어디 자유방임이 있습니까? 없습니다. 중국에 스탈린주의는 있지만 신좌파는 없습니다.

친후이의 위 발언에 대해 같은 시기 왕후이의 반응을 보는 것은 흥미롭다. 필자가 왕후이를 향해 중국에 신자유주의자가 있다면 이름을 들

수 있는가라고 물었을 때 왕후이는 다음과 같이 대답한 적이 있다.

> 말하기 어렵다. 예를 들어 간양은 「자유좌파」라는 글을 썼는데 그의 모든 이론은 아마 전부 자유주의에 속한 것일 것이다. 사회주의가 없다. 그는 토크빌, 이사야 벌린을 인용했다. 친후이 역시 상당 부분을 인용했지만 순수하지 않다. 그의 사상은 일부가 자유주의에 근접하지만 대부분은 우익 자유주의에 가깝다. 또 일부분은 좌익 자유주의인 것이 있다. 아주 혼란스럽다. 그는 하이에크, 노직을 매우 높이 산다. 이는 우익이다. 그러나 그는 좀바르트를 인용하기도 하는데 이는 좌익에 치우치는 것이다. 그의 사상은 논리적으로 비교적 혼란스럽다.[23]

2004년에 인터뷰한 내용이어서 지금과는 다를 수 있지만, 친후이와 왕후이의 발언을 기초로 우리는 자유주의 쪽에서는 중국에 신좌파가 없다고 하고 신좌파 쪽에서는 중국에 고전자유주의가 없다고 주장한다는 것을 알 수 있다. 양쪽 모두 스탈린주의와 신자유주의로 불리기를 기피하는 것이다. 이 말은 중국 지식인들이 중국적 맥락에서 스탈린주의적 사회주의에 대한 대안적 사회주의, 그리고 자유주의에서도 신자유주의가 아닌 고전자유주의 또는 사민주의적 자유주의가 맞다고 생각한다는 것을 의미한다. 이것은 조금 다른 이야기이지만 이들이 말한 것에만 근거한다면 자유주의 좌우파 내의 거리보다 자유주의 좌파와 신좌파의 거리가 훨씬 가까울 수 있다.

류쥔닝과 친후이에 대한 자유주의 성향을 인지한 뒤 이제 이들이 어떻게 자유주의와 유학의 접목을 시도하는지 알아보자. 먼저 류쥔닝을 소개

하자면 그는 「자유주의와 유교사회」라는 글에서 일종의 '유교자유주의'를 제창했다.[24]

> 민주와 민본의 관계는 현대 신유가 정치사상 연구 중에서 가장 많이 토론하는 논제이지만 이는 명확히 할 필요가 있다. 민본은 민주가 아니며 민본과 민주 사이에는 여전히 상당한 거리가 있다. 민본은 군본위와 비교했을 때는 큰 진보이지만, 만일 이것을 민주와 동일한 것으로 본다면 중국 고대에 이미 민주 전통, 민주 체험, 민주 학설 등이 있었다는 이야기이고 그것은 민주와 유교 전통에 대한 큰 오해라고 생각한다. 『상서尙書』 『논어』 『맹자』 속에 반영된 민본 사상을 보면 민본은 주로 정부가 정치를 베풀 때 백성의 요구, 백성의 뜻을 출발점으로 삼는 것을 지칭하며, 그런 점에서 순민順民이지 민주주의 이론에서 말하는 인민주권 혹은 다수인의 통치와 등치되는 것은 아니다. 따라서 민본은 인민을 위해 복무하는 정부이지 인민이 조직하거나 인민이 다스리는 국가의 정부는 아닌 것이다.[25]

류쥔닝은 이렇게 양자를 명확히 구분하면서도 유가사상과 자유주의의 소통을 강조한다.

> 유가사상과 자유주의는 각각 동서의 저명한 학설이고 각각의 사상이 품은 탄력성이 매우 크다. 따라서 각개의 방향으로 발전할 단서가 있다. (…) 그렇기 때문에 유가사상과 자유주의의 대화는 동서양 사상의 대화에서 중요한 구성 요소다. 그러나 이러한 대화는 아직 정식으로

이루어지지 않았다.[26]

이처럼 류쥔닝은 유학과 자유주의 모두 탄력성을 갖고 있는 사상임을 인정하면서 그 탄력성을 전제로 하는 대화가 시작된다면 각각의 무한한 변화 가능성이 있음을 기대하고 있다. 양쪽의 차이를 명확히 직시하면서도 대화 가능성을 열어놓는 이러한 자세는 처음부터 섣불리 공통점을 찾아 나서려는 것보다 훨씬 공신력 있어 보인다.

친후이는 「중국 현대자유주의의 이론 검토」라는 글에서 중국 자유주의의 사상적 자원이 갖는 네 측면을 다음과 같이 말한 적이 있다. 첫째 하이에크의 '소극자유'론, 둘째 서구 경제학의 신제도학파 특히 코스의 교역자본 이론, 셋째 후스·장쥔마이·뤄룽지羅隆基 등 중국 자유주의의 유산, 넷째 해외 신유가와 '후後신유가' 사상 속의 자유주의 요소가 바로 그것이다.[27]

여기서 이 글의 주제와 관련하여 셋째와 넷째에 대해 부연하면 친후이는 앞에서 거론한 세 명의 자유주의자 가운데 특히 뤄룽지에 주목한다. 뤄는 민국 시기 자유주의의 사유제에 대해서는 보류의 입장을 보였으며 국민당과 공산당 사이의 제3의 길을 주장했다. 그의 사상은 러셀, 래스키 등 사회민주주의 경향의 자유주의에서 왔다. 그런데 여기서 친후이가 문제 삼는 것은 뤄룽지가 어떤 경향을 보여주는 사람인가가 중요한 것이 아니라 왜 이런 경향을 보이게 되었는가다. 그것을 그는 권력 및 자본과 원시축적의 불공정 폐단이 민국 시기에도 비일비재했으며 이에 대한 비판이 허용되지 않았던 당시 상황에서 찾는다. 그런데 지금 중국의 시장경제도 휘황한 경제 성취는 보이지만 과두식 시장경제의 폐단이 민국 시기보다 결코 뒤떨어지지 않는다고 본다. 그는 그렇기 때문에 사민주의 경향의 자유주의가 중국사회에서 적합성을 지닌다고 주장한다. 그는 공정과 평등을 강조하는 사회민주주의와 개인의 권리를 강조하는 자유주의가 결합되어야 하는 만큼 그 양자 사이에 경계를 그으려 해서는 안 된다고 주장한다. 이는 중국 시장경제에서 불공정 현상이 현격하다는 우려에서 나온 말이기도 하고, 중국 자유주의의 가장 큰 문제는 중국 현실에서 이탈한 것이라는 신좌파의 지적을 의식한 것이기도 하다.[28] 그런데 친후이의 이런 인식은 바로 류쥔닝이 말한 중국 자유주의의 결함이기도 하다. 여기서 류쥔닝의 발언을 좀더 들어보자. "중국 자유주의는 시작부터 경제자유주의에 대한 계통적인 무시가 있었다. 중국의 자유주의자들은 통상 경제 문제에 대해 말을 하지 않거나 '균부' '계획' '제3의 길' 등 반경제자유주의를 이야기했다. 후스 등 대표적인 자유주의자조차 경제모델을 이야기할 때 소련의 계획모델에 대해 높이 평가한 적이 있다. 1940년대의 자유주의자들은 하나같이 민주파였는데 그들은 경제 문제에서 '균부'와 '혼합경제'의 기치를 내걸었고, 그들은 또 하이에크에 의해 배척된 노예의 길로 가는 것을 칭송했다. 이 폐단은 지금까지도 치유가 안 된 채 흔적으로 남아서 재산권, 경제자유, 시장경제를 경시하는 오류를 낳고 있으며 오늘날까지도 교정되지 않았다."[29] 류쥔닝은 이러한 중국 자유주의의 결함의 연원을 군자는 '이익利'을 말하지 않는다는 전통의 유훈 탓으로 돌리거나 중국 시장경제의 결함 탓으로 돌리는 것 같다.

하지만 류쥔닝과 달리 친후이처럼 좌파적 자유주의자 대다수는 무엇보다도 중국의 못사는 인민 대중의 존재를 의식한다. 이들은 자유주의를 말하되 중국의 현실을 기준으로 그것을 선택적으로 적용하려는 태도를 보인다. 그리고 이제 자유주의와 유학의 접목에 대해서도 그 차원이나 목적 그리고 맥락에 따라 접근 방법을 달리해야 한다고 주장한다. 그는 유가에 대해 역사상 유가는 분명히 어떤 완결된 자유주의 이론 체계를 이루지 못했지만 유가사상 속에는 자유주의적 소인이 중국의 다른 제자백가보다 많다는 것을 인정한다. 그러나 중요한 것은 유가 전통 속에는 자유질서의 기초를 구성하는 개인 권리에 대한 존중이 결핍되어 있다는 점이고 이 점은 중국인이 성찰해야 하는 부분이라고 말한다. 그리고 그에 의하면 전통 유학 속에 자유주의적 자원이 있는가 없는가, 전통 유가가 자유주의인가 아닌가 하는 문제는 별개다. 그는 또한 자유주의자들이 유가의 언어를 빌려 자유주의 이론을 표현할 수 있는지 여부의 문제와 자유주의 이론을 이용해 유가 학설을 재해석하는 것을 이미 받아들였다는 것도 별개의 문제로 봐야 한다고 주장한다. 그리고 친후이는 어떤 개념의 의미도 독립적으로 존재할 수 없으며 모두 다른 개념과 상대할 때 비로소 그 의미가 확정된다고 본다. 유가 담론이 자유주의 개념을 나타낼 수 있는가의 여부는 발화자가 누구를 조준해서 말하는가를 봐야 한다는 것이다.

친후이의 주장에 따르면 '천하위공天下爲公'이라는 유가의 명언은 법가 이래 시작된 전제주의의 '가천하'를 겨누는 것일 수 있고, 소위 서양 문화의 자사자리自私自利 측면을 겨누는 것일 수도 있다. 전자에서는 '천하위공'이 자유주의 개념이 되고 후자에서는 반자유주의 개념이 된다. 근대 이후 사람들이 유가 담론을 말할 때도 지칭하는 것은 여러 가지지만 크게 두 범주를 넘지 않는다. 하나는 '서구화'를 겨누는 것이고 다른 하나는 법가를 전형으로 한 중국의 전제 전통을 겨냥한 것이다. 이것을 뒤집어보면, 유가에 대한 비판도 두 종류의 상반된 뜻이 표출된 것이다. 친후이는 문화대혁명 당시의 유가 비판은 법가적 전제를 주장하기 위한 것이지만 5·4운동 시기의 유가 비판은 민주를 위한 것이었다고 본다. 이처럼 친후이는 중국의 유가철학이 서구화에 대해서도 전제에 대해서도 비판하는 이중의 역할을 해왔음을 인정하고 대륙 신유가에게도 이 부분을 기대하는 것 같다.[30] 그 기대는 기존의 신유가는 민국기의 량수밍과 달리 심성은 말하지만 제도를 말하지 않는 데 문제가 있다는 지적으로 나타나는데, 이와 관련하여 최근의 장칭의 견해에 대해 어떤 입장을 견지하는지가 궁금하지 않을 수 없다. 친후이의 위 발언에서 유학에서 역시 치인 또는 외왕의 문제, 즉 제도의 문제가 관건임을 확인하게 된다.

2) 시민사회적 측면에서의 자유주의의 중국화?

인터넷, 유권운동, 공공 공간의 확대

2000년대 들어 자유주의 진영 지식인들은 변혁을 추동하는 다른 경로를 찾게 되었는데 그것은 대략 네 가지 민간 운동의 형태를 띠고 있다. 첫째, 봉사자, NGO(비정부기구), 민간 공익조직의 형태, 둘째, 인터넷 민주운동, 셋째, 유권(권리 수호) 운동, 넷째, 티베트 문제와 기독교를 포함한 민간 종교단체 운동이다. 사실상 중국에서 민간 운동은 1989년 톈안먼 사건 이후 심하게 탄압을 받아 거의 10년 동안 침묵을 지켰다. 이 10년간 중국에는 자본주의화와 더불어 심각한 양극화가 일어났다. 민간 사상이 완전히 억압됐기 때문이다. 중국 민간의 저항운동이 탄압된 결과다. 6·4체제가 바로 10년간 이어졌고, 민간 사상은 이런 배경 아래 놓여 있었다. 민간 사상은 1990년대 말부터 20세기 초에 이르는 기간에 다시 부흥하게 되었다.[31]

그러나 이것을 추진하는 데에도 어려움이 없었던 것은 아니다. 여기서 어려움이란 중국의 국유기업이 팔려나가는 과정에서 많은 노동자가 해고되었고 권력과 기업의 비리가 만연했으며 그 결과 민중은 시장화에 반대하게 되었다는 사정이 있다. 이에 따라 경제자유주의가 주장하는 개인의 재산권과 경쟁을 부추기는 제도들은 인민 사이에 안 좋게 인식될 수밖에 없는 처지에 놓였으며 공공정책 토론에서도 갈수록 주변화되어 결국 자유주의 사조에 대한 비호감을 초래했다.

국제적 위상과는 달리 내부적으로는 빈부격차의 확대, 부패의 심화 등으로 가중되는 중국 기층 민중의 생활고에 대해서는 앞에서 말한 바 있다. 그런데 이러한 환경이 전체적으로 구좌파든 신좌파든 좌파의 영향력이 확대될 조건을 만들어주고 있다. 예를 들어 2004년부터 경제학자 랑셴핑郎咸平은 미디어를 통해 TCL·커린커얼·하이얼 등의 기업이 국유기업 개혁의 기회를 틈타 국유자산을 몰래 집어삼켰다고 폭로했다. 그는 국유기업이 개혁을 정지해야 한다고 주장했다. 그의 주장은 격론을 불러일으켰고 이때부터 국유기업이 개혁을 둘러싼 대논쟁이 벌어졌다. 이후 랑셴핑은 여러 차례 좌파 인물들과 함께 회의를 개최했고 중국의 재산권 개혁은 20년 동안 신자유주의 학파가 주도했다고 비판했다.[32] 이런 와중에서 자유주의의 영향력이 극도로 약화되어갔다.

이러한 상황을 일부 자유주의자는 심각하게 인식했던 것 같다. 자유주의가 중국 정부로부터 철퇴를 맞고 인민으로부터도 비호감으로 여겨지면서 위기를 돌파하려는 새로운 움직임이 움트기 시작했기 때문이다. 이런 점에서 일부 자유주의 지식인들이 벌이는 유권운동은 제도와 일상의 차원에서 자유주의의 중국화라는 장기적 흐름에서 보면 하나의 변곡점으로 기록될 만하다. 이 운동은 당국으로부터 적지 않은 오해와 압력을 받기도 하지만, 이러한 운동을 통해 대중에게는 자유주의를 자본과 결합시켜 인식했던 기존의 틀에서 벗어나 새롭게 인식할 기회를 제공해주고 있다. 이런 일상에서의 노력은 최근 인터넷의 발전, 특히 중국식 트위터인 웨이보의 발전과 깊은 상관관계가 있으며, 이런 변화된 사회적 조건과 자유주의 지식인의 사회운동이 맞물려 중국 자유주의는 공공 공간의 확대 등 시민사회의 형성이라는 측면에서 또 다른 가능성을 보여주고 있다.

이러한 움직임의 발생 원인은 다음 텅뱌오滕彪의 말에서 확인 가능하다.

> 권리를 요구하고 투쟁하는 사람이 점점 증가하는 것은 권리를 침해당한 사람들이 증가하고 있기 때문이고 전체주의·포스트전체주의 체제가 인간성과는 근본적으로 적대적이기 때문이다. 관계망 시대에 있어서 권리를 보호하는 방법은 좀더 다원화되었다.[33]

즉 이는 권리를 침해받은 사람이 늘어나는 추세와 인터넷 발전이 결합하여 가능해진 운동이다. 중국에서 인터넷은 적지 않은 문제를 발생시키기도 하지만, 다른 한편에서는 지식 환경 자체를 바꿔놓는 중요한 요인이 되고 있다. 이를 통해 어떤 이는 직접민주주의의 가능성까지 점치고 있다. 자유주의 입장에서 인터넷은 각별하다고 할 수 있는데 자유주의자들의 주장을 엘리트 지식인 내부 서클로 제한했던 것을 인터넷 기술의 발전으로, 특히 웨이보 원년이라고 할 수 있는 2010년을 기점으로 그 한계를 돌파하여 대중에게 알리는 통로가 되고 있다.

사실 1990년대 자유주의 지식인들은 미디어의 역할이 중요하다고 인식하고 매체를 활용해 사회 불공정에 대해 비판의 목소를 높이면서 여론을 주도해왔다. 이처럼 미디어라는 공공 공간의 확대를 통해 유명해진 것이 바로 한국에도 번역 소개된 허칭롄何清漣의 『현대화의 함정』이다. 이러한 공공 공간은 이후 인터넷이 발전하면서 인터넷 논단으로 확산된다. 1999년 6월에는 추펑이 '사상평론'을, 9월에는 리융강李永剛이 '사상적 경계'를 개설했다. 특히 후자는 중국 사상계에서 혁명적 변모를 초래했다. 1999년을 사상사에 있어서 넷net 원년이라고 말하는 것은 이러한 이유 때문이다.[34]

사실 인터넷 논단 등 인터넷 환경의 변화를 생각하지 않고 유권운동은 상상할 수 없을 정도다. 그런데 이와 더불어 유권운동이 중국인의 일상에서 힘을 받을 수 있었던 것은 2004년 헌법의 개정에서 비롯된다. 제10기 전국인민대표대회 제2차 회의는 중국 헌법에 재산권(제1장 제13조 공민의 합법적 사유재산)과 인권 규정(제2장 제33조 국가는 인권을 존중하고 보장한다)을 추가하는 개정안을 2004년 3월 14일에 가결시켰다. 이 헌법 개정을 계기로 자유주의는 인권 옹호의 투쟁과 결부시켜 '유권운동'이라는 새로운 모습을 보여줬다. 그런데 여기서 주목해야 할 것은 이 과정에서 바로 '공공지식인'이라는 개념이라는 등장했다는 점이다.

결과부터 말하면 2003년에 일어난 쑨즈강孫志剛 사건은 이 사건을 둘러싼 위헌심사투쟁으로 유권운동의 모델이 되었다. 사건을 보자. 이해 3월 10일 쑨즈강이라는 대학생이 광저우에서 임시거류증을 소지하지 않았다는 죄로 송검送檢되어 시체로 발견되었다. 당국은 이를 병사로 발표했다. 이에 『난팡도시보』의 천펑陳峯이 독살을 주장하자 당국이 할 수 없이 재조사를 실시해 병원 간호사에 의한 구타사로 판명되었다. 이 결과 당국은 주범 사형, 제2주범도 사형, 다른 10명에게 실형 3년에서 무기징역까지 선고했다. '도시유랑구걸인수용송환조치법城市流浪乞討人員收容遣送辨法'을 적용한 예는 과거에도 있었지만 이번에는 룸펜이 아닌 대학생이 수용되어, 더군다나 수용 전에 사망한 것이 사회에 충격을 준 것이다. 이에 자유주의 입장을 견지하는 몇몇 법학자가 인권 옹호의 관점에 서서 위헌심사의 투쟁을 진행했다. 2003년 5월 14일 세 명의 법학자(3박사라 칭해짐)가 전국인대에 '도시유랑구걸인수용송환조치'의 위헌심사를 건의하고 내용에서 '공민의 인신 자유를 제한하는 규정'이 헌법이나 관련 법안에 저촉되는 것으로 조문의 개정과 폐기를 주장했다. 6월 20일 원자바오 총리는 '도시생활유랑구걸인구조관리구별법城市生活無着的流浪乞討人員救助管理辨法'을 공포해 '도시유랑구걸인수용송환조치법'을 폐지했다.

2004년의 헌법 개정은 분명 이러한 유권운동 차원에서의 법 개정을 가속화시켰다. 이 흐름은 이후 삼농 문제나 사회적 소수집단에 대한 관심을 불러일으켰으며 자신의 목소리를 낼 수 없는 노동자와 농민의 구제운동으로 발전해갔다. 이러한 유권운동을 관찰하는 과정에서 나온 중국 사회과학원 농촌문제연구소의 위젠룽于建嶸의 발언은 매우 의미심장하다.

10년간 내 연구의 중심은 사회 저변에서 일어난 돌발적인 사건들이었다. 여기서 주목한 것은 유권운동에 나타난 '소인물小人物'이었다. 왜냐하면 이러한 역설과 모순에 찬 돌발 사건이나 그 저변 인물의 바람이나 행동을 응시하고서 비로소 사회 전환이라고 하는 광대한 언설의 배후에 잠재된 미묘한 여러 요소를 분명히 간취할 수 있었고 '현대 중국 사회가 작동하는 내밀한 방식社會隱秘'을 통찰하고 이해할 수 있었기 때문이다. 마침 이러한 연구에 의해 현대 노동자가 '이理로써 권리를 유지하고' 농민이 '법을 통해 항쟁하는' 두 가지 해석틀을 제출하고, 동시에 이 틀에 기초해 기층 민중의 유권 투쟁의 기본 목표가 구체적 이익에 대한 항쟁이고 또한 자원 권익에서 시작해 정치적 권익의 항쟁으로 발전해간다고 생각하게 되었다. 노동자의 유권이든 농민의 항쟁이든 그들이 직면하고 있는 문제는 모두 공공성을 띠는 것이고 그 어느 것도 공공 권력기관의 시정施政 행위와 관계되지 않은 것이 없다. 그들의 집단행동은 저변사회 특유의 정치 이론을 표현하고 있다고 생각하게 되었다.[35]

그렇다면 여기서 현재 노동자와 농민의 유권운동에서 무기로 하는 '이理'와 '법法'은 무엇인가. 이理는 바로 기업의 제도개혁에 대한 노동자의 불만을 말하는 것과 관련 있고, 법은 농민이 자신의 토지가 불법으로 징용되었을 때에 의거하는 것과 연결되어 있다.

오가타 야스시에 따르면 개혁개방 이래 중국의 정치 엘리트는 통치권력과의 사이에서 공공 공간의 관리를 어떻게 배분할까 하는 문제에 부심해왔다. 저변사회의 권리나 법치를 둘러싼 투쟁은 이러한 권력을 사회의 기층으로 어떻게 효율적으로 잘 배분하는가 하는 관심에서 문제 삼는 것에 불과했다. 그러나 위젠룽에 따르면 소수집단의 이나 법을 둘러싼 투쟁은 통치권력 그 자체를 제약하고 그들이 스스로를 주체로 하여 공공 공간에서의 정치적 참가를 요구하는 운동이라고 할 수 있다. 2003년 이후의 유권운동은 1990년대의 자유주의에 의한 시민사회 논쟁이나 공공성의 논의에서 중국마르크스주의(마오쩌둥주의)가 그렇게 중시해왔던 노농계급에의 관심(선전과 동원)과는 다른 방향으로 최하층 노농계급이 조직되어야 함을 요청하고 있다. 그들은 선전과 동원의 대상이 아니라 사회적 공공이나 공간을 구현하는 데 불가결한 구성원인 것이다.[36] 이렇게 본다면 시민사회의 성숙이라는 것은 관官=공公, 민民=사私라는 이원론을 거부하고 "민=공"이라는 제3의 영역을 창출하고 관의 사를 합법적 수단으로 견제하려는 사회의 구축을 의미한다.[37] 여기서 제도적으로 어떤 민주주의 형태를 창출하느냐와 무관하게 시민사회의 성숙은 우리가 보편적으로 희망해야 하는 것이며, 민=공이라는 제3의 영역이 창출될 수 있는 것은 민의 주권과 참여가 제도적으로 보장되었을 때 가능하다.

'08헌장'과 중국 자유주의의 내부 분화

쑨즈강 사건의 3박사 중 한 명인 텅뱌오에 따르면 2008년은 현대 중국이 전면적인 위기 국면에 달했다는 것을 보여주는 심각한 사건을 당한 해였다. 여기서 심각한 사건이란 '08헌장'과 관련된 사건을 말한다. 6·4 톈안먼 사건의 최종 단계에서 행어hanger 스트라이크를 감행한 6군자 중 한 사람인 류샤오보는 세계인권선언 60주년을 기념하여 인권운동의 발전을 기원하는 의미에서 장쭈화張祖樺나 텅뱌오 등 자유주의 유권운동가들과 함께 자유주의 실현을 목표로 한 권리헌장을 기초하는 계획을 수립했다. 헌장의 공표일은 세계인권선언 채택으로부터 60년이 지난

2008년 12월 10일로 결정했다. 그러나 불행히도 이 결정 사항을 중국의 공안이 사전에 알게 되어 12월 8일 심야에 류샤오보가 구속되었다.[38] 헌장에 서명한 사람들은 10일의 공표를 단념하고 9일 인터넷에 전문을 흘렸다. 이렇게 하여 중국 최초의 인권선언문이 인터넷상에서 세계를 돌아다니게 되었다.[39]

'08헌장'은 다음과 같은 서문으로 시작된다.

> 통치집단은 계속해서 권위주의 통치를 유지하고 정치개혁을 거절하고 있다. 그 때문에 관료는 부패하고 법치는 실현되지 않으며 인권은 퇴색하고 도덕은 소멸되었으며 사회는 양극으로 분화되고 경제는 기형적으로 발전하고 자연과 인문 환경은 이중으로 파괴되었다. 국민의 사유재산과 행복 추구의 권리는 제도적으로 보장받지 못하고 각종 사회 모순이 계속 축적되고 불만은 계속 높아가고 있다. 특히 관민 대립의 격화와 소란 사건의 폭증은 확실히 파멸적인 제어 불능으로 향하고 있고 현행 체제의 시대 지체는 다시 고치지 않으면 안 되는 상황에까지 이르렀다.

헌장의 19개 항목 중 중요하다고 판단되는 4개 항은 다음과 같다. 제4항 '사법의 독립', 제6항 '인권보장', 제14항 '재산보호', 제18항 '연방공화'만 소개하면 아래와 같다.

사법의 독립

헌법재판소를 설립하고 위헌심사제도를 만들고 헌법의 권위를 지킨다.

가급적 빨리 국가의 법치를 심각하게 위협하는 공산당의 각급 정법위원회를 해산시키고 공적 기구의 사적 이용을 방지한다.

인권보장

최고민의기관이 책임을 갖는 인권위원회를 설립하고 정부가 공권력을 난용亂用하여 인권을 침해하는 것을 막는다.

재산보호

최고민의기관이 책임을 갖는 국유자산관리위 위원회를 설립하고 합법적으로 질서를 세워 재산권 개혁을 추진하고 재산권의 귀속과 책임자를 명확히 한다. 신토지운동을 전개하고 토지의 사유화를 추진하며 국민, 그중에서도 농민의 토지소유권을 확실하게 보장한다.

연방공화

입헌민주제의 틀 아래 중화연방공화국을 수립한다.

류샤오보가 2010년 '08헌장'의 발기와 추진으로 노벨평화상을 받게 되고 이후 벨벳혁명을 이끌었던 폴란드의 미크니크Adam Michnik가 중국에 왔을 때 논쟁이 있었다는 이야기는 앞에서 밝힌 바 있다. 이 논쟁의 내용을 첸리췬의 논술에 의거하여 요약하자면, 대화의 주제는 '폴란드 사회의 전환 과정에서 비폭력 연합과 화해의 경험을 함께 나누자'였다. 미크니크가 소개한 "폴란드의 경험 중 가장 중요한 것은 당내 개혁파에 의존해야만 비로소 비폭력적으로 구조 전환을 실현할 수 있다"는 것이었다. 이것은 대륙의 자유주의 지식인의 주관적인 바람이기도 하다. 쉬유위는 08헌장 서명인을 대표하여 체코인권상을 받으면서 다음과 같이 말한 바 있다. "'08헌장'은 정치반대파의 선언이 아니다." "우리는 온힘을 다해 정부와 대화하려고 한다. 이쪽에서 기다림과 권계勸誡가 필요한 것이다. 우리는 용기가 없는 것도 아니고 인내심이 없는 것도 아니다." 쉬유위는 「정치협상으로 돌아가자」에서 류샤오보의 언행에 대해 다음과 같이 변명투로 설명했다. "류샤오보 박사가 시종 엄격한 감시 아래 생활하기 때문에 그의 일거수일투족이 모두 관심의 대상이 되고 있다. 사람들이 류샤오보의 많은 글을 읽었다는 것은 실제로 일정한 통관허가 절차를 통해 허가를 받고 받아들여졌다는 것을 의미한다. 따라서 그의 언행은 현행 법률에 위반된 것이 아니고 분명히 법률이 허락한 범위 내에 있는 것이라 할 수 있다. 그렇지 않다면 그의 글쓰기는 일찍이 중단되었을 것이다."

그러나 첸리췬은 쉬유위의 위와 같은 발언은 류샤오보가 '나는 적이 없다'고 한 말에 근거하고 있는데, 그가 그런 말을 했다 하더라도 당국은 오히려 그들을 적으로 보고 무정하게 진압할 것이라고 주장한다. 그럼에도 이들은 당내 개혁파의 지지를 얻어내려 한다는 것이다. 첸리췬은 이어 '08헌장'의 발기와 서명은 바로 독립적인 정치파의 건립을 위한 하나의 중요한 절차이고 류샤오보가 상을 탄 것은 이것이 국제적으로 승인되었다는 것을 의미하며 그 의의도 매우 크다고 본다. 그러나 그는 쉬유위를 포함한 대륙의 자유주의자들이 반복해서 자기들은 정치반대파가 아니라고 선언하고 실제로 '쟁우諍友'의 역할을 담당하기를 희망하고 있다고 보았다. 이것은 줄곧 대륙 자유주의 지식인들에 의해 '정신사도'로 여겨졌던 후스가 당시에 국민당 일당 전제체제 아래 행했던 역할과도 같다고 비판했다.

정부와 타협하려는 이들 자유주의 지식인에 대해 허칭롄은「타인의 경험과 우리의 현실—미크니크 중국에서의 대화와 관련된 몇 가지 생각」에서 다음과 같이 말한 바 있다. "폴란드에서는 지금의 지식계, 노동자, 천주교 이 3자가 힘을 합쳐 공산독재에서 자유민주주의로 위대한 변혁을 일찍이 실현했다. 그러나 이러한 요소들이 지금의 중국에는 전혀 없다. 중국에는 대부분의 사회 구성원에게 영향을 줄 만한 종교도 없고 지식계의 주류는 이미 정권의 공모자가 되었고 현 단계의 노동운동도 월급 인상 등 유한한 목적을 위해서만 집회 투쟁을 한다." 그녀가 보기에 중국공산당의 권력계층은 가장 자사自私하고 가장 인류의식이 없으며 가장 현대적 정치 이념이 없고 가장 무능하다. 그렇기 때문에 그들은 가장 간단한 방법으로 사회 문제를 해결하려는 무리다. 따라서 그들에 대한 희망을 품을 수가 없다. 그녀는 다음과 같이 경고한다. 중국의 현실을 돌아보지 않고 간단하게 동구 유럽의 경험을 옮겨놓는 것은 아시아에서 견유주의로 변질되기 쉽다.[40]

이처럼 최근 중국의 자유주의자들은 신좌파와 대륙 신유학이 파죽지세로 상승 국면에 있는 것과 달리 국가와의 관계 재설정이라는 문제를 놓고 내부에서 미묘한 입장 차이가 나타나고 있다. 이런 현상만을 보더라도 중국 지식인의 분화는 1990년대 말의 그것보다 훨씬 복잡한 양상을 드러내고 있다. 그 근저에는 역시 경제성장과 국가의 강대화가 있으며 이에 따라 자유주의자들도 달라진 환경에서 자신의 역할과 위치를 재조정해야 한다는 것을 의식하기 시작했음을 반영한다.

4. 중국 자유주의의 한계와 역할 그리고 변화 가능성

자유주의의 중국화가 말처럼 쉬운 일은 아닐 것이다. 그리고 자유주의가 중국에 들어온 이래 역사적으로 중국 자유주의자들이 이런 시도를 전혀 하지 않은 것도 아니다. 19세기 말 20세기 초 옌푸, 량치차오, 루쉰, 후스에서 시작해, 1930~1940년대의 장둥쑨이나 뤄룽지 등 적지 않은 지식인이 부단히 이 문제를 고민해왔다. 물론 중국 근대의 자유주의는 경제적 자유주의, 정치적 자유주의의 성격보다는 의지적 자유주의, 도덕적 자유주의의 특징을 보인다. 이에 반해 개혁개방 이후 30년이 지난 지금의 자유주의는 계몽적 자유주의를 넘어 경제적 자유주의와 정치적 자유주의의 입장을 분명히 내세우고 있다. 이는 중국 자유주의의 계급적 근거가 마련되어가고 있다는 것의 반영이며 자유주의의 중국화가 가능한 조건에 조금 더 근접해가는 징조로 해석할 수 있다. 그런 점에서 보았을 때 분명 커다란 변화다. 이런 변화를 보여줄 수 있는 것도 사실은 이전 중국 자유주의의 고민의 온축이 없었더라면 불가능한 것이었다고 할 수 있다. 더구나 사회주의 30년의 단절을 고려한다면 이는 절대 과소평가할 수 없는 면이 있다.

샤오궁친은 현재 가파르게 변화하고 있는 지식 지형과 실천 지형 안에서 그들은 여전히 중요한 역할을 하고 있다고 본다.

첫째, 자유주의파는 신구좌파가 부정하는 개혁개방 사조에 대해 양성적 견제 작용을 할 수 있다. 자유주의자들도 권력 부패, 빈부격차, 분배 불균등 등 사회의 불공정 현상에 대해 신랄하게 비판하지만, 그들은 계속된 개혁개방을 통해 이 문제를 해결해야 한다는 입장을 견지한다.[41] 둘째, 자유주의파는 급진적, 반서구적 민족주의에 대해서도 브레이크 역할을 할 수 있다. 급진적 민족주의는 일단 주류가 되면 사회적으로 통제력을 잃을 가능성이 높아진다. 반면 자유주의파는 세계적인 역사 추세를 강조하고 국제사회에 융합되어 들어가야 할 필요성과 그 역사적 합리성을 강조한다. 셋째, 자유주의파는 정치개혁에 대해서도 역시 채근하는 역할을 한다. 그들은 집정자를 향해 좀더 심화된 정치개혁의 필요성에 대해 끊임없이 호소한다. 특히 주목할 것은 적지 않은 민간 자유주의 지식인이 실제로 다년간 기층 시민사회 건설을 위해 힘써왔고 민주주의의 실험에도 적극 동참했다는 사실이다. 그리고 공익과 자선단체 확산에도 적극적으로 참여해왔다. 이렇게 본다면 그들은 중국 민주주의의 발전을 추진하는 데도 큰 공헌을 한 셈이다. 요컨대 사상적 스펙트럼 속에서 자유주의파는 시종일관 중요한 지위를 점하고 있다.[42]

물론 중국 지식인들은 유파를 막론하고 1989년 톈안먼 사건을 겪고

1990년대에 접어들면서 전체적으로 보수화되었고, 2000년대 초반 후·원 신정을 기해서 지식인들은 또 한 번 대폭적으로 체제 내화되었다고 할 수 있다. 자유주의 지식인도 여기서 예외는 아니다.[43] 사실 중국에서는 체제 내부와 외부를 구분한다는 것이 별 의미가 없다는 이야기를 흔히 한다. 그러나 정도의 차이는 있지만 체제 비판적인 지식인들이 존재하는 것이 현실이다. 그리고 그러한 지식인들이 상대적으로 자유주의 진영에 분포되어 있는 것도 부정할 수 없다. 앞에서 본 것처럼 여러 형태의 사상 운동에 참여하는 지식인들은 자신의 참여적 행동으로 인해 현실 권력관계에서 유무형의 불이익을 감수하고 있다. 물론 공산당, 지식인, 자본이 강고한 통치 연합을 형성하고 있는[44] 지금과 같은 정치 지형에서 이들의 영향력은 매우 제한적일 수밖에 없다. 하지만 제한적이더라도 이러한 작은 실천들이 모여 사회가 변화할 수 있다면 이 또한 쉬이 넘길 수 없는 부분이다.

하지만 중국의 자유주의는 아직 사상과 실천 맥락에서 많은 문제점을 노출하고 있다. 현재의 중국사회가 맞닥뜨리고 있는 이 처참한 현실은 자유주의로 하여금 좀더 근원적 차원에서의 사상적 진단과 처방을 요구하고 있고 이러한 요구에 자유주의 지식인들은 응답해야 할 막중한 책임을 안고 있다.

앞에서 필자는 신좌파의 상승세와 신유가의 확장세가 뚜렷하게 보이는 것이 최근 중국의 사상 지형에서 가장 눈에 띄는 중요한 현상이라고 했다. 그리고 이러한 현상은 자신과 경쟁 구도에 있는 자유주의자들로 하여금 상대적 박탈감을 느끼게 했고 이것이 역설적으로 자유주의자들에게 변신의 필요성을 자각하게 만들었다. 즉 자유주의는 중국의 경제 성장과 국가 위상의 변화에 따라 역할 재정위가 필요한 시점이 된 것이다. 이러한 재정위를 위해 자유주의는 두 방향으로 변신을 시도하고 있다.

하나는 유학으로 방향을 튼 것이다. 자유주의자 중에는 중국사회에 유학이 총체적으로 복원되어야 한다며 유학을 헌정憲政으로 인식하려는 입장을 견지하는 이들이 있다. 추평과 류하이보 등이 대표적이다. 유학과 접목을 시도하려는 지식인 중에서도 친후이나 류쥔닝, 쉬지린은 추평 등과는 다르다. 이 세 사람은 학문적 차원을 벗어나지 않으면서 자유주의의 기본 바탕 위에서 유학의 요소를 끌어들인다. 반면 추평은 좀더 이데올로기적인 자세를 취한다. 그의 논의 안에는 유학을 동과 서, 국가 간의 패권 구도 속에서 다루려는 의도가 짙게 배어 있다. 이런 측면에서 추평은 유교중국을 꿈꾸는 장칭과 많은 부분 입장을 공유한다.

다른 하나는 자유주의가 사민주의적 방향으로 변화를 꾀하고 있는 것이다. 이런 입장은 부패와 빈부격차 등 고질적인 문제로 박탈감에 빠져 있는 약자 집단 등 대중의 요구와 이러한 요구에 근원적으로 응답할 수 없는 국가의 구조 및 상황에 대한 절망적 인식에서 비롯된 것이다. 이런 입장에 공감하는 자유주의 지식인은 점차 늘어나는 추세이며 친후이, 첸리췬, 쉬지린, 류칭, 허자오톈 등등이 거론될 수 있다. 이들은 중국의 신좌파가 좌파로서 비판의 균형추를 상실해가는 상황에서 자유주의가 좀더 왼쪽으로 이동할 필요가 있다고 보는 것 같다. 중국 지식계의 균형은 역설적으로 자유주의와 신좌파의 긴장 속에서 유지되었다는 점을 떠올린다면, 변신만 잘 꾀할 때 자유주의가 위기를 기회로 만들 가능성은 충분하다. 그리하여 자유주의가 서구 제국주의 사상이라는 오래된 오명을 씻고 중국적으로 재구성되어 좀더 업그레이드된 버전으로 탄생할 가능성이 전혀 없는 것도 아니다.

아래에서는 이러한 중국 자유주의의 최근 변화를 의식하면서 중국적 재구성의 방향과 관련하여 몇 가지를 제언한다. 첫째, 리쩌허우가 지적한 것처럼 자기 이론으로 중국의 미래를 전망할 수 있어야 한다고 했고, 추평은 중국의 자유주의가 중국의 맥락에서 이론적 사고를 진행하는 것이야말로 바로 자유에 관한 외래 지식의 '본토화'를 실현하는 유일한 방법이라고 주장했다.[45] 이들의 주장에 부응할 정도가 되었는지는 몰라도, '자유주의 유교' '유교 자유주의' 등의 명명에서 보듯이 자유주의자들은 '자유주의의 중국화'를 암중모색 중이다. 하지만 그것은 자유주의라는 것이 어떤 준비된 유학적 교의와 수학 공식처럼 덧셈을 하는 식으로 진행되어서는 안 된다. 초역사적이고 무맥락적으로 교의로서의 유가, 유학, 유교와 결합한다는 것은 합리적 상상이라고 보기 힘들다. 그보다는 자유주의가 일상에서 사유와 행동을 지배하는 아비투스로서의 유교문화와 어떻게 만날 수 있는지를 고민해야 한다. 이럴 때 자유주의는 유교 그 자체보다는 '도덕화된 제도' '제도화된 도덕'으로서 구조화·신체화 된 유교를 사유해야 한다. 중국 근현대 역사의 전개에서 '자유주의의 실험'이 왜 실패했는가에 대한 연구는 이러한 구조화·신체화된 유교를 얼마나 포용력 있고 설득력 있게 설명할 수 있느냐에 달려 있다. 그럴 때만이 자유주의의 중국화는 현실에서 힘을 가질 수 있다.

둘째, 중국의 자유주의가 어찌되었든 자유민주주의의 전통을 중국식으로 변형하여 중국사회에서 뿌리를 내리게 하는 것이 목적이라면, 서구의 대의제와 자유민주주의를 기준으로 정치개혁을 해야 한다고 반복적으로 되뇔 것이 아니라 서구 좌파가 고민하는 정도의 자유민주주의에 대한 비판적 성찰을 중국적 맥락과 상황에 조응하여 진지하게 진행해야 한다. 이는 앞에서 리쩌허우와 추펑이 요구하는 자유주의의 중국화된 자기 이론의 재구성을 위해서라도 반드시 선행되어야 하는 작업이다. 예를 들어 국영기업의 민영화 과정에서 자유주의자들이 인민으로부터 철퇴를 맞은 이유가 무엇인지 사상적 차원에서 되돌아봐야 한다. 샹탈 무페 등 서구 자유주의 좌파가 슈미트를 나치에 협력한 보수적 정치가임에도 불구하고 그에게 집중하는 이유는 슈미트의 주장이 그 누구보다 자유민주주의의 정당성에 대한 가장 본질적이고 철저한 문제제기를 했다는 점에 주목했기 때문이다. 서양의 좌파 이론가들이 자유민주주의의 본성에 대해 비판적으로 재인식해야 하는 이 시점에서 그것을 근본적으로 비판한 슈미트에 주목하는 것은 매우 역설적이다. 1990년대에 벌어졌던 자유주의 신좌파 논쟁에서 자유주의 측이 보여주었던 가장 큰 약점은 바로 자유민주주의의 정당성에 대한 기본적인 문제제기 없이 무비판적으로 중국의 맥락에 적용하려 했다는 점일 것이다. 그리고 '08헌장'에 대해서도 지식인 중에는 그 기본 관념에 동의하면서도 동시에 자유주의 색채가 지나치게 농후하다는 것에 대한 문제제기가 없지 않다. 즉 '08헌장'이 노동자의 권리를 옹호하는 요구가 부족하고 서구 문명의 가치에 대한 반성이 결핍되어 있어 자유주의 지식인 운동이 갖는 한계를 아주 뚜렷하게 보여주고 있다는 비판이 있다.[46]

요컨대 중국 자유주의자들은 근현대 100년 동안 그들이 담당해온 사상과 지식의 균형추 역할이 지금 어느 때보다 필요한 시점이 되었다는 것을 엄중히 인식할 필요가 있다. 따라서 "중국 자유주의자들은 사상해방을 위해 전통에 도전해야 할 뿐 아니라, 인권 자유와 경제 평등을 위해서도 노력해야 한다"[47]고 한 인하이광殷海光의 문제의식은 지금의 중국의 상황에서도 유효한 것 같다. 21세기에 들어와 유학, 민족주의, 중국모델론이 융성한 분위기를 맞아 오히려 자유주의는 그 비판자로서 새로운 역할이 요구되는 것이다.

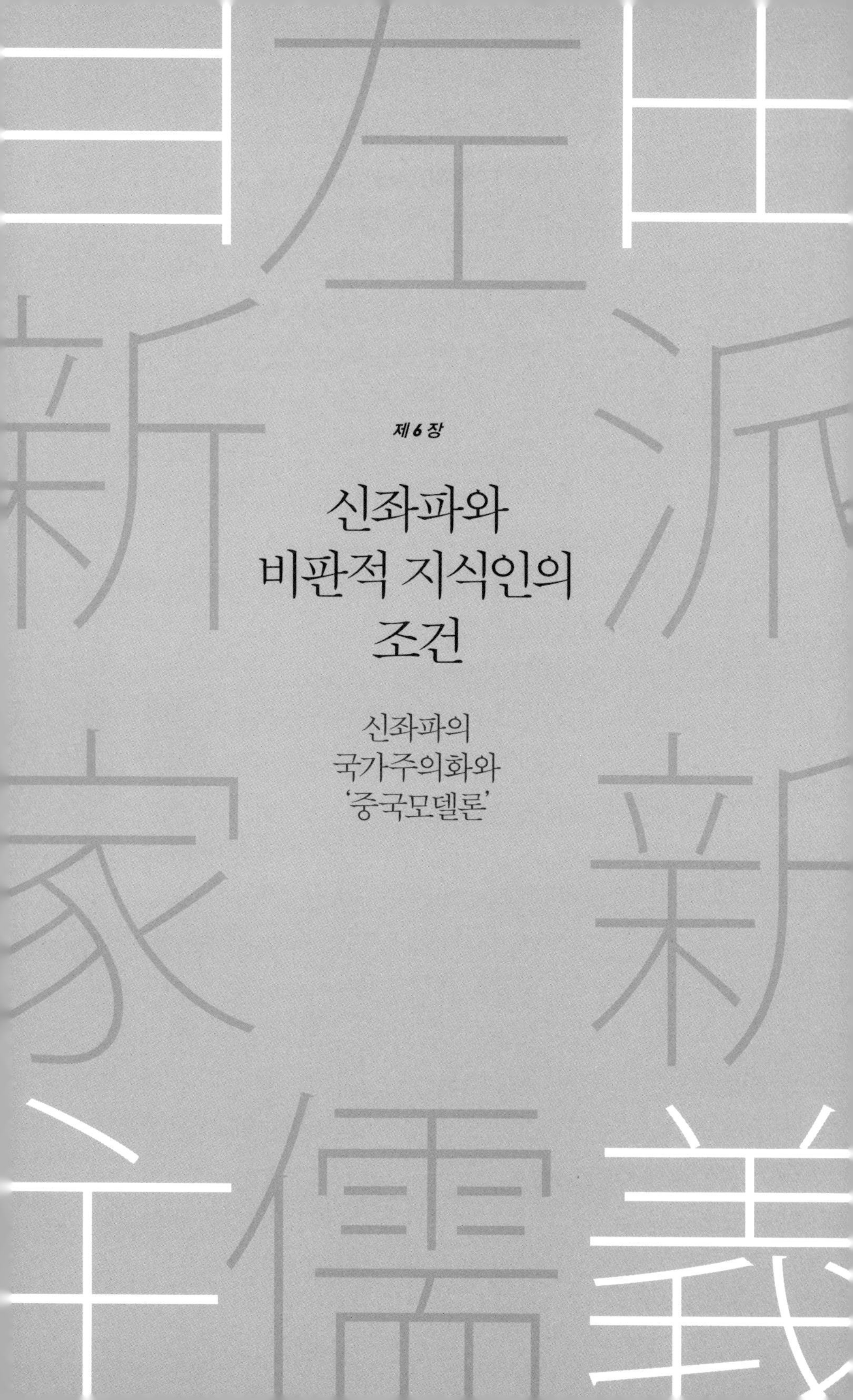

제 6 장

신좌파와 비판적 지식인의 조건

신좌파의 국가주의화와 '중국모델론'

1.
신좌파는 비판적 지식인인가?

지금 인문사회계열을 중심으로 한 중국 지식 지형은 '신좌파의 중국모델론'이 등장하면서 새로운 변화를 맞고 있다. 이 장은 중국모델론 일반보다는 신좌파, 그중에서도 인문학자의 중국모델론에 관심이 있다. 신좌파 중에서도 중국모델론에 가장 적극적으로 나서고 있는 인문학자는 왕후이와 간양이다. 특히 왕후이는 자신을 '비판적 지식인'이라고 주장하기도 했던 인물이다. 인문학자이면서 비판적 지식인이라면 중국모델론을 구상하는 데서도 자칭 국가브레인이나 싱크탱크임을 인정하는 왕사오광류와는 뭔가 차별화되어야 한다. 그러나 나의 짧은 관찰로는 별로 차이가 보이지 않는다. 그러기는커녕 왕후이는 오히려 서구 좌파 이론을 가져다가 좀더 세련된 방식으로 공산당 정부의 소프트파워를 비롯한 미래 구상을 분식하는 데 가장 적극적이라는 인상을 준다.

21세기에 진입하면서 중국 지식계 내부가 분화하는 근원에는 신좌파의 '맹활약'이 존재한다. 그 활약 중 가장 눈에 띄는 것은 단연 중국모델론과 관련하여 신좌파가 내놓은 몇 가지 주장이다. 신좌파의 중심인물이라 할 수 있는 왕후이는 중국의 경제적 성공의 원인을 공산당의 독립자주적 사회발전 노선, 정당과 국가의 자기조정 기제, 당국 체제의 역할에서 찾는다. 신좌파는 정치 구상에서도 대중민주, 대민주, 응답형 민주 등 문화대혁명 시기의 경험을 기본 자원으로 하고 현 체제의 권위주의 모델을 결합하는 형태로 중국식 민주 모델을 제시하고 있다.[1]

신좌파는 위와 같은 중국모델론을 펼치는 과정에서 다른 유파로부터 국가의 변호인, 국가주의자, 전향한 지식인, 국가 싱크탱크 등 다양한 이름으로 비난과 비판의 대상이 되고 있다.[2] 전체적으로 그에 대한 비판은 1990년대와 비교하여 '전향'을 했다는 데 모아지고 있다. 신좌파와 적대해왔던 자유주의파 지식인들 외에 쉬지린과 첸리췬 등 신좌파에 비교적 우호적이었던 좌파적 자유주의 지식인 또는 '독립지식인'들조차 이제 신좌파에 등을 돌렸다. 현재 중국 지식계의 이러한 움직임을 나는 1990년대 지식인 분화[3]에 이은 '21세기 중국의 사상 분화'로 파악한다.

신좌파에 대한 자유주의 지식인들의 비판 심리를 자극하고 있는 핵심 이유는 그들의 돌변한 태도 때문이다. 1990년대 중반 신좌파는 덩샤오핑 노선을 자본주의적 발전주의 노선이라고 비판함으로써 스포트라이트를 받으면서 화려하게 등장했다. 그러나 2000년대 들어와 중국이 G2로 등극하자 그것이 마치 자신들이 설계한 결과인 듯 태도를 바꾼 것이다. 그런데 신좌파가 1990년대 자본주의 비판과 동시에 일관된 주장으로 펼친 것이 국가 능력의 강대화였다. 그들은 자본을 비판했지만 국가를 정면에서 비판한 적은 한 번도 없었다.[4] 사실상 신좌파의 이런 '경력'을 생각하면 이들이 경제성장의 결과론과 진배없는 중국모델론으로 '올인'하는 것은 나름 논리적 일관성을 지닌 행동이라고 할 수 있다. 국가의 재정 능력은 동서고금을 막론하고 국가 능력에서 핵심적인 부분이며, 이를 기초로 해서 실행력 있는 정치 문화 구상이 나올 수 있기 때문이다.

신좌파가 이처럼 국가주의화되는 심리적 기제에 대해서는 여러 분석이 가능하겠지만 무엇보다도 가장 중요한 배경은 중국의 경제적 성공에서 찾을 수 있다. 중국의 경제 부흥은 2000년대 들어와 기정사실로 받아들여졌고 2008년 베이징올림픽의 성공은 그 결정판이었다. 2008년 베이징올림픽의 성공이라는 마법의 주문은 다른 나라 지식인들이 그랬듯이 중국 지식인들에게 문화대혁명의 상처도, 1989년 6·4 톈안먼 사건의 극악한 참상도 잊게 할 만큼 영광스럽게 다가왔을 것이다.[5] 즉 중국 지식인들에게 베이징올림픽은 문화대혁명과 톈안먼의 '역사청산 작업'의 필요성을 무마시킬 만큼 위력이 컸던 것이다.[6] 그리고 이렇게 생각하도록 지식인을 유도한 심리적 기제에 대해서는 일본의 예를 들어 설명하는 마루야마 마사오의 다음 지적을 참고할 만하다. 그는 메이지 말기에 이르러 일본이 근대화에 성공하자 '근대화'의 모순과 파탄을 간파하고 있던 나쓰메 소세키조차 "메이지의 역사는 나의 역사다"라며 자신의 인격적 발전과 메이지 사회 발전이 긴밀하게 연결되어 있었음을 고백하기도 했다[7]고 지적한다. 메이지 초기와 후기에 지식인이 보여주었던 변화 양상은 중국 개혁개방 초기와 최근에 중국 지식인의 변화 양상과 유사한 측면이 적지 않다. 더구나 중국처럼 권위주의 정치시스템이 기본적으로 작동하고 있고 개인적이고 사적인 자율성을 보장받기 힘든 사회 분위기에서, 그리고 지식인의 사상 통제와 자기 검열이 의식적·무의식적으로 일상화된 사회에서—많은 학자가 지적하는 것처럼 국가를 초월한 천리天理 개념이 어떤 형태로 지식인의 아비투스에 잠재되어 있는지는 잘 모르나—국가와 개인의 동일시 현상은 좀더 쉽게 이뤄질 공산이 크다.

그런데 중국 신좌파는 앞에서 말한 것처럼 1990년대부터 일관되게 국가를 강하게 의식하고 있었다는 점에 주목해야 한다. 그리고 그 '국가'의 기표 안에는 인민의 복지를 책임질 공으로서의 기의가 들어 있다는 것을 명분으로 내세우지만, 실제로는 "문명 제국의 재구축"이라는 기의가 핵심적으로 내재해 있다고 봐야 한다. 그중 특히 왕후이가 이러한 기획에 가장 적극적이라 할 수 있는데 그가 이 기획을 위해 선택한 방법은 우선 오리엔탈리즘의 비판을 통해 중국에 대한 외부(주로 서양)의 '거대한 편견'을 벗겨내고, 조공체제의 현재적 재해석을 통해 문명 중국을 재구축하는 것이다. 그리고 새로이 구축되는 중국을 그는 '트랜스시스템사회trans-systemic-society'[8]라는 신개념으로 명명하려 한다.[9] 조공체제의 재해석과 '문명제국'의 재구축을 통해 과거의 영화를 기억하고 회복하려는 움직임이 존재한다는 것은 유구한 제국의 역사와 영토, 인구, 특히 경제력에 바탕을 둔 G2로의 진입 등 중국의 총체적인 객관적 상황과 존재 형태를 고려했을 때 지극히 당연한 것일 수 있다. 이처럼 지식인이 2008년을 전후하여 국가주의화되는 데는 어느 하나의 요인 때문이 아니라 앞에서 말한 여러 요인이 복합적으로 작용했을 가능성이 높다. 그러다보니 현재의 사상계와 지식계의 고민이 표출해내는 모양새는 기이할 수밖에 없다. 신좌파 가운데 최근 가장 왕성하게 활동을 펼치는 사람은 왕후이汪暉, 간양甘陽, 추이즈위안崔之元, 왕사오광王紹光 등이다. 이들은 모두 중국모델론뿐 아니라 충칭모델에 적극 관여한 인물들이다.

신좌파의 사상적 자원은 사람마다 다르지만 대체로 프랑크푸르트학파, 촘스키Noam Chomsky, 제임슨Fredric Jameson, 폴라니Karl Polanyi, 제3세계의 신좌파인 아민Samir Amin, 사이드Edward W. Said, 그람시Antonio Gramsci, 프랑스의 포스트모더니즘과 후기구조주의까지 망라한다. 이러한 서양 이론들은 한국처럼 중국에서도 이미 학문 권력이 되었기 때문에 이들의 언어와 목소리를 무시할 수 없다. 신좌파가 주장하는 내용이 갈수록 구좌파 또는 마오좌파와 차이가 모호해지고 있다는 평가에도 불구하고 사람들이 그들을 구좌파나 마오좌파와 구분하여 인식하는 것은 바로 신좌파가 구사하는 언어 체계가 확연히 다르기 때문이다.

이 장에서는 신좌파가 구상하는 중국모델론과 그것을 중심으로 이루어지는 문혁과 현재의 당국 체제 그리고 정치 구상이 무엇인지 알아본다. 그리고 신좌파의 구상에 대한 중국 지식계의 다양한 비판의 목소리를 소개하고 평가한다. 또한 조금 이른 감이 있지만 신좌파 이론 구상의 '현실태'로 등장했던 이른바 충칭重慶모델에 대해서도 지식인들의 다양한 견해를 바탕으로 해석하고 평가해본다.

이처럼 1990년대와는 다르게 평가되는 신좌파의 이론 구상을 통해 이들을 여전히 '신좌파' 또는 '비판적 지식인'이라고 할 수 있는지를 새롭게 묻고자 한다. 이러한 물음을 던지며 이 장은 왕후이를 중심으로 서술하되, 필요할 때마다 다른 신좌파 인물을 등장시킬 것이다. 왕후이는 1990년대 중반 이래 지금까지 신좌파 진영 중 가장 활발한 이론 활동을 벌이고 있으며 그런 만큼 자타가 인정하는 신좌파의 중심인물이기 때문이다.

2.
1990년대 신좌파의 역할과 사상 배경

신좌파는 1990년대의 자유주의 신좌파 논쟁을 불러일으킨 데 이어 최근 다시 지식인 분화의 중심에 서 있다. 하지만 사상사적으로 볼 때 신좌파는 1990년대 중후반에는 지금과는 전혀 다른 방향에서 중국 정부의 자본주의적 개방 노선을 비판하면서 등장했다. 1990년대 중반 왕후이의 문제제기로 시작된 자유주의 신좌파 논쟁은 신자유주의가 전 지구화되는 환경 속에서 중국의 전통적 사회주의가 해체되고 '역사의 종언'이 현실이 될지도 모른다는 위기감 속에서 나온 것이었다. 결국 이 논쟁은 크게는 중국의 현대성 문제와 현대화 과정에서 나타난 사회의 여러 문제를 핵심 쟁점으로 한 쌍방 간의 심각한 의견 대립이었다고 할 수 있다. 이때 신좌파의 등장으로 중국 지식계는 오히려 사상적으로 풍부해지는 계기를 맞았다. 결과적으로 계몽자유주의, 경제자유주의와 구분되는 정치자유주의를 중국 사상계에 등장시켰다고 할 수 있으며,[10] 무엇보다도 중국의 언어 환경에서 이미 기각되었다고 여겨졌던 사회주의를 재사유하게 만들었다. 그러나 2000년대 들어와서 신좌파는 마오쩌둥 시기와 덩샤오핑 시기의 사회주의에 대한 재사유와 성찰이 아니라 적극적인 긍정을 통한 회귀를 주장하는 쪽으로 옮겨갔다.

그렇다면 여기서 왕후이의 최근 사상 경향을 비판하기 전에 1990년대에서 2000년대 초까지 중국 사상계에서 그가 행했던 역할과 의미를 되새겨보는 것도 무의미하지 않을 것이다. 왜냐하면 당시 왕후이의 현대성(중국 학계에서는 '모더니티'를 한국에서 근대성으로 번역하는 것과 달리 현대성으로 번역해서 사용하는 게 일반적이다. 이 단락에서는 당시 왕후이가 제기한 논의의 맥락을 살리기 위해 현대성이라는 단어를 그냥 둔다) 담론이 사상계에 주는 긍정적인 파장은 결코 무시할 수 없는 것이었기 때문이다. 즉 왕후이는 중국에서 진행되고 있던 자본주의화 과정, 중국 사회주의를 비롯한 중국의 근현대 사상, 그리고 그동안 진행된 아시아론을 총체적으로 현대성에 대한 성찰적 시선으로 보고자 했기 때문이다.

왕후이는 우선 1989년 톈안먼 사건 이후 사상 분화와 함께 1980년대에 신계몽주의가 가지고 있던 비판적 잠재력은 현대화 이데올로기의 틀 안으로 편입되는 과정에서 활력을 잃었다고 평가한다. 사상적으로 계몽주의 지식인들은 서구식 현대화의 길을 믿었고 이 기대는 추상적 개인이나 주체성 개념, 보편주의적 입장을 의문 없이 수용한 데서 나온 것이라고 본다. 그러나 또 자유주의자들이 굳건하게 믿고 있는 보편주의에 대한 질문이 가능했던 것은 앞에서 설명한 신계몽주의의 분화 과정을 겪었기 때문이다.

우선 왕후이가 보기에 서구 보편주의에 문제제기를 시작한 것은 유교 자본주의를 주장하는 일종의 문화상대주의자들이었다. 이들의 주장은 프로테스탄티즘 대신 유교를 대입시킨, 이른바 "유교적 윤리와 자본주의 정신"으로 표현될 수 있다. 즉 유교의 원리로 자본주의 발전이 가능하고 그 증거로 '아시아의 네 마리 용'을 제시한다. 유교를 또 하나의 근대화 이데올로기로 보는 것이다. 이는 결국 자본주의에 대한 절대 긍정의 논리다. 또 사상적인 면에서 포스트 학자군의 주장은 중국 현대성 담론 특유의 서구/중국 이원 대립 담론 패턴을 강화한 것이다. 중국과 서양의 이원 대립 구도 속에서 이들의 관심은 오직 중국이 다시 중심으로 복귀할 가능성과 중화성의 건립에만 있다. 즉 중국의 포스트 학자군은 탈현대주의자들 일반이 행하는 주변의 입장에서 중심을 비판하는 작업은 전혀 하지 않는다.

왕후이는 1990년대 후반기의 시점에서 중국 신자유주의자들이 서구/중국, 현대/전통의 구도에 얽매여 중국 자본주의에 대한 분석 및 비판의 힘을 잃게 된 것과 마찬가지로 이 두 부류도 결과에서는 유사하다고 보았다. 즉 이들도 중국의 자본주의 심화 과정에서 나타나는 문제에 비판적으로 개입할 수 없다고 믿었던 것이다. 이들의 공통점은 전 지구화를 현대성의 목적론적 입장에서 매우 긍정적으로 바라본다는 점이다. 예를 들면 전 지구화를 대동大同 이상의 실현으로, 또는 칸트의 영구평화 이상에 이르는 길로 보는 것이다.

이에 비해 왕후이는 주로 분석적 마르크스주의에서 자극받아 중국에 새로운 제도와 이론의 모색을 주창하려는 일군의 젊은 학자에 주목했다. 이들은 자본에 대한 평가에서 더 이상 마르크스주의를 이데올로기로 취급하지 않고 현실 분석의 도구로 활용하려 한다. 이들 주장의 가장 핵심은 사회주의의 이상을 버리지 않으면서 광범위한 민중의 경제적 민주화에 집중한다는 점이다. 이들은 왕후이가 보기에 사상 구사 방식에서 중국/서구, 전통/현대의 이원 대립 구도로 중국 문제를 사유하는 계몽주의 사유 패턴을 넘어섰다. 경제적 민주냐 정치적 민주냐의 어느 하나를 택해야 한다는 이분법을 넘어 새로운 제도 창출을 모색하고 있다고 평가한다. 이런 입장으로 인해 왕후이는 이들을 빠른 현대화 과정을 겪고 있는 현재의 중국 상황에 개입하면서 문제제기를 할 수 있는 몇 안 되는 소장 학자군으로 본다.

왕후이에 따르면 우선 중국의 현대성(사회주의) 비판은 서양의 현대성 성찰과 연결되지 않으면 의미가 없다. 서양의 사상사에서 나치즘과 스탈린주의에 대한 비판이 현대성 문제 전체에 대한 사유와 연관되지 못하면 그것은 현존 정치, 경제 제도의 변호로 바뀌어 독재의 진정한 기원을 은폐할 수 있고, 식민주의 역사 및 현재의 유산을 은폐할 수 있는 것과도 같다. 사실 중국의 사회주의 비판이 서양의 현대성에 대한 성찰로 이어지지 않는다면, 자본주의에 대한 비판으로서의 사회주의 운동의 역사적 의미도 짚어낼 수 없을 뿐 아니라 중국 사회주의의 문제점조차 제대로 분석할 수 없는 것은 당연하다. 이런 인식 아래 왕후이는 현대성의 성찰을 곧 현대성의 지식에 대한 검토와 현대의 사회 과정에 대한 탐색으로 보며 이 두 측면은 분리 불가능하다고 믿는다.[11]

위의 서술을 기준으로 보면 1990년대의 왕후이는 지금의 그와 매우 다른 사상적 면모를 보인다. 우선 유교자본주의, 포스트모던의 탈현대주의, 그리고 신자유주의의 문제를 매우 균형감 있는 시각에서 비판한다.

즉 이들이 거의 모두 전통과 현대, 중국과 서구의 이분법에 토대를 두고 자기 사유를 전개하기 때문에 문제를 제대로 볼 수 없다고 여기는 것이다. 이에 그는 이분법을 넘어 새로운 제도 창출을 모색하는 것으로 보이는 분석적 마르크스주의에 주목한다. 이러한 그의 입장이나 시각이 당시 중국 지식계에 신선한 울림으로 다가올 수 있었던 것은 그의 주장 안에서 서양과 중국, 전통과 현대, 더 나아가 이론과 현실, 특수와 보편 중 그 어느 한쪽에도 기울어지지 않는 묵직한 긴장과 균형을 발산하는 것처럼 보였기 때문이다. 그리고 이러한 아슬아슬한 긴장 속에서 '반현대성적 현대성'이라는 테제가 도출될 수 있었다. 또 이 테제 안에서 중국 사회주의와 서구 근대성을 동시에 비판할 수 있는 이론적 공간이 창출 가능했다. 이로써 왕후이는 중국 사상계에서 거의 기각처분되었던 사회주의 가치를 재사유하도록 유도했다. 그리고 이는 남순강화 이후 자본주의적 개방을 강화해나가는 중국 정부를 긴장시키는 측면이 없지 않았다.

이 내용을 기억하면서 다시 2010년대의 신좌파로 돌아오자.

그런데 이 가운데 이론적으로 가장 특출한 지식인은 왕후이이며 현재의 사상 분화를 야기시킨 인물이기도 하다는 점에서, 이 글도 주로 그에게 집중한다. 다만 이 글이 자유주의파나 문화보수주의(대륙신유학)파 등 사상 유파를 의식하면서 전개되는 만큼 필요할 때마다 왕후이 외에 다른 신좌파 인물도 거론할 것이다.

3.
신좌파의 중국모델론 구상과 국가주의화 비판

사실상 왕후이는 2007년에 발표한 「탈정치화의 정치, 헤게모니의 다중구성과 1960년대의 소실」(이하 「소실」, 『개방시대』 2007년 2기)에서만 해도 현대정치는 나날이 관료화되고 탈이데올로기화되고 있다고 비판했다.[12] 왕후이는 「소실」에서 사회주의-당-국가체제가 성립되고 얼마 지나지 않아 혁명정치는 탈정치화로 침식되어갔다고 보았다.[13] 이 단계의 탈정치화라는 것은 관료제화로의 진행이나 권력투쟁의 전개가 당내의 자유로운 토론이나 참가자의 정치적 주체성을 부정한 것뿐만 아니라 지식인이나 청년학생, 그 외 사회 각층 내부의 비판적 사고나 사회운동을 억압했다는 것을 지적하고 있다. 그러나 다른 한편, 그는 문화대혁명을 이러한 상황을 타개하기 위한 하나의 움직임으로 파악한다. 특히 문혁 중에 제출된 4대 자유, 즉 대명大鳴, 대방大放, 대변론大辯論, 대자보大字報는 대중 참여를 통해 당-국가관료 체제의 틀을 타파하려는 시도였다는 것이다. 하지만 이 투쟁도 "군중운동 내부의 파벌 투쟁이나 당-국가체제 내부의 알력과 연계되어 있고 대규모 군중 폭력이나 정치적 박해를 초래했다. 따라서 1976년 이전에 이미 1960년대는 많은 중국인의 눈 속에서 광휘가 사라져 버렸다"[14]고 했다. 이처럼 왕후이는 문화대혁명의 거센 바람이 불어 황량해진 1960년대를 탈정치화와 정치화의 두 움직임이 교차한 시대로 파악한 바 있다.

탈정치화의 과정을 왕후이는 세 가지로 정리하는데, 첫째는 당의 국가화 과정이다. 이는 당-국가체제로부터 국가-당 체제로의 전화로 개괄할 수 있다. 여기에는 정당 자체가 탈가치화의 과정에 처해 있기 때문에 대표성에서 문제가 될 수 있다.[15] 둘째는 노선 투쟁의 종결과 이데올로기 영역의 탈이론화도 탈정치화 과정에서 핵심적인 부분이다. 왕후이는 '논쟁을 하지 않는 것'을 계기로 하여 이론과 실천의 명확한 상호 동등한 관계가 돌을 만져보고 강을 건너는 식의 개혁으로 전화되었고, 내부의 노선 투쟁이 종결된 이후 경제개혁을 중심으로 한 당의 공작이 혁명과 건설이 아닌 건설만으로 전이되었다고 본다.[16] 셋째는 정치적인 계급 개념이 소실되면서 그 요점이 사회주의 현대화 건설로 이행한 것이다. 따라서 중국의 정치에서 계급 범주가 맡은 역할 및 변화를 다시 연구하는 것은 당대 '탈정치화의 정치'의 형성을 이해하는 데 관건이 된다.[17] 왕후이는 이 글에서 개혁개방 이후 당의 국가화, 노선 투쟁의 종결, 계급 개념이 없어지면서 중국 정치에서 '1960년대의 가치'가 총체적으로 소실되었다고 보는 점을 지적한 것이다.[18]

사실 왕후이가 「소실」에서 '탈정치화의 정치'를 비판했을 때 그 함의는 정치활동을 구성하는 전제이자 기초인 주체의 자유와 능동성이 부정되는 현실을 비판하고자 한 것이었다. 따라서 왕후이가 이 글에서 던지고자 하는 메시지는 '1960년대의 소실'이 '1978년의 전환'[19]으로 완성된 것으로 보고, 이 전환으로 소실된 것이 무엇인가를 묻는 것이었다. 이 질문은 마오쩌둥 시대의 전통과 덩샤오핑 시대의 전통을 연속이 아닌 충돌과 긴장의 측면에서 접근한 것이다.

그러나 2010년에 발표한 「중국 굴기의 경험과 도전」에서는 그 입장을 완전히 바꿔버린다. 당국 체제가 중국의 경제를 성공으로 이끈 비결이었다고 보고 있다. 중국 경제의 성공을 국가 내부, 정당 내부 그리고 전 사회 영역에 존재하는 사회주의 역량에 의한 제어의 결과로 해석한다. 이는 「소실」에서의 주장을 완전히 뒤집는 것이다. 왕후이의 「중국 굴기의 경험과 도전」(이하 「도전」)이라는 문제작은 기본적으로 중국의 고속성장에는 중국만의 특성이 있을 것이라는 가정 아래 쓴 글이다. 이 글에서는 앞의 「소실」과 완전히 입장이 바뀌어 거기서의 문제제기들이 모두 합리화되고 있다. 그의 글을 요약하면 이렇다. 첫째, 중국의 독립자주적 사회발전 노선이 개혁의 전제조건이다. 중국 공산당이 획득한 반제국주의 노선과, 소련과 주종관계가 아닌 새로운 독립 모델을 형성한 것이 주요한 내용이다. 둘째, 자신을 포함한 중국 지식계의 논쟁이 부분적으로는 기존의 당내 노선 투쟁의 기능을 대체할 수 있었다. 이것은 당내의 이론 논쟁의 역사를 계승한 것이며 당내의 이러한 실천적 행동이 정당과 국가의 자기조정의 기제였다. 셋째, 농민의 강렬한 능동정신이다. 신자유주의 조류 속에서 중국사회는 여타 사회와 비교해볼 때 불평등에 관한 호소와 부패에 대해 용인하기 힘든 의식이 더 강렬하고 그러므로 기층에서부터 강렬한 상호 제어 작용이 일어났다고 보았다. 넷째, 국가의 역할이다. 왕후이는 중국 개혁이 성공한 이유를 중성정부 혹은 중성국가에서 찾는 야오양姚洋의 논리를 빌려와 개혁개방에서의 국가자원의 문제를 강조한다. 다섯째, 사회주의 시기 누적된 사회자원이다.[20] 왕후이는 이런 다양한 요소가 종합적으로 작용하여 중국이 안정 속에서 고속성장을 할 수 있다고 보았다.

그런데 「도전」은 기본적으로 서구 좌파의 문제의식을 발전시켜 정리한 것이라 할 수 있다. 신좌파가 중국모델론을 구상하게 된 계기는 신좌파의 여러 구상이 그렇듯 서양의 좌파 지식인의 미국에 대한 비판의 맥락에서 제시되는 '대안적 중국'이라는 구상과 연접되어 있다. 이를테면 노벨 경제학상 수상자인 스티글리츠는 중국의 경제 성공은 독자적인 아시아적 모델에 준거했기 때문이라고 보았다. 글로벌화하는 신자유주의의 예외적 존재가 되었다고 본 것이다.[21]

> 신자유주의는 중국의 개혁에 심대한 영향을 주고 주류파 경제학자의 언설을 지배했다. 그러나 그것 자체는 중국의 개혁 전체가 신자유주의 모델에 준거한다는 것을 의미하는 것은 아니다. 이를테면 중국의 개혁은 1970년대 초에 시작되었다. 현재의 세계화의 산물인 것만은 아니다. 중국의 초기 농촌 개혁은 신자유주의와 연관이 없다. 그것은 오히려 전통적인 경험과 사회주의 체제에 의한 자기 조절의 결합이었다. 사회주의 시기에 있어서 경제적 축적과 자립한 국민경제의 형성이 없었다면 중국 도시개혁이 이처럼 장족의 발전을 이루는 일은 불가능했을 것이다. 1980년대 이후 중국이 실행한 경제조정 정책을 막연하게 신자

> 유주의의 카테고리로 포괄할 수는 없다.(중국사회의 급격한 분화와 대규모 부패는 주로 1990년대 중반 이후에 일어난 것이다.) 스티글리츠 등이 제기한 바 라틴아메리카 모델과 다른 경제정책도 단순히 신자유주의로 귀결시킬 수는 없다. 10여 년 동안 중국 지식계의 격렬한 논쟁은 사회의 세론世論을 넘어 공공정책에까지 영향을 미쳤다. 중국 내부에는 신자유주의 모델에 대한 강한 저항이 있고 스스로 변혁의 길을 모색하는 부단한 노력이 있다는 것을 이 논쟁은 말해준다. 개혁의 성과에 대하여 단순히 신자유주의의 성과라고 결론 내려서는 안 된다. 외려 중국 개혁에 닥친 위기야말로 신자유주의의 정책 유도와 밀접한 관련이 있는 것이다.[22]

왕후이는 「소실」에서 문화대혁명의 철저한 부정 속에서 이뤄진다고 비판했던 개혁개방의 흐름이 위의 글에서는 반대로 사회주의 시기의 사회적 자원에 힘입어, 또 자신들이 벌인 논쟁으로 인해 여론이 만들어지면서 정부의 공공정책을 변화시켰다고 말하고 있다. 따라서 중국의 경제발전은 결국 신자유주의 정책과 직접적인 관련이 없다고 보는 것이다. 그런데 여기서 주목해야 할 것은 서양 학자가 주장한 것을 적극적으로 받아들여 자기화하고 있다는 점이다.

그렇다면 굳이 멀리 1990년대까지 거슬러 올라가지 않더라도 「소실」과 「도전」이 사실상 시간차가 크지 않은데 그 사이 왜 이렇게 달라진 것일까? 앞에서 소개한 왕후이 책의 일어판 번역의 서문에서 스티글리츠로부터 힌트를 얻었을 때 그는 이미 베이징 컨센서스에 관심이 가 있었다. 이 서문과 「소실」을 발표하고 「도전」이 나오기까지의 사이에 미국의 금융위기와 베이징올림픽을 경험했다. 이런 경험이 왕후이의 입론에 그렇게 강하게 영향을 준 것일까에 대해서는 여기서 결론을 내리기 힘들지만, 적어도 서론에서 말한 것처럼 자기 변신의 심리적 기제로 작용했을 가능성이 충분히 있다. 국가의 부강에 자신의 가치를 투사해왔고 2008년을 전후해서 그것이 이루어졌다고 판단했다면 이러한 변화는 이상한 것이 아닐 수도 있다.

그렇다면 왕후이를 비롯한 신좌파의 이런 변화된 주장에 대해 중국 지식계가 어떻게 반응하고 있는가를 살펴볼 필요가 있다. 왜냐하면 어떤 사상(가)이든 자기 사회에서 어떻게 평가받느냐가 일차적으로 중요하기 때문이다. 무엇보다 우선 우리는 좌파적 자유주의를 포함한 비판적 지식인 내부에서 비판이 솟구쳤다는 점을 주시해야 한다. 1990년대 왕후이의 역할을 일정하게 인정하면서 그에 대한 비판적 지지를 표명했던 쉬지린과 루쉰 연구로 동반자적 길을 걸어왔던 첸리췬의 비판이 던져주는 파장은 예사롭지 않았다.

첸리췬은 왕후이의 앞의 글 「중국 굴기의 경험과 도전」에 대해 일부를 제외하고는 근본부터 인정할 수 없다는 입장이다. 즉 왕후이가 말하는 중국의 독립 자주성[23]을 제외한 나머지는 실제 역사 사실과 또 중국에서 생활하는 보통 사람의 실제 감각과 상당한 거리가 있음을 지적한다.

> 중국공산당이 정말로 '정정기제(왕후이가 말하는 국가의 자기 조정의 기제)'를 가지고 있는가? 1959년 루산회의, 문화대혁명 후기, 1989년 '6·4' 사건에서 대다수 민중 당원 및 당의 고급간부 모두가 결정이 잘못되었다는 것을 알았는데도 왜 교정하지 못했는가, 6·4와 같은 문제를 왜

지금까지도 바로잡지 못하고 있는가? 중국의 농민은 마오쩌둥의 사회주의 중국 및 개혁개방의 중국, 현재의 중국사회 속에서 진정 '사회적 주체성'을 지니는가? 농민이 중국의 현대화 과정에서 가장 많이 대가를 지불하고 가장 적게 이득을 얻었으며 약탈당하는 위치에 처해 있다는 이런 기본 사실을 왜 회피하려 하는가? 중국의 국가와 정부가 정말로 '대다수 인민의 이익을 대표하는가?' 이것은 사람을 속이고자 하는 선전인가 아니면 분명한 현실인가? 중국의 당과 정부는 진정 중성적이어서 이익집단과 분리되어 있는가? 이런 것들은 모두 사실을 돌아보지 않은 분식의 말이고 왕후이 자신도 믿지 않는다. 그는 다음에서 이 사실을 인정한다. '국가 및 공공정책으로 하여금 어떻게 광범한 이익을 대표할 수 있게 하고 극소수 이익집단에 의해 조종되고 통제되지 않게 할 것인가는 이미 극히 첨예한 문제가 되었다'고 했는데, 그렇다면 국가가 대다수 인민의 이익을 대표한다는 것은 '중성' 정부의 허풍이고 거짓말이며 자기파탄적인 것이다.[24]

첸리췬은 왕후이가 이론과 사실이 분열되는 약점을 메우기 위해 정당 국가화론을 제기한다고 본다. 중국의 현행 국가체제와 중국공산당을 분리시켜 완전히 중국의 '당국' 체제(당이 곧 국가이며, 당이 국가에 의한 감독과 제약을 받지 않고 절대적인 통제를 하는 것)가 일당 전제라는 본질을 은폐한다는 것이다.[25] 이에 근거하여 첸리췬은 2010년 중국의 일부 신좌파가 보이는 이러한 형태를 그들이 자각적으로 국가의 싱크탱크 역할을 담당하려 한 것이라고 보았다. 그가 보기에 이것은 갈수록 강렬하게 국가주의화하고 있는 신좌파 정서로서는 필연적인 선택이다.[26]

첸리췬은 중국 공산당과 개혁개방을 둘러싸고 역사 사실을 호도하고 있다고 판단되는 신좌파의 중심인물 왕후이 및 중국모델론과 관련하여 중대한 선언을 한다. 2010년에는 얼굴에 대한 공포가 생겼다고 고백한다. 원래 잘 알던 친구가 갑자기 모르는 사람처럼 변했다는 것이다. 여기서 친구는 바로 왕후이를 가리킨다. 그는 오랫동안 사귀어온 친구이며 1980년대 계몽주의의 '전우'다. 왕후이의 소위 '중국모델'의 총결은 사실과 부합하지 않을 뿐 아니라 현재 중국 체제 문제를 은폐하며 모종의 국가주의적 경향을 보여주는데, 이것이 자신을 놀라게 한다는 것이다. 이 때문에 첸리췬은 지식계의 대분화를 엄중한 사태로 절실하게 느끼고 있다고 말한다. 그러면서 그 자신 '기존의 계몽주의를 견지하면서 동시에 계몽주의를 의심한다'는 입장을 재확인한다. 그러나 이제 이전의 친구들과는 각자의 길을 가야 한다고 비장한 속내를 내비치고 있다.[27] 물론 첸리췬이 말하는 계몽이 무엇이고 무엇보다 그것이 현재 중국의 맥락에서 어떤 실천적 의미를 지닐 수 있는지는 좀더 따져볼 일이다. 그런데 굳이 그의 주장에 의거하지 않더라도 최근 왕후이의 주장과 행태를 통해 현재 중국 신좌파가 자신들과 국가를 동일시하면서 중화 제국의 재구축에 얼마나 정력을 쏟아붓고 있는지를 알 수 있다. 그리고 과도한 욕망은 이미 학문적 차원을 벗어나 있다고 할 수 있다. 학문의 보편성, 학문에 국경이 있을 수 없다는 루쉰적 전통에서 이미 저만치 벗어나 있다.

쉬지린은 「최근 10년 중국 국가주의 흐름의 비판」이라는 글에서 근래 신좌파 인물이 집단적으로 오른쪽으로 돌아서서 국가주의를 주장하고 있다고 비판했다. 그는 왕후이가 원래 상당히 비판의식을 지닌 지식인이었다는 데 이의를 달지 않는다. 그러나 최근 몇 년 사이에 그는 '탈정치화의 정치'를 비판하는 입장에서 '당국 대표 보편 이익론'을 주장하는 쪽으로 놀랄 정도로 '전향'했다고 평가한다. 즉 「소실」에서 「도전」으로의 변화를 '전향'으로 보는 것이다. 쉬지린은 신좌파의 국가주의화 경향을 두 가지 방향에서 정리한다. 하나는 신좌파가 중국의 경험을 총결하고 중국모델을 찬양함으로써 국가주의로 갔다고 본다. 예를 들어 왕후이는 과거에는 비판적 지식인의 태도로 전 지구화와 관료화 그리고 중국의 '발전주의'를 비판했지만 지금은 오히려 중국 경제 굴기의 과정 속에서 당국 체제의 경험을 총결산하고 있다고 본다. 다른 하나의 국가주의적 맥락은 슈미트주의다. 류샤오펑이 히틀러의 계관법학자 슈미트의 사상을 중국에 도입하여 슈미트 선풍을 일으켰고 도처에 국가주의 씨앗을 뿌렸다는 것이다. 그 영향을 받은 사람 중 한 명인 창스궁強世功은 "중국의 국가 의지는 바로 당국의 의지다. 당은 영혼이고 국은 육신"이라고 말했고 판웨이潘維도 똑같은 생각을 하고 있다고 했다.[28]

사실 신좌파의 중국모델론 구상은 소련과 동유럽 국가 역시 공산당이 이끄는 사회주의 국가였는데 왜 유독 중국만 놀라운 경제성장을 이룩했는가, 서구의 어떤 사회과학 이론으로도 이를 설명할 수 없다는 데서 출발한다. 그렇다면 새로운 이론이 필요하다. 여기서 주목받게 된 것이 바로 소련과는 다른 마오쩌둥의 자주노선이고 중국모델론은 이 경험을 총괄하는 방법을 통해 설명하려는 것이다.[29] 상호 대립적으로 인식되었던 중국 사회주의, 즉 전前사회주의 30년(마오쩌둥 노선)과 후後사회주의 30년(덩샤오핑 노선)을 통시적으로 보려는 시도는 바로 이러한 필요성에서 나온 것이다.[30] 그런데 간양에 따르면 "중국모델론 초기 단계에서 전사회주의 30년과 후사회주의 30년을 합한 60년을 설명하기 위한 논리가 만들어졌다면 이제는 60년의 문제는 이후 중화문명의 문제로 변화했다. 따라서 현재 논의의 중심은 결코 30년의 문제, 60년의 문제가 아니다. 이미 그 중점은 중국 문명과 서양 문명의 정체성이 얼마나 서로 다른가에 있다."[31] 이 발언은 간양 자신이 내세운 유가사회주의 공화국, 즉 마오 시대의 유산, 덩 시대의 유산, 공자의 유학이 결합한 신삼통론新三統論[32]이 곧 중국모델론의 골간임을 말한 것이다. 여기서도 서양은 중국모델론에서 참조해야 할 사상의 자원이 아니라 이미 배제의 대상이 되고 있다. 간양의 중국모델론 안에서도 이처럼 서양이라는 견제의 기제가 삭제되어, 서로 갈등하면서 다른 차원으로 발전해갈 가능성은 이미 차단되고 있다. 그런데 사실상 간양의 논리에서 더 문제 삼아야 할 것은 마오쩌둥 시대의 문혁과 덩샤오핑 시대의 6·4 톈안먼 사건이다. 문혁을 빼고 마오의 유산을 말하는 것과 6·4 톈안먼 사건을 빼고 덩의 유산을 말하는 것 자체가 사회주의 역사에 대한 반성을 기피하는 행위다. 마오와 덩이 아무리 중국 현대사에서 혁혁한 공을 세웠다 하더라도 권력 유지를 위해 반인륜적 행위와 비인간적인 학살을 자행한 정치적 책임에서 결코 자유로울 수는 없기 때문이다.

신좌파처럼 사회주의의 역사 유산과 당국 체제의 자기제어 시스템의 작동 결과로 설명하려는 입장이 존재하는 한편, 중국모델이 동아시아 발전모델이나 신자유주의의 중국적 변용이라는 주장도 있다.[33] 이와 관련하여 또 중국 내부적으로는 중국모델론이 저임금, 저복리, 저인권에 기초해 있는 '관제자본주의'라고 보는 견해도 있다.[34] 나는 적어도 중국모델론을 사후적으로 해석하는 한에서 신좌파가 상상하는 방향보다는 레닌주의적 국가체제와 국가의 통제 속에 있는 시장경제, 그리고 사회치안관리

체제에 근거하여 정치 안정과 경제성장을 이루었고, 이 세 축 사이의 역동적인 상호 융합, 상호 의존 과정 속에서 완벽한 중국모델을 구축했다고 보는 입장 또는 관료자본주의, 국가자본주의로 보는 것이 타당하다고 본다.[35]

그럼에도 중국모델에 관한 담론 자체가 주는 의미를 간과할 수는 없다. 그것은 바로 서구식 발전모델을 그대로 답습해서는 안 된다는 것이고, 이런 논리의 연장선상에서 보면 중국의 경험 역시 다른 나라에 그대로 적용할 수 없다는 결론인데, 이것이 바로 '중국모델의 역설paradox of Chinese model'이라 할 수 있다.[36] 전성흥의 지적대로 중국모델 담론의 등장은 분명 학문적 차원에서는 새로운 이론적 발전을 자극하는 부분이 있을지 모르나, 신좌파의 그것을 기준으로 평가하자면 일단 이해관계나 관점으로부터 사실관계를 오독하는 경우도 적지 않기에 이들의 중국모델론을 분석적 개념으로 사용할 수 있는가에 대해서는 아직 의문의 여지가 많다. 신좌파의 중국모델론이 이론적 틀이나 실천적 측면에서도 중국 내부의 상황을 충분히 반영한 것이 아니며, 더욱이 중국모델이라는 이름 아래 중국 내부의 권위주의를 옹호해주는 기능을 할 수 있기 때문이다.

4.
중국모델 담론 안에서의 정치개혁 구상과 그 비판
: 군중 노선과 '응답형 민주'

왕후이를 비롯한 신좌파는 최근 경제성장의 요인에 대한 사후적 해석을 넘어 정치모델 구상에 매우 적극적이다. 이들은 21세기 주권 구조의 변이 속에서 민주 기제를 어떻게 형성할 것인가라는 문제의식 아래 단순히 서구 민주주의를 그대로 모방하는 것은 더 이상 아시아에서 흡인력을 갖지 못한다는 데 일정한 합의를 보고 있다.[37] 신좌파는 서양의 다당제와 양당의 의회체제가 민주의 대표성을 잃었고 또 선거 부패 때문에 그 공신력도 파괴되었다고 주장한다.

그렇다면 이러한 현실에 비춰봤을 때 중국은 어떠한 민주주의를 필요로 하는가.[38] 신좌파는 중국 정치체제의 변화 조류가 당정분리가 아니라 당정합일, 정당의 국가화 조류를 고려하여 중국의 민주 노선을 구상할 필요가 있다고 말한다. 이 구상에서 왕후이는 세 가지를 강조한다. 하나는 중국은 20세기 혁명을 거쳐왔는데 공정과 사회적 평등에 대한 요구를 어떻게 민주적 요구로 전환할 것인가. 이것은 새 시대의 군중 노선 혹은 대중민주주의에 대한 질문이다. 둘째, 정당의 역할이 변화하고 있는 요즈음 어떻게 국가로 하여금 보편적 이익을 대표하게 할 것인가. 이는 당국 체제의 역할을 강조하고자 하는 것이다. 셋째, 어떻게 대중사회로 하여금 정치적 능력을 획득하여 신자유주의의 시장화가 조성한 '탈정치화' 상태를 극복하게 할 것인가. 즉 전 지구화와 시장화라는 조건에서 무엇이 인민중국의 정치 변혁의 방향인가. 개방이라는 조건하에서 중국사회의 자주성을 형성할 것인가? 즉 대중의 주체성을 어떻게 회복할 것인가에 대한 문제제기를 하고 있는 것이다.

정치개혁에 대해서는 신좌파에 속하는 다른 논자들, 왕사오광이나 추이즈위안, 간양의 입장도 여기서 동시에 살펴볼 필요가 있다. 사실상 이들 내부에서 이 문제에 대해 마치 서로 합의한 것처럼 문제의식을 공유하는 부분이 있기 때문이다. 일찍이 1990년대에 국가 능력의 개념을 처음으로 주장하여 '국가주의자'로도 분류되는[39] 사회과학자 왕사오광은 『민주사강民主四講』에서 중국의 민주에 대한 구상을 비교적 상세히 밝히고 있다.[40] 그는 민주가 무엇인가라고 했을 때, "인민은 민의를 내보이고 정부는 그에 응답한다. 민주는 바로 이러한 것이다"라고 본다. 민주는 비록 다중의 의미를 가지지만 가장 중요한 것은 "인민에 대한 정부의 응답, 즉 정부의 정책 안에 얼마나 많이 공민의 요구를 반영하느냐를 기준으로 봐야 하며, 그러한 민주가 민주 본래의 함의에 훨씬 가까운 것"이라고 말한다.

추이즈위안도 권위제의 유효성을 말하면서 중국의 정당체제는 일당제가 아니라 다당합작제이며 이는 서구에서 말하는 일당독재와 다르다고 주장한다. 그는 독일과 프랑스의 사민당의 선례를 들면서 사회주의 정당의 기본 특징을 개방적이고 사회 각 계층이 참여한 군중 기초가 있는 정당이며 인민을 위한 복무에 대한 본능적인 소구력을 가지고 있다는 데서 찾는다.[41] 신좌파는 대중민주주의야말로 민주의 형식이 아니라 실질을 구비하게 할 수 있다고 믿는 것 같다.

쉬지린은 왕사오광이 말하는 "응답형 민주는 정치적 주체를 공민으로부터 통치자로 아무도 모르게 치환해버린다. 그렇기 때문에 민주의 내함에 변화가 발생한다"고 비판한다. 그는 왕사오광의 이런 구상은 마오쩌둥의 민주집중제를 계승한 것이라고 할 수 있는데, 이 모델의 가장 치명적인 약점은 바로 기층 민중과 상층부 사이에 경쟁적인 선거와 제도화된 감시 문책 기능이 없기 때문에, 민중의 이익과 의지가 체제를 통해 보장받을 수 없으며 효과적으로 정부의 의지로 전화된다는 데 있다고 지적한다. 따라서 응답형 민주는 실제로 '응답형 권위주의responsive authoritarianism'라는 것이다. 그리고 쉬지린은 왕사오광이 말하는 민주는 유가의 민본정치에 가깝다고 주장한다. 민중의 의견에 대한 응답과 채용 여부는 통치자의 의지에 달려 있고 어떤 제도적 장치도 없기 때문이다. 민본과 민주는 한 글자 차이지만 그 거리는 엄청나다. 민주정치는 제도적인 선거를 통해 '인민이 주인이 되는 것人民作主'이 실현되는 것인 반면 민본정치는 통치자가 정치 주체로서 '민을 위해 주인이 되는 것爲民作主'이다.[42] 하지만 쉬지린은 이런 방식으로는 권력의 주체성이 생성되기 힘들다고 보는 것이다. 마루야마도 지적하듯이 사실상 유교의 민본주의는 백성의 행복을 증진시키는 것을 최대 임무로 삼지만, 그런 사상은 통상적인 정치적 개념에 따르면 복지국가의 이데올로기일 수 있지만 민주주의와는 전혀 다르다. 민주주의는 국민 일반에게 정치에 대한 주동적인 지위를 용인하는 입장이며, 그런 의미에서 보면 국민을 통치의 객체로서밖에 생각하지 않는 유교는 그야말로 민주주의와는 거리가 있다.

군중 노선이나 대중민주주의가 인민의 참여에 대한 제도적 보장이 없다면 그것은 민본주의와 구분할 수 없게 된다. 근대 이후 관과 민의 관계에 대한 서양의 이념은 '권리' 개념을 핵심으로 한다. 그러나 관과 민의 관계에 대한 중국의 이념은 '책임'을 핵심으로 한다. 책임 관념은 중국 관리사회에 있어서 불변의 도리였고, 관과 민의 관계의 근본이었으며, 관권官權의 정당성을 가늠하는 근본이기도 했다.[43] 하지만 여기서 '책임'은 '권리'라는 것이 지켜지는 바탕 위에서 소구되는 것이지 권리가 존재하지 않는 상태에서 책임만 강조하는 것은 매우 위험한 논리다. 왜냐하면 관과 민의 관계에서 민의 권리가 보장되지 않는다면 언제든 관의 사정에 따라 민의 권리는 축소되거나 삭제될 수 있기 때문이다.[44] 민본주의에서 말하는 관의 책임윤리는 권리가 지켜지는 기초 위에서 보완적으로 활용될 때 자본과 국가로부터 인민의 자주성과 대중의 주체성도 지켜질 수 있는 것이다. 왕후이의 말과 달리 현재 중국사회의 자주성은 자본에 의해서만 침식당하는 것이 아니라 국가에 의해서도 침해당하고 있다. 그리고 왕후이가 말하는 정치 변혁의 방향과 대중의 주체성의 회복 또한 자본과 유착한 국가의 문제를 논의 선상에 직저 올려놓고 거론하지 않는다면 문제의 본질에 접근하기 힘들다. 국가권력의 견제와 인민의 참여를 제도적으로 어떻게 보장할 것인가는 여전히 중국 신좌파의 정치 구상에서 과제로 남는 부분이다. 서구적 민주가 아무리 현실 정치에서 문제를 많이 노출시키고 있다 하더라도 폐기될 부분이 있고 교정되어야 할 부분이 있다.

개인의 권리든 집단의 권리든 그것을 보호하는 절차와 관련된 제도는 폐기될 것이 아니라 중국식으로 새롭게 보완되어야 할 가치 개념이다.

이와 관련하여 신좌파가 추구하는 민주에 대해 확인하고 넘어가야 할 것이 있다. 신좌파는 '자유, 헌정, 대의, 선거, 다원' 등 서구 민주주의의 핵심 개념을 더 넓은 의미의 민주를 구속하는 '새장민주주의'로 간주한다.[45] 그들은 대신 '사회주의 민주'를 주장한다. 만일 그렇다면 이희옥의 지적대로 사회주의가 무엇인지에 대한 새로운 해석이 필요하다. 전통적 의미에서 사회주의는 계급지배, 공적 소유, 당의 지도 등으로 정의할 수 있지만, 현실적으로는 계급지배와 공공소유제는 크게 후퇴했다. 그렇다면 사회주의 개념을 추상의 영역이 아니라 현실 영역에서 재해석할 필요가 있다. 이러한 조건 속에서만 '사회주의 내의 민주'가 해석의 정당성을 얻을 수 있다.[46] 그리고 자유주의자들이 문제 삼는 법의 지배와 헌정주의와 관련해서도 인민의 권리를 실질적으로 보호하는 길이 무엇인지 그 대안을 제시해줘야 응답형 민주가 실질적으로 '응답형 권위주의'라는 자유주의자들로부터의 비판을 면할 수 있다.

하지만 중국식 민주 구상이라는 문제를 담론화하는 과정에서도 중국모델론의 구상에서처럼 우리에게 서구식 모델을 대상화할 하나의 계기를 마련해줄 수 있다는 것은 인정해야 한다. 중국모델론이 그 실체의 유무와 상관없이 담론 그 자체가 우리에게 서구식 모델을 넘어 이론적 측면에서 상상의 폭을 넓혀주었듯이, 중국의 민주 구상 역시 그런 면이 있다. 그러나 신좌파의 구상에서 서구식 민주에 대한 전반적인 부정이 중국의 공산당 체제를 옹호해주는 논리로 연결될 수 있다는 것을 불식시키는 장치가 마련되지 않는다면 오해의 소지는 계속 남을 것이다.

그렇지 않고 선거제도에 대한 문제와 더불어, 만일 중국이 경제 고속발전과 동시에 자신의 독특한 사회주의 민주제를 더 업그레이드할 수 있고, 중국의 전통문화를 계승·발전시키고 훨씬 더 번영되고 안정된 사회를 만들 수 있다면, 중국모델은 과도기의 '전형轉型모델'이 아니라 생생불식의 '문명모델'이 될 가능성 또한 열려 있는 것이다.[47]

5.
신좌파의 충칭모델 구상과 그에 대한 비판들

2012년까지만 해도 충칭重慶모델이 중국에서 광둥廣東모델과 함께 주목받아왔다는 점은 잘 알려진 사실이다. 중국이 앞으로 어떤 길로 갈 것인가를 두고 두 모델은 경쟁해왔고 그만큼 두 모델을 이끌고 있는 보시라이薄熙來와 광양廣陽이라는 정치인에도 관심이 쏠려 있었다. 그러던 중 2012년 초에 이른바 보시라이 사건이 세간에 알려지면서 충칭모델 또한 정치적으로 큰 타격을 입었다. 그런데 이 충칭모델은 신좌파의 정치, 경제 구상이 현실화된 것이어서 좀더 주목의 대상이 되었던 것이 사실이다. 따라서 신좌파 인물들이 충칭모델에 어떤 입장을 보여주고 있는지를 파악하는 것이 그들의 이론적 주장과는 별개로 그들의 본모습을 파악하는 길이기도 하다.

우선 충칭모델과 보시라이 사건에 대한 왕후이의 입장을 들어보자.

그는 「충칭 사건, 밀실정치와 신자유주의의 권토중래」라는 글에서 보시라이 사건을 서구가 개입하여 만들어진 밀실정치의 음모와 신자유주의의 권토중래로 보고 있다. 그는 일단 충칭실험을 지방 당정기구의 조직과 추동, 군중의 적극적 참여, 지식계의 공개토론 등을 통해 추진되었던 국부적 개혁으로 본다. 그런 의미에서 공개적 정치였으며 민중의 참여를 지향하는 개방적 민주주의의 실험이었다는 것이다. 이런 점에서 그는 충칭모델을 지구적 자본주의의 대안으로 제시할 만한 것이었다고 본다. 그런데 왕후이는 원자바오가 또 한 차례의 신자유주의적 개혁을 추진하기 위한 정치적 전제로서, 충칭사변을 밀실에서 주조했으며 이 밀실정치로 공개정치를 억압했다고 본다. 그리고 결정적으로 원자바오가 '문혁'의 은유를 통해 충칭실험의 정치적 의의를 부정했다고 비판했다.[48] 위의 글은 논문이기보다는 처음부터 끝까지 개인의 '자기주장'—충칭모델의 정당성을 보시라이 사건과 연결시켜 깎아내리려는 원자바오의 음모에 대한 비난—으로 일관한다. 왕후이는 후진타오는 빼고 원자바오만을 거명하면서 시종일관 비판한다. 이는 원자바오가 당내에서 정치개혁을 강조하는 민주파로 분류되기 때문이기도 할 것이다.

왕후이뿐 아니라 다른 신좌파 지식인들은 충칭모델에 관해 어떤 입장을 취했을까. 룽젠榮劍의 글에 근거하여 신좌파 주요 이론가들이 충칭모델에 어떻게 관여했으며 어떤 입장을 취했는가를 정리하면 아래와 같다.[49]

추이즈위안은 "만일 선전과 상하이가 각각 20세기 1980년대와 1990년대의 상징이라면 충칭은 21세기 10년 중국의 발전 추세를 보여주는 것"이라고 말했다. 추이즈위안의 칭화대 동료 교수인 리시광李希光도 "20세기 후반 미국이 이상향이었다면 지금 중국모델과 충칭실천은 미국의 뒤를 이어 또 하나의 이상향이 될 것이다"라고 했다. 그리고 그는 충칭의 의의는 그 안에 보편가치를 내함하고 있다는 점이며, '중국의 길' 혹은 '중국모델' 및 '충칭실천'은 아시아, 아프리카 그리고 라틴아메리카 등 경제발전을 갈망하는 국가들에게 정책상 실제적인 영향을 줄 것이라고 보았다. 또 공개적으로 국가주의적 학자라고 주장하기도 했던 왕사오광은 충칭을 위한 글에서 '중국 사회주의 3.0'이라는 개념을 제시했다. 그에 따르면 개혁 이전의 중국 사회주의는 1.0이고 이는 '결핍된 단계匱乏階段'라 할 수 있으며, 개혁개방 30년은 중국에서 사회주의 2.0을 낳았고 이는 '배부른 단계溫飽階段'라 할 수 있다. 현재의 충칭모델은 중국 사회주의 3.0을 대표하며 '소강 단계小康階段'로 진입했다고 한다. 미국 컬럼비아대의 장쉬둥도 충칭모델에 깊이 개입한 것으로 알려져 있다. 그는 충칭모델에 큰 기대를 보이면서 충칭에 베이징, 상하이와는 다른 '제3의 랭귀지 센터'를 세우려 했다.

결과적으로 충칭모델을 계기로 중국 좌파의 사상적 자원이 모두 그곳으로 모여들었으며 이는 30년 동안 유례가 없었던 일이다. 옌안 시대에 지식인들이 모였던 것처럼 충칭에도 여러 부류의 지식인들이 달려갔고 각각 이데올로그 역할을 자임했다. 어떤 면에서 충칭모델은 신좌파의 사상적 실천을 위한 하나의 제도적 공간을 제공한 셈이다.[50] 따라서 우리에게 충칭모델의 부상과 쇠락은 본의 아니게 중국 정치권력과 지식인들의 민낯을 보여주는 계기가 되었다. 특히 구좌파와 신좌파의 사유가 실제 상황을 대면했을 때 어떤 모양의 현실태가 만들어질 수 있는가를 우리는 충칭모델의 실험—중국 정부의 보시라이 사건에 대한 미디어 보도를 액면 그대로 믿지 않는다 하더라도—을 통해 유사경험을 한 셈이다. 그리고 포퓰리즘적 마오좌파, 정치적 구좌파 그리고 학술적 신좌파가 처음으로 충칭의 기치 아래 공동의 흐름을 만들었고 2011년에는 최고조에 달했다고 할 수 있다.

그러나 충칭모델에 대한 문제제기도 적지 않았다. 여타 지식인들이 제기한 문제와 입장 표명도 지식 지형의 전선과 관련하여 유심히 관찰해야 할 사안이다. 예를 들어 충칭모델이 '먼저 부자가 되라'는 선부론先富論에 대항한 '함께 부유해지자'는 공부론共富論이라는 구호를 내세우며 그 물밑에서 어떻게 재원을 조달했는지, 그 과정에서 어떤 문제가 발생했는지, 즉 사기업을 겁박하는 등 공권력을 어떻게 남용했는지, 당의 지도가 어떻게 개인 숭배로 변질되었는지 등등 여러 사실 확인을 통해 밝혀져야 할 문제가 아주 많이 남아 있다.[51] 혹시 문혁 때처럼 의도와 목적이 정당하면 과정은 아무래도 괜찮다는 어떤 '관행'이 충칭모델 건설 과정에서도 반복되어 자행되었는지 확인이 필요하다. 충칭모델을 건설하는 과정에서 나타난 여러 문제에 대해 여전히 많은 토론이 필요하다.

난팡의 대표적 신권위주의 사상가로 알려져 있는 샤오궁친은 충칭모델에 대해 찬반 양쪽을 향해 다음과 같이 지적한다. 신좌파는 개방 중에 발생한 여러 모순, 곤경, 빈부격차, 사회 불공정 현상 등을 모두 '자본주의 복벽'의 문제로 해석하고 문혁식의 대민주가 재발동하면 관료 부패도 해결 가능하고 중국을 개혁 이전의 평균주의의 길로 끌고 가야 한다고 생각한다. 반면 우파의 급진주의는 서구 선진국의 다원적 정치제도를 직접 가져오면 일체 문제가 해결된다고 생각한다.[52] 샤오궁친은 또 충칭모델에 대한 접근 방법에 대해서도 양쪽 모두를 비판한다. "양자의 공통점이 있는데 그것은 보시라이를 충칭모델과 일체로 보는 데 있다. 충칭모델에 대해서는 이성理性과 무실務實의 태도로 살펴야 그 정화를 취하고 찌꺼기를 버려야 한다. 충칭모델은 중국의 다양한 실험 중 하나로서 여전히 가치가 있다. 더욱이 그는 충칭모델에 대한 객관적 탐색을 위해서는 그것을 극좌 문혁파의 볼모로부터 이탈시켜야 제대로 탐색할 수 있다"[53]고 주장한다.

그렇다면 우리는 지금 단계에서 이 문제를 어떻게 봐야 할까. 사실상 중국에서도 보시라이 사건과 충칭모델에 대한 경위가 완전히 밝혀졌다고 보기는 힘들다. 그렇기 때문에 말할 수 있는 것은 매우 제한적일 수밖에 없다. 하지만 보시라이가 충칭모델을 추진한 정치적 주체이고 최종 책임자라는 점에서 보시라이 사건과 충칭모델의 추진 과정이 본질적으로 분리되기는 힘든 것만큼은 분명하다.

그리고 이 사건을 통해 다른 것은 몰라도 최소한 다음의 세 가지는 확인했다고 할 수 있지 않을까. 첫째, 충칭모델이 구상되고 그것이 현실화되었다는 것은 G2로의 등극 등 중국의 국제적 위상이 급등했음에도 좌우를 떠나 실제 인민의 일상에서는 마오쩌둥을 다시 불러들이지 않으면 안 될 만큼 현대화의 그늘이 그들을 짓누르고 있다는 점이다. 그러나 마오쩌둥 시대의 공포정치가 중국 인민에게 잊힌 지 오래라는 사실을 말해주는 것이기도 하기에, 이러한 정서 아래에서라면 또 다른 비극을 초래할 가능성을 배제할 수 없다. 둘째, 보시라이 사건을 통해 알 수 있는 것은 이 사건 내막의 진실 여부를 떠나 중앙정부의 고위인사층에도 예외 없이 엄청난 부패가 있으며 그 규모가 엄청나다는 사실이다. 사실 부패는 그 속성상 어느 한 곳에서만 고립되어 존재할 수 없을진대, 최고위층에서 시작된 정치적, 경제적 부패의 연결고리는 무한 연쇄망을 가지고 있을 가능성이 높다. 이것은 중국사회가 정치적, 경제적으로 권력에 대한 감시와 관련된 제도의 문제를 절실하게 고민하지 않으면 안 되는 임계점에 도달했다는 것을 보여주기에 충분하다. 셋째, 2012년 보시라이 사건으로 충칭모델이 핫이슈로 떠오르면서, 중국 지식인과 대중은 신좌파의 주장을 학문적으로만 접하다가 이제 현실태로 접하게 되었다. 이를 통해 우리는 역으로 신좌파가 마오 시대를 얼마나 긍정적으로 보고 있는지—물론 이 부분은 그들의 중국모델론을 통해 드러났지만—그리고 어떤 식의 민주를 구상하고 있는지에 대해 적나라하게 확인할 수 있었다. 이는 충칭모델이 여러 모델 중 신좌파가 만들고 싶어한 모델이었고, 이것이 성공한다면 이들은 이것을 전국화하려 했다는 왕후이의 말에서 확인할 수 있다.

6.
중국 신좌파 상상력의 귀결
: 권력과 '급진'의 결합?

왕후이가 말한 것처럼 지금 2008년 경제위기가 초래한 신자유주의의 절대적 지위의 쇠락은 미국의 패권적 지위에 균열을 내고 있으며 새로운 발전모델의 탐색을 촉진시키고 있다고 본다. 그리고 이러한 연장선상에서 중국 경제에는 도대체 어떤 모델이 존재하는가 혹은 존재하지 않는가가 논란거리이지만, 이러한 논란 자체는 낡은 모델, 낡은 패권에 대한 회의이며 이것 또한 여타 지역에서 중국모델에 대한 사람들의 관심이 중국인들보다 더 많은 이유이기도 할 것이다. 이런 점에서 필자도 중국모델에 대한 탐색은 필요하다고 본다. 그리고 중국모델에 대한 관심이 분출하는 것에 대해서도 왕후이의 분석이 옳다고 생각한다. 중국모델론은 이러한 생각의 과정에서 나온 것이며 신좌파가 개입하고 있던 충칭모델도 이런 구상과 멀지 않은 것이었다고 할 수 있다.

그러나 필자는 중국모델론이 견제받지 않는 권력인 공산당이 중국이라는 특수한 상황 속에서 근대화를 추진하는 과정에서 탄생한 것이며, '권위주의적 자본주의'의 다른 이름이라고도 본다. 중국이 경제적으로 성공한 것은 지젝의 말대로 '아시아의 채찍과 유럽 증권시장의 사악한 결합'의 결과일 수도 있기 때문이다.[54] 여기서 민주주의는 근대화의 장애물일 뿐이다.

1997년 말 『천애天涯』에 발표한 「당대 중국의 사상 상황과 현대성」에서 왕후이가 중국의 현대성을 '반현대성적 현대성'이라고 했을 때 그 안에는 위태롭긴 하지만 긴장이 내포되어 있었다. 이 현대성 안에 동양과 서양 또는 중국과 서양에 대한 이중 성찰의 의미가 들어 있었다. 다른 식으로 표현하면 자본주의와 사회주의에 대한 동시적 성찰이 함께 들어 있었다. 그리고 이러한 이중 성찰은 신좌파의 논리에 긴장을 불어넣었다. 이들의 이런 입장은 자신의 논리 안에 서구식 발전 도식만을 상정하여 애초부터 하나의 길만으로 긴장과 모순을 소거해버렸던 자유주의자들의 1990년대 이론과는 명확히 대비되는 것이었다. 이때 중국 자유주의자 중에는 시장만 만들어지면 모든 문제가 해결된다는 식의 단순한 생각을 가진 이들도 있었다. 이처럼 1990년대 중국사회에서 자본주의화가 어느 정도 진행되어 새로운 문제들이 드러났을 때 신좌파의 비판은 적실한 측면이 있었다. 그런 면에서 나는 1990년대 왕후이를 비롯한 신좌파의 존재 의의는 결코 과소평가할 수 없다고 생각한다. 적어도 이때는 이들의 구상에서 국가와 적절한 거리를 유지하는 가운데 대안을 찾을 수도 있다는 기대를 갖게 하는 측면이 있었기 때문이다. 그리고 지금 생각해보면 왕후이의 이론이 가장 빛났던 시기로 기억된다.

그러나 요 몇 년간 보여준 왕후이를 위시한 신좌파의 중국모델론 안에서는 먼저 1990년대의 이론 구도에서 보여주었던 근대성에 대한 긴장감이 사라져버렸다. 문혁을 포함한 근현대 100년 속에서 '근대성에 저항하는 근대성'의 광맥을 찾으려는 신좌파의 시도는 개혁개방을 추진하던 주체인 공산당 당국을 긴장하게 만들었다. 그러나 중국모델론 안에서 근대성에 대한 긴장 구도가 사라짐으로써 이제 반근대성뿐 아니라 반봉건성도 실종될 처지에 놓였다. 근대에 대한 추구는 실종되고 근대의 초극만 남게 됨으로써 전근대와 초근대가 결합하는 괴이한 형태의 사상, 즉 '봉건적 사회주의'가 만들어졌다. 경제성장을 바탕으로 한 2008년 베이징올림픽 성공의 집단적 경험과 G2의 등극은 국가 능력의 강대화를 일관되게 추구하고 있던 신좌파에게 오히려 '전향'의 계기라기보다는 차라리 그 본질을 적나라하게 드러내는 계기로 작용했다. 근대화의 성공이 눈앞에 실물로 현시되는 상황이 도래했을 때 '개혁개방의 역사는 곧 나의 역사가 되었던 것'이며 자신과 국가를 동일시하는 심리적 기제가 작동되었던 것이 아닐까.[55]

이제 이쯤해서 우리는 더 이상 신좌파가 주장하는 내용에 초점을 맞춰 하나하나 따라가면서 소개하고, 설명하고, 이해하려기보다는 이들 주장의 핵심을 꿰고 이들이 왜 이런 주장을 하게 되었는가를 주시해서 봐야 하지 않을까. 신좌파의 급진주의처럼 보이는 주장의 내용 그 자체가 아니라 이들 급진주의에 나타나 있는 사상의 근원을 살펴야 한다.

허자오톈이 지적한 것처럼 2003년을 전후하여 후·원 신정 이후 국가에 대한 지식인의 태도는 총체적으로 변화했다. 지식인들이 주장했던 내용이 어느 정도 국가의 정책에 반영되었다고 느꼈기 때문이다. 그러나 그 이후 신좌파는 후진타오와 원자바오가 정치개혁을 하려 하자 이에 대해 원색적으로 비난하고 나섰다.[56] 이들의 최대 관심사는 이제 더 이상 중국 근대화가 초래한 극심한 부작용과 기층 민중의 고통이 아니라 중국 국가와 자신을 동일시하면서 미국을 넘어서는 것으로 이동했다. '중화 제국'의 재구축에 자신들의 모든 정력을 쏟아 붓고 있는 것이다.

그렇다면 여기서 왕후이를 중심으로 한 신좌파 사상의 근간을 이루는 것은 무엇일까, 그들의 사상 구조는 어떤 형태를 띠고 있을까 등에 대해 좀더 깊이 들어가 추적해볼 필요가 있다. 나는 지금 신좌파의 사상 구조가 사회주의의 절대화와 사회진화론적 국가주의가 결합한 기괴한 형태를 띠고 있다고 본다. 사실상 거기에는 인민의 주체성이 들어갈 여지가 없다. 따라서 인민의 주체성을 주장하는 것은 레토릭에 불과하다는 지적을 들을 만하다. 일반적으로 말하는 국가강력설의 근거는 인민의 복지를 책임져야 한다는 것에 있다. 왕후이가 중국에서 시민사회론이 맞지 않는다고 주장하는 근본적인 이유 중 하나는 이러한 국가관이 바탕에 깔려 있기 때문이다. 이렇게 본다면 중국 신좌파의 사상은 권력과 '급진'의 결합으로 구성된 것이라고 할 수 있다.

나는 왕후이의 사상적 '전향'의 인자因子가 1990년대에 이미 그 모습을 드러냈다고 본다. 그는 원래 주목받는 루쉰 전문가였다. 그러나 그의 관심은 1990년대에 루쉰에서 옌푸와 량치차오로 서서히 옮겨간다. 왕후이가 주목한 량치차오는 루소의 민권론에 주목하다가 스펜서의 사회진화론으로 옮겨간 인물이다. 가토 히로유키의 유기체적 국가주의가 량치차오의 국권론 형성에 크게 작용했다. 왕후이의 사상에서 세계 구도를 패권적으로 파악하고 그 속에서 중국이라는 국가의 강력화를 주장하는 것은 근대 초기 사회진화론자들이 주장했던 부국강병론과 유사하다. 즉 이런 점에서 1990년대부터 그의 사상 안에는 보수적인 요소가 매우 강하게 들어 있었다고 봐야 한다. 여기서 권력에 의한 권리만이 진정한 권리라고 주장했던 가토의 권력설을 떠올릴 필요가 있다. 권력설은 후발자본주의 국가였던 독일과 일본의 국가주의에서 공히 나타났던 것이다. 마루야마는 가토가 민권운동에 대한 반동 이론을 '강자 권리'의 사상으로 구축했다는 점에서 스위스의 정치학자인 카를 루드비히 폰 할러Karl Ludwig von Haller와 유사하다고 말한다. 또 그는 할러의 『국가학의 부흥Restauration der Staatswissenschaft』은 사실적 강제력의 지배를 영원의 질서로 보는 입장에서 이루어진 메테르니히Metternich 시대의 이론적 무장이었다고 본다.[57] 왕사오광, 추이즈위안, 왕후이 등 신좌파가 방권양리放權讓利를 비판하고 국가 능력의 강대화를 주장하는 것이 그들 사상의 초지일관된 모습이라고 할 때, 이들의 국가권력 강화론에서 일본과 독일에서 국가주의가 유행하던 시대의 이론적 무장과 겹치는 부분이 있다. 최근 국내에 번역 소개되기도 한 왕후이의 티베트 문제 인식에서 그의 국가주의적 완고함은 극에 달한다.[58] 이러한 판단은 우리가 오리엔탈리즘이라는 서구적 편견이 최대로 작동되고 있는 곳이 티베트라는 점을 충분히 인정하고서도 그렇다는 말이다.

신좌파는 최근 들어 더더욱 마오쩌둥의 문혁을 절대화하려는 경향을 보인다. 그들이 문혁에서 가져오려는 것은 대민주주의인데 신좌파는 이것을 직접민주주의의 한 형태로 본다. 왕후이는 문혁 시기가 중국의 유사 이래 인민이 주인이 되었다는 것을 느낀 유일한 시기라고 주장한다.[59] 인민이 주인공이 될 수 있었던 이유를 그는 직접민주주의의 실현에서 찾는 것 같다. 그러나 대민주주의의 내용은 대자보, 대변론, 대방, 대명인데, 이것은 우선 제도 안에서 문제를 해결하려는 방식이 아니라 제도 밖에서 인민이 권력을 향해 호소하는 것이며 이 호소에 대해 권력이 응답하는 형태로 문제를 푸는 방식이다. 이러한 것들은 제도에 대한 보완 장치로서는 몰라도 제도를 대신하는 장치라면 문제가 적지 않다. 왕사오광이 말하는 응답형 민주도 실제 내용은 바로 이와 같은 것이다. 그런데 여기서 가장 큰 문제는 여전히 인민을 수동적 주체로 보는 데서 이러한 발상이 생겨나기 쉽다는 것이다. 그렇기 때문에 인민의 복지를 책임져줄 국가 능력의 강대화를 주장하는 것은 신좌파가 역사에서 인민의 주체성을 인정하지 않는다는 것의 다른 표현일 수 있다. 1990년대 왕후이의 자본주의 비판은 마치 마오쩌둥을 긍정하고 덩샤오핑을 부정하는 것처럼 보이지만, 크게 보면 그가 중국공산당의 존재를 비판적으로 본 적은 한 번도 없다. 자본주의는 비판하되—그래서 '진보'라 부를 수 있지만—그 자본을 좌지우지하는 공산당은 비판하지 않는다. 중국의 맥락에서는 본질을 놔두고 현상만 비판하는 격이다. 일반적으로 좌파나 비판적 지식인의 잣대는 자본을 비판하는 것이지만, 중국에서는 비판의 대상 안에 국가가 포함되어야 진정한 좌파, 진정한 비판적 지식인인 것이다.

어찌되었든 1990년대에 왕후이가 반근대성적 근대성이라고 했을 때, 거기에는 서구 근대성과 함께 사회주의에 대한 성찰의 측면이 동시에 담겨 있었다. 그러나 중국모델론으로 사회주의를 절대화하는 순간 거기에는 서구 근대에 대한 성찰과 중국 사회주의에 대한 성찰이 동시에 탈각되어버렸다. 신좌파가 중국모델론에 집중함으로써 기존의 자기주장과 비교하여 몇 가지 논리적 문제점이 노출된다. 하나는 1990년대 자신들의 주장을 완전히 뒤집는 격이다. 신좌파는 1990년대에 중국 경제가 완전히 신자유주의 경제 시스템에 진입했고 당시의 모든 문제는 거기에서 발생했다고 주장했다. 그런데 경제성장을 바탕으로 나온 중국모델론은 1990년대의 덩샤오핑 노선을 신자유주의 노선이 아닌 마오 시기와의 연속된 노선으로 보는 식으로 시각을 변경했다. 결국 자신들이 부정했던 경제결정론에 빠지는 꼴이 되어버렸다. 다른 하나는 중국모델론은 중국의 경제성장을 사후 추인하는 방식으로 구성되었기 때문에 그 자체 안에 마오쩌둥 시기는 물론 덩샤오핑 시기를 망라한 사회주의 전 시기에 대한 성찰을 가로막는 가장 큰 장애 이론으로 전락할 위험성을 내장하고 있다. 중국모델론에 동조하면 필연적으로 중국 근대화 과정 중에서 우량한 측면에 주목하게 되고 현재 중국사회가 안고 있는 문제들이 눈에 들어오지 않게 된다. 그 결과 당연히 가치로서의 민주주의에 대한 고민이 나올 수 없는 매우 자가당착적인 결과가 초래된다. 하지만 중국모델론이 갖는 가장 큰 문제점은 무엇보다도 이것이 근대 세계체제의 대안이 될 수 있느냐인데, 앞에서 본 것처럼 오히려 그 지식 구조에서 세계체제에 대한 인식론적 틀의 전복 없이 결과로서의 경제성장이라는 우연성을 추인하는 형태로 출현했기 때문에 오히려 세계체제의 지식 구조를 강화해주는 결과를 만들었다고 봐야 하지 않을까.

요컨대, 1990년대에 옌푸, 루쉰, 장빙린의 사유에서 현대성의 이중성을 찾던 왕후이는 이제 그 대결 구도를 놓아버렸다. 복합적인 현대성 안에서 반봉건과 반근대 그리고 근대가 서로 갈등하고 적대시하면서 공존하고 또 대결했다. 그러나 이제 그 공존과 대결 구도가 무너졌다. 그 무너진 자리에 바로 중국모델론이 들어섰다. 그러나 이 안에는 강대국, GDP

같은 대외적 표상은 있어도 약자들의 자리는 없다. 이것만으로도 신좌파가 비판적 지식인으로서 자격이 있다고 말하기는 힘들 것이다.[60] 거기다가 자기 역사와 현실에 대한 최소한의 반성적 태도가 누락된 어떤 구상에서 서구적 근대에 대한 대안적 상상을 기대하는 것이 가능할까.[61]

결국 이들의 귀착점인 중국모델론은 서구의 대안으로서 서양 신좌파의 바람이 투영되어 있으며 일정한 군중 기초를 가지고 있다는 것을 정치적 명분으로 삼고 있다. 그러나 이것이 갖는 가장 큰 문제는 중국중심주의와 제휴하고 있다는 것이고 집권당인 공산당 및 중국 정부의 희망과 정확히 일치한다는 점이다.[62] 여기서 '대안'이라는 명분은 은밀한 방식으로 중국 정부의 헤게모니 지향과 연결되어 있다.

그럼에도 다음의 문제는 우리가 좀더 세밀히 연구해야 하는 문제라고 생각한다. 신좌파는 왜 국가와 결합하려고 하는 걸까? 개인적인 권력 지향인가, 아니면 좌파의 목적을 현실에 조금이라도 구현하기 위해 중국 정부의 역사적 좌파성의 마지막 남은 흔적에 기대를 거는 것일까? 또 아니면 좌파 지식은 필연적으로 권력을 추향하는 구조를 내재하고 있는 것일까?

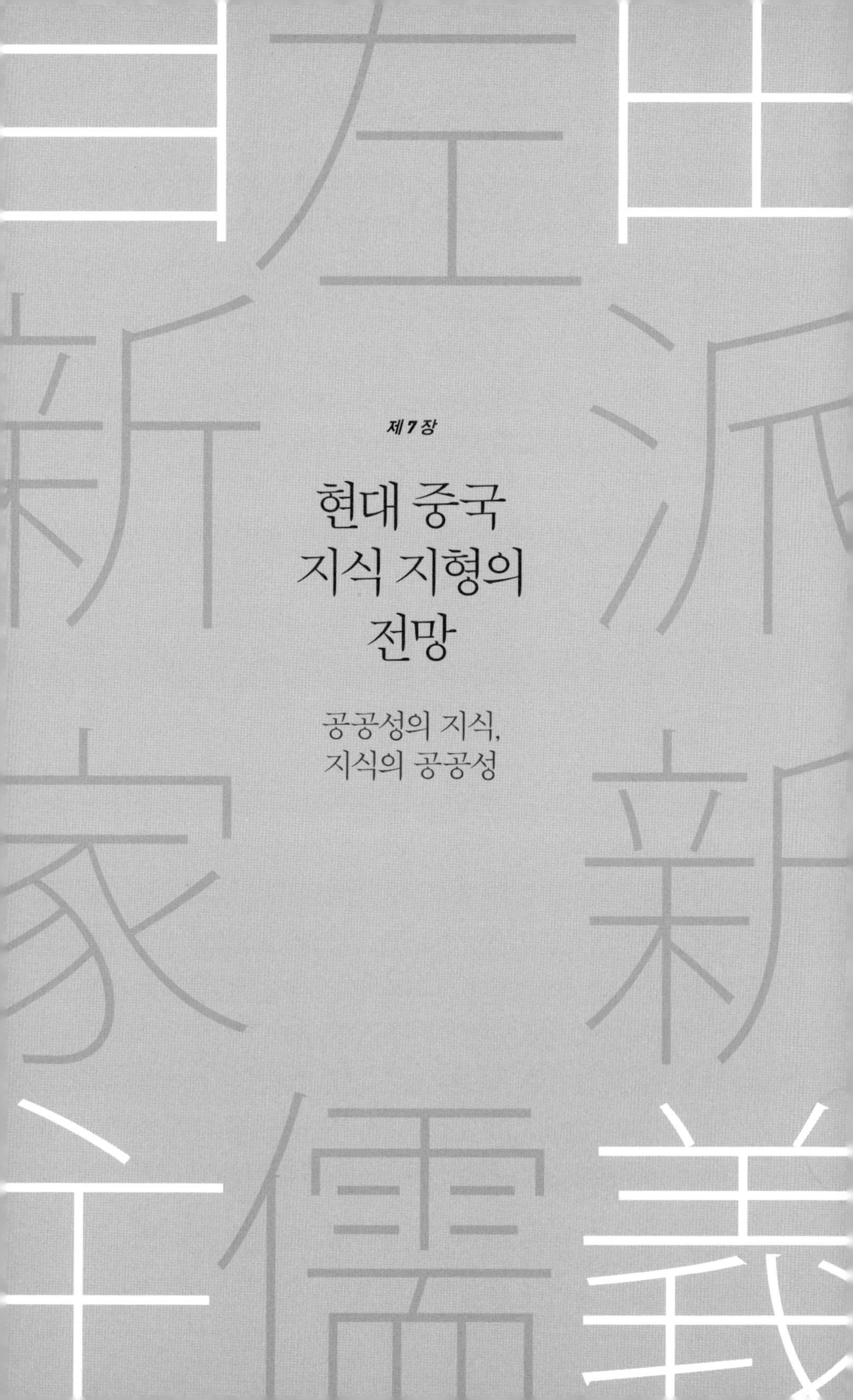

제7장

현대 중국 지식 지형의 전망

공공성의 지식, 지식의 공공성

이상에서 최근 10년 동안 중국 지식계의 사상과 지식 지형 변화를 기술했다. 물론 눈치 빠른 독자는 이미 중국의 여러 유파 가운데 누가 '상대적으로' 적실한 고민을 하고 있는지 알아챘을 것이다. 그렇더라도 이 장에서 다시 한번 앞에서 말한 내용을 지식인의 태도와 관련하여 함께 고민해보려 한다.

첫째, 문혁을 포함한 중국 사회주의 경험, 더 나아가 중국의 근대 경험을 어떻게 볼 것인가이다. 이는 근대성의 문제로, 소위 중국모델론의 출현 그리고 '서양에서 벗어나자擺脫西方'는 조류와 맞물려 반드시 본격적으로 검토하고 넘어가야 한다. 이러한 조류가 기존 서구 근대 체제의 이데올로기를 해체하려는 거대한 프로젝트와 연결되지 않고 국가를 강화하는 쪽으로만 그치고 만다면 의미가 없다. 이는 강약의 자리바꿈에 지나지 않기 때문이다. 둘째, 제국으로서의 중국이 내부의 피지배자들에게 지배의 정당성을 어떻게 확보할 것인가의 문제와 관련하여 중국사회의 새로운 질서를 어떻게 재구축할 것인가이다. 그리고 질서의 재구축과 관련하여 지식인은 무엇을, 어떻게 하고 있으며 또 어떻게 할 것인가이다. 중국사회의 새로운 질서를 구축하는 일은 공산당 지배의 정당성 문제와도 관련 있다. 셋째, 중국 지식인의 자기 성찰과 관련하여 21세기 중국에서 비판적 지식인의 조건은 무엇인가가 검토되어야 한다.

중국이 제국으로 등장하는 데 있어 자기 정당화를 위해서는 두 가지 난관을 극복해야 한다. 그것은 바로 첫째와 둘째에서 말한 현재의 근대

세계체제를 떠받치고 있는 지식 구조의 해체와 중국 및 정치체제와 사회 질서가 중국 내부의 피지배자들로부터 지지를 받는 것이다. 이 두 가지는 서로 분리될 수 없다. 이 두 난관은 진정한 대안적 틀이 제시된다면 동시에 해결의 실마리를 찾을 수 있을 것이다. 그리고 그 성공 여부는 지식인이 국가와 어떻게 비판적으로 거리두기를 하면서 이 작업을 진행할 수 있을 것인가, 또한 서구 지식 체계를 얼마나 상대화해서 볼 수 있을 것인가에 달려 있다. 지식인들이 이 둘을 실행할 수 있다면 세계로 하여금 우려보다는 합리적인 기대를 갖게 만들 수 있다. 마지막으로 국내의 '비판적 중국학'의 문제를 간단하게나마 거론하고자 한다. 중국의 국가, 지식 지형의 변화에 맞서 한국의 '비판적 중국학'이 어떻게 스스로를 조정해나갈 것인가는 중요한 문제이기 때문이다.

이 세 가지 문제에 대처하는 방식에서 지식의 공공성 여부를 확인할 수 있을 것이다. 지식의 공공성 문제는 제도, 일상, 사상의 세 층위에서 구체화된 모습으로 나타난다. 그리고 이것은 중국 지식인의 자기 성찰 능력의 여부, 그리고 그 성찰 결과를 최소한의 행동으로라도 보여주는가와 밀접하게 연결된다. 여기서 성찰 능력은 '보편'에 대한 추구, 외부에 열린 태도, 약자에 대한 공감 능력, 자유와 행복에 대한 감수성의 정도에 따라 갈린다. 그런데 이런 덕목은 욕망과 사심私心을 조절할 수 있을 때에 가능한 것이다. 그리고 사심이 없을 때 비로소 자기 관점과 행동에 대해 의심하고 질의할 수 있다. 또 이러한 덕목은 거창한 주의·주장과도 별개일 수 있으며 작은 행동과 실천으로 충분히 드러나고 감지된다. 공자도 "군자는 말에 어눌하고 행동에는 민첩하다君子訥於言敏於行"고 하지 않았던가.

1.
서양 근대 초월과 문명모델의 전환 : 중화성의 재구축?

중국모델론의 출현과 '서양에서 벗어나자'는 조류는 곧 근대성을 어떻게 인식하느냐의 문제다. 그런데 이를 살펴보기 전에 최근 중국 지식계에서 서양에서 벗어나자는 사상 조류가 왜 이렇게 강하게 일고 있는지 한번 생각해봐야 한다. 사실 이는 이데올로기와 패권 구도의 시각에서 세계와 중국을 바라보는 데서 비롯된다. 소수의 지식인을 제외한 민족주의적 경향을 보이는 대다수 중국 지식인은 더 이상 서양이 만들어놓은 근대적 틀 위에서 생각할 필요가 없으며 이제 판 자체를 새로 짜야 한다고 생각하고 있는 듯하다. 이런 구상의 가장 큰 문제점은 문명 전환이라는 발상 안에 기존 서구 근대의 지식 체계에 대한 반성적 시각이 결여되어 있을 수 있다는 점이다. 하지만 패권의 자리 바꿈만으로는 온전한 문명 전환이라고 할 수는 없다. 이런 식의 접근은 학문적 엄격함을 잣대로 한 것이 아니기에 이론적으로 논파하기란 어렵지 않다. 그러나 중국의 학문 전통과 현재의 맥락에서 이데올로기와 학문을 엄격히 구분짓는다는 것이 쉽지만은 않다. 그럼에도 우리가 지식인에, 그것도 비판적 지식인에 초점을 맞춰야 한다면, 이데올로기보다는 인문학을 대상으로 삼아야 한다.

따라서 중국모델론과 탈서구의 주장이 학문적 정당성을 지니려면 근대에 대한 성찰 및 그 대안 찾기의 맥락과 함께 놓고 엄격히 분석되어야 한다. 중국모델론이 분석적 엄격함으로 뒷받침되지 않을 때, 일본 근대초극론의 재판이 될 공산이 크다. 또한 일본의 재탕이 되지 않으려면 그 분석 방향이 국가를 향한 것이 아니라 '보편적 보편주의'[1]를 향해 있어야 한다. 여기서 근대 성찰이 총체적으로 이뤄지려면 분석 대상에서 유럽적 보편주의의 허구성만이 아니라 중국 근현대 150년의 역사와 사회주의 역사 그리고 현존하는 국가도 빼놓아서는 안 될 것이다.[2]

중국 지식계에서 특히 문혁을 포함한 사회주의 경험을 어떻게 반성적이면서도 균형적으로 볼 것인가 하는 문제는 아직도 모든 핫이슈에서 관건이 된다. 자유와 민주를 어떻게 이해하느냐와 더불어 여전히 문혁에 대한 해석을 둘러싸고 두 가지 메타포의 싸움이 있다. 물론 이것이 전면적으로 토론의 대상이 될 수 없었던 것은 정치적으로는 공산당의 계속된 집권과 관련이 있다. 그러나 사상적으로는 문혁과 사회주의 역사 경험이 최근 소위 '반서양' '서양에서 벗어나자'는 조류와 맞물려, 반성이 아닌 추인 또는 봉합을 강화하는 방향으로 가고 있다.

특히 신좌파가 중국모델론을 내세우려면 그전에 국가와 사회주의에 대한 발본적 성찰까지는 아니더라도 최소한의 자기반성이 있어야 한다. 관료화된 권력을 비판하려 했던 문혁의 기본 의도는 평가해야겠지만, 그럼에도 불구하고 우리는 그 의도를 과정이나 결과와 완전히 분리시켜 논할 수는 없다.[3] 또 사회주의 일반이 왜 문제를 지녔는가를 좀 더 본원적으로 성찰하는 과정 속에서 문혁이 거론되어야 한다. 예를 들어 영국 노동당의 브레인이었던 래스키는 일찍이 "공산주의는 리얼리즘에 의해서가 아니라 아이디얼리즘에 의해서, 유물적 전망에 의해서가 아니라 정신적 약속에 의해서 진전되었다"[4]고 했고, 무정부주의자 슈티르너는 "혁명은 오랫동안 지속된 정신의 지배, 영혼의 지배를 무너뜨리지 못했고 도덕이나 도덕의 영향력을 없애지 않았다. 그것은 다른 형태의 개념으로 대체되었을 뿐"[5]이라고 비판했다. 중국의 혁명에 대해 애정 어린 비판을 해왔던 미조구치 유조는 중국의 종법사회가 마오의 혁명에 의해 궤멸되었지만 종족이라는 '성스러운 공동체'는 사실상 국가라는 '성스러운 공동체'로 변이되었을 뿐이며, 마오는 '국가의 부성을 부여받은 성인'의 반열에 올랐고, 기존의 예치시스템이 형식을 바꿔 부활했다고 비판했다.[6]

이전의 책에서 필자도 중국사회 고유의 전방위적 몰가치와 그 문화심리 현상을 '문혁에 대한 복수'로 표현한 바 있지만, 긍정이든 부정이든 문혁의 유령은 개혁개방 30년이 지났어도 사라지지 않고 있다. 이것이 사라지도록 할 유일한 방법은 문혁에 대해 최대한 정치적 이데올로기를 벗겨버리고 거시적·미시적 관점에서 객관적이고 비판적으로 분석하는 것이다. 이를 위해서 우선 문혁에 대한 국가의 해석 독점권을 해체해야 함은 물론이고, 문혁과 사회주의 역사에서 무언가를 배워야 한다는 신좌파 유의 강박관념 자체도 대상화해야 한다. 문혁이 '내부 비용'을 보상해주고 남을 만큼 정당했는가를 포함해 사회주의에 대한 재해석, 나아가 중국 현대사 100년에 대한 성찰적이고 총체적인 재해석은 진작 나왔어야 했다.[7] 만일 그랬다면 역설적으로 문화대혁명에 대한 신좌파의 집착이 앞 장에서 살펴본 것만큼 강하지는 않았을 것이다. 사회주의에 대한 반성은 진영 논리를 떠나 인간과 역사에 대한 본원적인 이해와 연결될 때 비로소 중국 미래의 사상 자원이 될 것이다.

신좌파는 중국의 문혁을 포함한 사회주의 사상 자원을 무엇보다 중요하게 여긴다. 그러나 그것이 21세기 맥락에서 다시 소구력을 가지려면 전제조건이 있어야 한다. 중국 사회주의 역사 속에서 원리를 분석하고 작동 시스템을 검토하며 그 한계를 발견하는 속에서 잠재성을 끄집어내야 한다. 동기에만 초점을 맞춘다면 그 경험으로부터 아무런 교훈도 얻지 못할 것이다. 사실 중국의 조건에서도 인민주권의 논리가 독재로 추락하는 것을 막기 위해서는 여전히 민주와 자유를 어떻게 접합시킬 것인가를 고민하지 않으면 안 된다. 사회주의가 크게 보아 자본주의에 대한 반발로 나타난 변종에 불과했다는 월러스틴의 냉정한 지적은, 자본주의 사회가 아무리 임계점에 이르렀다 해도 그 대안 모색의 출발점에서 또 다른 실패를 초래하지 않으려면 다시금 곱씹어야 하는 대목이다.

'반서양' '서양에서 벗어나자'는 조류는 앞에서 보았듯이 대륙 신유가와 신좌파에서 비교적 강하게 나타난다. 인권과 자유 등 이른바 보편가치로 여겨지는 이런 개념들을 거부한다는 점에서 이들 유파는 보이지 않는 공동 전선을 형성하고 있다. 심지어 신좌파는 인권과 자유 등의 개념을 언어패권으로 간주한다. 그런데 이 문제의 근원에는 근대를 어떻게 인식할 것인가가 자리하고 있다. 19세기 말 서양이 동아시아에 침입한 이후 근대는 규범적으로 이중의 의미를 지닌다. 100년 전 근대 이행기는 동서가 비대칭인 상황에서 서양에 적응하고 순치하는 것이 시대 과제로 인식된 시기였다. 즉 서세동점이라는 큰 추세 속에서 그에 대응할 주체로 국민국가의 형성과 부강이 급선무였고 이를 위해 전통을 부정하지 않으면 살아남을 수 없던 터였다.[8] 여기서 근대는 강제성이 전혀 없었다고 할 수 없다. 그러나 다른 한편에서는 신문화운동을 기점으로 서양 근대의 자유와 평등 이념이 반봉건과 반제를 위한 민족해방의 저항의식과 결합되면서 중국의 일상에 착근할 수 있었다. 이렇게 본다면 근대는 서양에서 받아들인 것이긴 하나 동아시아와 중국이라는 시공간에서 성숙하고 확장될 수 있었으며 보편화될 수 있었다고 하겠다. 따라서 근대는 서구의 산물만이 아니라 동아시아가 함께 이룬 결과이고 이는 근대를 서양으로 환원할 수 없는 이유가 될 것이다.

이와 관련된 부분에서 다케우치 요시미의 발언을 한번 보자. 이데올로기적 편견 없이 대체로 근대를 객관적으로 서술하고 있기 때문이다. 그는 이렇게 말한다.

> 동양의 근대는 유럽이 강제한 결과다. 또는 그 결과에서 도출된 것이라는 점을 인정하지 않으면 안 된다. 근대라는 것은 하나의 역사적인 시대이기 때문에 역사적인 의미에서 근대라는 용어를 쓰지 않으면 혼란이 생긴다. 동양에서도 오래전부터, 다시 말해 유럽의 침입 이전부터 시민사회가 탄생했다. (…) 오히려 그런 유산이 유산으로 승인된 것은, 요컨대 전통이 전통이 될 수 있었던 것은 어떤 자각에 의해서다. 그 자각을 낳았던 직접적인 계기는 유럽의 침입이었다. 유럽이 생산양식과 사회제도 그리고 이것에 따르는 인간의 의식을 동양에 갖고 들어왔을 때, 지금까지 없었던 새로운 것이 동양에 생겼다. 이 새로운 것을 탄생

시키기 위해 유럽이 그러한 것들을 동양에 가지고 들어온 것은 아닐 터이나(물론 지금은 사정이 다르다), 어쨌든 결과는 그렇게 되었다. 동양에 대한 유럽의 침입이 자본의 의지에 따른 것인지, 투기적인 모험심에 의한 것인지, 청교도적인 개척정신에 기반한 것인지, 또는 무언가 좀 더 다른 자기 확장의 본능에 의한 것인지는 알 수 없지만 어쨌든 유럽에는 그것을 지탱하며 동양에 대한 침입을 필연적이게끔 하는 근원적인 무언가가 있다는 것만은 확실하다. 아마도 그것은 '근대'로 불리는 것의 본질과 서로 깊이 얽혀 있다고 생각한다. 근대란 유럽이 봉건적인 것으로부터 자신을 해방하는 과정에서(생산이란 면에서는 자유로운 자본의 발생, 인간에 대해서는 독립된 평등한 개인으로서 인격의 성립) 그 봉건적인 것으로부터 구별된 자신을 주체로 하여 역사에서 바라본 자기 인식이다.[9]

다케우치는 동양에 대한 유럽의 침입은 저항을 낳았고 그 저항은 세계사를 좀 더 완전하게 만드는 요소에 불과한 것이 되었다고 말한다.[10] 그렇지만 그는 동양의 저항은 유럽이 유럽이 되는 역사적 계기였고, 동양의 저항이 없었다면 유럽은 자신을 실현할 수 없었다[11]고 생각한다. 결국 다케우치는 동양을 가능케 한 것은 유럽이지만 또한 유럽의 근대를 보편의 방향으로 업그레이드시킨 것은 동양의 저항에서 찾지 않으면 안 된다고 보았다. 따라서 근대가 긍정적이든 부정적이든, 단순히 서구의 산물만이 아니라 동양에 대한 침략과 식민 그리고 저항이라는 복잡한 과정을 통해 형성된 것으로 봐야 한다. 특히 근대를 어떤 실체가 아닌 자기 인식과 주체 형성의 과정이라고 파악한다면 굳이 동서를 구분해서 접근한다는 것은 무의미하다.

중국에서도 근대의 자기 인식 과정에서 그것은 이미 중국의 구성 요소가 되었으며, 그 근대의 구성이 서양의 것인지 중국의 것인지를 구분하는 일은 불가능하고 무의미해졌다. 예를 들어 류칭이 지적한 것처럼 500년 동안 중국과 서양의 관계는 복잡하게 착종되어 있다. 최종적으로는 너 안에 내가 있고 내 안에 너가 있는 것으로 변했다. 심지어 중국의 국가 이데올로기의 기초조차 독일 사상가의 이론 창조에서 온 것이며 이미 우리 자신의 것이 되었기 때문에 서양에서 벗어날 수 없다.[12] 동아시아의 근대성이건 중국의 근대성이건 모두 독특한 형태이긴 하나, 어쨌든 근대 서구의 도전에 대한 의식적인 반응이다.[13] 따라서 여러 형태의 비유럽적 형태의 근대성은 유럽과 고립되어 발달하지 않았음을 보여준다.

마리청은 자유주의는 말할 필요도 없고 중국에 전파된 모든 사회주의 사조가 서양 사상과 깊은 관련성을 갖는다고 주장한다. 즉 사회주의는 중국에 전파된 이후 네 종류로 나뉘었는데, 스탈린 모델에서 마오쩌둥 모델로 변화된 사회주의, 덩샤오핑의 사회주의 시장경제, 민주사회주의 사조 그리고 신좌파의 사회주의 사조다.[14] 아무리 반反서양을 외친다 해도 그것은 현재 중국 담론의 현실과는 동떨어진 주장에 불과하다는 이야기다. 지금의 중국 사상 지형에서 굳이 서양으로부터 벗어나자는 주장이 반서양으로 받아들여지는 것은 신좌파 및 대륙 신유가 지식인의 주장과 행보가 국가와 거리두기를 견지하기보다는 국가의 '문명 제국 재구축'에 합세하고 있다는 방증이다.

두 유파의 반서양·탈서양의 주장은 1990년대의 아시아적 가치 논의와 많은 부분에서 겹친다. 이때의 아시아적 가치 논의는 서양 포스트모더니즘의 흐름에 편승한 면이 있음을 부정하기 힘들다. 서구의 포스트모더니즘은 어떤 측면에서는 근대성 자체를 해체하려는 것보다는 근대성에 대한 비판과 성찰에서 출발했다. 따라서 포스트모더니즘이 갖는 진정한 의미는 모더니즘 자체를 부정하는 것이 아니라 이에 대한 비판적 접근에 있으며, 이 비판에 근거해 재구성으로 이어지는 데 있다.[15] 그러나 아시아적 가치론이 근대성과 조우하는 방식은 포스트모더니즘과 매우 다르다. 아시아적 가치론이 포스트모더니즘에 기대어 수행한 것은 동아시아 근대사회와 동아시아 근대성에 대한 반성이 아니라 그것의 부정과 전통으로의 무매개적인 복귀였던 것이다.

아리프 딜릭도 고대 문명의 전통이 되살아나는 것은 혁명이 지나갔기 때문만이 아니라 근대성에 내재된 목적론에 의문을 제기하기 때문이며, 초월되어야 할 근대성은 더 이상 '서양적'인 것만이 아니라 동아시아의 근대성이라는 사실을 알아야 한다고 말한다.[16] 이 문제제기는 동아시아 근대성의 내용 안에 서양적인 것 외에 동양적인 것이 이미 함께 들어 있을 것임을 함축한다. 따라서 근대성을 부정하는 일은 자기를 부정하는 것을 피할 수 없게 만든다. 결국 서양적인 것만을 가려서 부정하려는 시도는 학문 분석의 범주를 뛰어넘는 어떤 '불온한' 목적과 연결되어 있을 가능성이 높다. 왕후이도 1990년대 초반 포스트식민주의와 같은 서구 급진주의 이론이 중국에 전입된 이후 주류 사상가들의 역량을 강화했다고 평가한다. 즉 포스트식민주의 등이 중국과 미국에서 갖는 함의가 완전히 상반되게 나타났다고 지적한다.[17] 왕후이가 여기서 말하려는 것은 중국에서 서양으로부터 들어온 포스트식민 이론 등 포스트 이론이 수행한 기능은 서양에서의 근대성 비판의 맥락과는 다른 중화성의 강화였던 것이다. 서구의 근대성을 극복하고자 출현했던 현실사회주의가 몰락하면서 새로운 대안으로 떠오른 전통 사상은 서구 포스트모더니즘에 편승해 그것이 유교든 이슬람이든 봉건성을 극복하고 나타난 근대성 자체의 성과를 부정하기 쉽다. 어떤 면에서 반서양을 내건 중국모델론도 이런 요소를 지니고 있다고 할 수 있다.

그런데 여기서 반서양과 탈서양은 구분해서 접근해야 한다. 사실 동아시아인, 중국인 거의 모두가 의식·무의식에서 오리엔탈리즘의 뿌리 깊은 사유 습관에 젖어 있다. 학문 분야에서 그것은 더욱 심하다. 따라서 서양을 상대화해서 보자는 것은 그동안 한쪽으로 치우친 것을 바로 세우기 위해서라도 진정 필요한 작업이다. 그러나 현재와 같은 맥락에서 오리엔탈리즘 비판이라는 명분을 빌려 자기 성찰의 기초 없이 즉자적 방식으로 반서양이 주장된다면, 그것은 옥시덴탈리즘이나 중국중심주의를 용인하는 쪽으로 기능할 염려가 있다. 예컨대 간양이 서양에 대한 미신에서 벗어나야만 자기(중국)의 이지理智가 제대로 보인다면서, 이것이 현대 중국에서 계몽과 미신의 변증법이고 현 중국이 처한 계몽의 최대 패러독스라고 했을 때[18]도 그의 이런 주장들이 현존하는 중국의 '악성 자본주의'와 '악성 사회주의'에 대한 문제제기의 전제 없이 이뤄진다면 중화성의 재구축으로 해석될 가능성이 매우 높다.[19] 서양에서 벗어나자는 것이 반서양으로 오해받지 않으려면 중화성의 재구축으로 해석될 가능성을 차단할 획기적인 방안이 무엇인지 제시해야 한다. 그렇지 못한다면 신좌파와 문화보수주의자들이 의도한 것은 다른 사람들에게 반서양에서 그치는 것이 아니라 패권의 단순한 자리바꿈일 것이라는 의심을 살 것이다.

요컨대 '지금의' 신좌파와 문화보수주의자들이 서구중심주의를 비판하는 이유 가운데는 중국으로 중심축을 이동시키려는 의도가 많은 부분을 차지한다. 이런 상황에서 중국의 좌파적 자유주의자들이 지식계의 균형추 역할을 하려면 취해야 할 선택지는 그렇게 넓지 않다. 그들은 역설적으로 서양 근대성에 대해 철저하게 학문적 태도를 견지하면서 비판적이야 하되, 훨씬 더 발본적이어야 한다. 21세기 들어 중국 지식인들에게 필요한 것은 프로파간다나 어떤 패권적 태도가 아닌 인류의 더 나은 미래를 위해 '진정한 보편성'을 추구하는 차원에서 서구중심주의를 비판하되 서양이 축적한 역사적 지혜를 겸허히 그리고 담대하게 수용할 줄 알아야 한다. 그것이 중국인들이 항상 주장하는 '왕도'의 길이 아니겠는가.

2.
새로운 질서의 재구축과 지식인의 역할
: 제도와 가치의 재건

중국이 제국으로서, 또 내부의 피지배자들에게 지배의 정당성을 어떻게 확보할 것인가의 문제는 중국사회의 새로운 질서를 어떻게 세울 것인가의 방향과 밀접한 상관관계가 있다. 그리고 질서의 재구축과 관련하여 지식인은 무엇을 어떻게 하고 있으며, 또 어떻게 할 것인가라는 문제가 매우 중요하다. 중국사회의 새로운 질서를 구축하는 일은 중국 공산당 지배의 정당성 문제와도 긴밀한 관련이 있다. 경제성장으로 여타 문제가 합리화되고 은폐되는 현실 속에서 학문은 국가 이익에 초점이 맞춰져 있고 정치 변혁은 거의 포기 상태에 이르렀다고 할 수 있다. 그러나 이런 현실 속에서도 중국사회의 핵심 문제가 무엇인가를 대중을 향해 끊임없이 환기시키면서 동시에 새로운 가치와 제도의 재건을 위해 제도 사상 일상의 층위에서 행동으로 보여주는 이들을 우리는 진정한 비판적 지식인이라 부를 수 있다. 이들은 소수에 불과하지만 중국사회에 엄연히 존재하고 있다.

사실상 중국모델론이 중국사회 내부의 핵심적인 문제를 극복한 실천태라면 앞서 지적한 문제들에 대해 일정한 견해를 내놓아야 했고, 그러면 그것은 당연히 대중으로부터 환영받는 이론이 되었을 것이다. 그러나 필자는 중국모델론을 중국 인민 대중의 실상이나 바람과는 거리가 먼 중국 공산당 정부의 권위주의 통치와 자본주의가 결합한 결과로 도출된 중국의 경제성장을 이론화한 것으로 본다. 다시 말하면 중국 경제성장의 과정을 비판하기보다는 미화할 운명을 타고났다고 할 수 있다. 이는 중국모델론을 소개하는 소책자가 이미 홍콩의 초중등학교 교재로 배포되었다는 언론 보도를 통해서도 증명된다.

최근 들어 국가의 성취가 빛날수록 대중이 느끼는 무력감은 더욱더 강화되고 있다. 그것은 경제성장과 대중의 행복은 별개임을 느끼게 되었기 때문일 것이다. 먼저 부자가 되라는 구호로 시작된 개혁개방은 이제 공산당 정치체제하에서 보여줄 수 있는 경제성장의 최대치성과를 보여주었다. 그러나 경제성장의 그늘은 또 다른 정치·사회적 문제들을 무수히 낳고 있다. 이 책의 서두에서 살펴보았듯이 최근 공산당 중앙에서의 각종 부패와 사회 각 분야에서 폭로되는 여러 사회 문제는 중국사회가 어떤 임계점에 이르렀음을 보여준다. 물론 이전 정권에서 조화사회론이 나오고, 시진핑 정부가 부패와의 전쟁을 외친다 해도 지금의 정치·경제 체제로 지속 가능한 발전이 유지될 거라고 낙관하는 사람은 그렇게 많은 듯하다.

경제가 성장하는 과정에서는 잘 드러나지 않았던 문제들이 이제 그 성장이 주춤거리면서 대중적 사회 불만이 한꺼번에 분출되고 있기도 하다. 그리고 중국 경제성장의 열매가 자기들에게도 혜택이 오리라는 막연한 기대를 가지고 인내해왔던 인민들이 이제 경제가 발전할수록 빈부격차가 심해진다는 사실을 확인하게 되었다. 이는 기층 민중이 정치·경제·문화의 측면에서 이미 구조적으로 주변화되었고 갈수록 심화되고 있음을 말해준다. 사회 전반에 시위가 매년 10만 건 이상 발생하는 현실은 대중이 이 모든 것을 알고 있고 집단적인 소요의 형식으로라도 자기 의사를 표현하지 않으면 안 된다고 생각했기 때문일 것이다.

이를 국가와 사회 각도에서 보면 국가로부터 사회가 분리되어가는 과정이라고 볼 수도 있다. 그러나 이 분리 과정에서 시위가 좀처럼 줄어들지 않고 있다는 것은 인민들의 요구가 제도로 수렴되지 못하고 있다는 이야기가 된다. 류칭이 지적하듯, 기층 민중이 자신의 상황 개선을 위해 투쟁하는 과정에서 기입記入 공간을 찾지 못할 때 이들은 대중영합식의 호소나 본질주의적 정체성에 빠질 우려가 있다.[20] 중국에서 대중민족주의가 1990년대 중반 이후 강하게 일어난 것도, 순수하게 외부의 어떤 정치적 사건에 대한 대응이라는 면도 있지만, 내부 문제에 대한 이의 제기가 제도로 수렴되지 않아 그 원망이 대중민족주의를 강화하는 쪽으로 연결된 결과일 수 있다.

인터넷이나 웨이보 등 미디어 환경의 변화로 인해 뜻하지 않게 국가와 사회의 분리 현상이 가속화되고 있고, 그럴수록 중국 정부의 위기감은 더욱더 깊어가고 있다. 류칭에 따르면 중국도 이제 정보기술의 발달로 정치권력과 지식권력이 더 이상 특권을 유지하기가 힘든 상황에 처했다. 한 예로 중국에서 궈메이메이郭美美 사건[21]이 말해주듯 '비밀누설 시대'가 되었다.[22] 이 점에서 지금의 중국 정치는 새로운 도전에 맞닥뜨리고 있다. 국가로부터 사회의 분리를 제도나 시스템으로 수렴할 수 없는 중국 공산당으로서는 이러한 상황에서 진퇴양난에 처해 있다. 최근 광둥성 우칸烏坎촌 사태의 전향적 해결을 보면서 다소 희망 섞인 전망을 해볼 수도 있으나, 중국은 아직도 개인적인 혹은 집단적인 다양한 인권적 차원의 문제제기에 대해 중앙 정부이든 지방 정부이든 적극적인 대응을 하지 못하고 있다. 이때 지식인들은 무엇을 해야 하고, 어떻게 할 수 있을까.

물론 중국처럼 인구가 많고, 그것도 경제적으로 못사는 다수 인민의 복지를 담당할 주체로서 국가를 대신할 구심체가 없는 단계에서는, 그 특수성을 감안한 분배의 정의와 경제의 민주화가 견인되도록 국가를 압박하는 일이 매우 중요하다. 집권당이 바뀌기 어려운 중국의 현실에서 더 좋은 국가 모습을 갖추라고 요구하고 국가에 더 많은 역할을 요구하는 것은 야당이 없는 상황에서 현실적인 의미를 획득할 수 있다. 그런 점에서 1990년대 신좌파가 정부가 자본의 에이전트 구실을 하고 있다고 비판하면서도 국가가 인민의 복지를 위해 방화벽 구실을 해야 한다고 본 현실 인식은 어떤 면에서 중국 정부의 딜레마적 상황을 잘 파악한 것이었는지도 모른다. 즉 정부를 향해 분배의 정의를 말하면서 경제민주를 요구하는 것은 매우 중요하다. 하지만 흔히 말하듯 경제민주화는 독재국가에서도 성사시켜줄 수 있는 항목이다. 그리고 사회가 민주화되지 않고는 경제성장의 성과가 합리적으로 분배되기 어렵다고 하는 것은 상식에 속한다. 감시받지 않는 권력이 자진해서 공정하게 분배한다는 것이 가능할까? 또 하나의 문제는 인민의 주권과 참여다. 주권과 참여에 대한 고민 없이 분배와 경제 민주화를 말하는 것은 민중을 여전히 교화의 대상으로만 취급하는 것이다.

따라서 민의가 제도를 통해 국가정치에 피드백되는 것이 힘든 상황에서는 일부 지식인이 벌이는 일상에서의 시민운동이 그만큼 중요해질 수밖에 없다. 이런 점들에 주목하면 중국 내부 곳곳에서 벌어지고 있는 크고 작은 저항적 시민운동의 움직임에 주목해야 한다. 왜냐하면 일부에 불과하더라도 이들이 중앙 정부와 지방 정부를 상대로 양해를 이끌어내고, 자유주의를 다룬 장에서 본 것처럼 궁극적으로는 제도의 변화를 초래하기 때문이다. 약자에 대한 배려에서 신좌파는 정부의 안배를 중시하는 한편 자유주의자들은 인민의 참여와 자치를 중시한다. 그러나 전자는 정부의 행위를 감시할 제도적 장치가 마련되지 못할 때, 그리고 제도가 만들어지더라도 그 제도가 지켜지지 못할 때 그것을 견제할 방법이 없는 것이 문제다.

이와 관련하여 앞서 소개한 것처럼 1990년대 말부터, 그리고 2000년대 들어 자유주의자들이 제도와 일상의 현실적 층위에서 펼치고 있는 다종다양한 유권維權운동들의 면모를 주시해 볼 필요가 있었던 것이다.[23] 쑨즈창孫之強 사건을 비롯해서 일련의 유권운동을 통해 헌법 개정을 이끌어내고 있는 일부 움직임은 시민들의 직접행동과 더불어 사회의 공공 공간을 확대해간 좋은 사례가 된다. 그리고 이러한 움직임들은 근원적으로 인터넷과 SNS 등 매체의 존재 방식과 소통 방식의 변화와도 관련이 있으며 이런 변화된 양상은 중국 정부로서도 큰 도전으로 받아들이지 않을 수 없는 지경에까지 와 있다. 이런 점에서 이미 후원 신정 이후이든 시진핑 정부에서든 중국의 맥락에서는 분배의 정의를 이야기하는 것도 중요하지만, 동시에 장기 전망과 중기 전망 속에서 자본의 욕망을 주시하고 견제하면서 전략을 짜는 것도 매우 절실하다. 즉 이런 논의가 기만적이지 않고 현실적이려면 변화가 가능한 영역이 무엇인지를 따져보고 전략과 전술을 짜는 것이 훨씬 더 생산적일 것이다.[24] 그런 점에서 주목해야 할 것(문맥상 조금 엉뚱하긴 하지만)이 스웨덴 복지국가의 초석을 닦았다고 평가받는 에른스트 비그포르스Ernst Wigforss(1881~1977)의 발언이다. 그는 "우리 사회민주당은 향후 100년 동안의 경제 강령은 가지고 있지만, 향후 10년 동안의 경제 강령은 가지고 있지 않다"며 스스로를 비판한 뒤 현실에서 유효한 전략으로서 노동계급이 자본주의 생산에서 일익을 담당하고 참여할 권리를 얻어내는 '예테보리 강령'을 내세웠다. 지나치게 이상적인 주장은 '어디에도 없다'라는 유토피아의 원뜻처럼 공허할 뿐이라고 본 것이다.[25] 즉 지금의 중국에서는 정부를 향해 시장의 정의와 절차의 공정성을 묻는 것과 분배의 정의를 요구하는 것 가운데 정부 입장에서 어느 것을 더 두려워할까를 한번 생각해봐야 한다. 당연히 전자가 정부를 공포스럽게 할 가능성이 크다. 왜냐하면 중국의 맥락에서 절차의 공정성은 집정자나 기득권자의 이해관계와 직접적인 관련이 있을 것이며, 그것이 지켜지려면 이미 시스템화되었다고 평가되는 거대한 부패 구조를 건드려야 하기 때문이다. 민주주의 발전에도 극좌적 주장보다는 비그포르스의 실현 가능한 현실적 전략과 주장이 훨씬 유효하다. 인민들에게는 정치나 일상에서 그 절차가 정당하다고 인식될 때 그들은 제도를 믿게 되며 결과에도 승복할 수 있을 테니까 말이다. 이는 중국이 내부적으로 어떤 합의된 가치를 만들어갈 기반을 다지는 일과 연계될 수 있다. 사회주의 체제가 개혁개방을 단행한 이후 중국은 지금까지 인민 일반이 도덕적이고 정서적으로 안정을 찾을 수 있는 보편가치가 제시되지 못하고 있는 터다.[26] 현재 유럽과 한국의 지식계 일각에서 절차적 민주주의의 문제점과 한계가 노출되어 여러 차원에서 논의되고 있는 점을 모르는 바 아니다. 그러나 절차의 중요성을 무시한 채 협의민주주의가 논의되는 것은 난센스다. 현실에서는 협의민주주의를 고민한다는 명분 아래 절차적 민주주의조차 방기되는 사례가 적지 않기 때문이다. 이는 마치 최소도덕인 법이 지켜지지 않는 현실에서 최고도덕을 추구한다는 주장과 다름없다. 현대 정치에서는 법과 제도의 차원과 분리된 채 전통문화와 정치문화가 논의될 수 없다. 만일 양자가 분리되어 논의된다면 거기에는 어떤 불온한 목적이 포함되어 있기 십상이다.

3.
비판적 지식인의 조건
: 국가와 '거리두기'

이제 이 작업의 맨 앞에서 제기한 '중국에서 비판적 지식인의 조건이란 무엇인가'라는 문제에 대한 필자의 생각을 정리하면서 이 책을 마무리해야 할 것 같다. 먼저 앞에서 말한 것처럼 중국사회가 이대로는 안 된다는 생각을 조금이라도 가지고 있지 않다면 그는 결코 비판적 지식인의 대열에 낄 수 없다. 지식인이라면 자기가 속한 공동체에 대한 문제점을 지적하고 비판해야 마땅하다. 그것은 중국과 같은 권위주의 국가라고 해서 예외가 되지 않는다. 실제 여러 불이익을 감수하고 중국 정치와 사회를 비판하는 지식인이 존재하기 때문이다. 사실 중국이 경제적으로 성장하고 국제적 위상이 이전과 확연히 달라지면서 지식인 대다수가 중국의 정치 현실과 사회 현실의 문제점에 대해 침묵하거나 미화하는 대가로 자신의 안위를 보장받고 있음을 감안하면 더욱 그렇다.

국가와 자본이 명확히 구분되지 않은 중국의 상황, 그렇기 때문에라도 국가가 더 이상 공이 아니게 된 상황에서 자본만을 비판하는 것은 국가의 문제를 은폐하기 위한 고도의 위장술일 수 있다. 그렇다면 이런 중국의 상황에서 진보란 무엇인가, 비판적 지식인은 무엇이 기준이 되어야 하는가를 다시 물어야 한다. 앞의 신좌파에 대한 서술에서 보았듯이 이제 중국에서 좌와 우가 새롭게 만들어지지 않는 이상, 좌와 우라는 기존 구도를 기준으로 비판적 지식인 여부를 가릴 수 없게 되었다. 이제 국가가 더 이상 공이 아니라면, 21세기 들어와 G2로 격상한 중국이라는 강대국은 비판과 반성의 대상이 되어야 한다. 따라서 현 시점에서 국가와의 '거리두기'는 비판적 지식인의 필수 조건이다. 그리고 국가에 대한 반성적 태도와 국가에 대해 대립각을 세우면서 비판적인 태도를 보여주는 것이 진보다.

여기서 에드워드 사이드가 말하는 지식인을 한번 떠올려보자. 그가 다음에서 말하는 내용은 국가와 지식인의 관계 속에서 일반적으로 나타날 법한 모습을 지적하고 있기 때문이다.

> 실제로 정부는 여전히 명백하게 국민을 억압하고 있고 엄청난 정의의 실패가 발생하고 있고 권력은 지식인의 흡수고용[27]과 편입을 통해 여전히 지식인의 목소리를 효과적으로 침묵시키고 있으며 지식인들은 그들의 소명으로부터 일탈하는 사례가 변함없이 매우 빈번하게 일어나고 있다. (…) 윌프레드 오언Wilfred Owen이 말했듯이, 그 결과는 '문사文士'들이 모든 사람 위에 서서, 국가를 향해 달려가고 국가에 충성을 외치게 된 것이다. (…) 그렇기 때문에 지식인의 주요 의무는 그러한 압력으로

부터 상대적인 독립성을 모색하는 것이다. 따라서 나에게 있어 지식인은 추방자, 주변인, 아마추어로서 그리고 권력을 향해 진실을 말하려는 언어의 저술가로서 특성화된다.[28]

국가의 압력에서 벗어나 상대적인 독립성을 모색하고 권력에 저항해 진실을 말해야 하는 것이 지식인의 책무다. 그렇다면 중국에서도 이 조건을 마련하기 위해 우선 독립된 공론장을 구성하는 것이 무엇보다 중요하다. 이러한 공론장을 통해 형성된 담론 속에서 보편에 대한 추구와 중국을 상대화할 시각이 만들어질 수 있기 때문이다. 그러므로 비판적 지식인의 문제는 결코 개인적으로 접근할 사안이 아니다. 그러나 민주화나 드레퓌스 사건에서처럼 집단적인 경험을 통해 지식인의 정체성을 형성할 수 없는 중국의 현 상황에서는 일단 국가와의 거리두기가 비판적 지식인이 취해야 할 최소한의 '의식적인 행동'이라고 할 수 있다.

중국에서 비판적 지식인의 조건과 관련하여 또 하나 빠트릴 수 없는 것은 중국 바깥의 좌파 지식인들의 중국관과 그것을 신좌파가 가져오는 방식에 관한 문제다. 이 책의 서론에서 말했듯이 서양의 신좌파가 중국에 기대를 보이는 것과 서양 사회에 대한 비판은 밀접하게 연동되어 있다. 이들에게 중국은 서양을 비판하는 맥락에서만 존재한다. 그렇기 때문에 중국에 대한 태도에서 객관적인지 그렇지 않은지의 여부는 별개의 문제다. 서양의 좌파들은 미국 자본주의의 문제점을 중국에 투사하는 방식으로 사유하면서 문명사적 전환을 말하고 있다는 점을 떠올릴 필요가 있다. 하지만 여기에 문명비평은 있되 현 중국사회에 대한 사회비평이 부재하다는 점이 문제다. 그런데 중국 신좌파는 이들의 요구에 부응하는 형태로 수용하여 자신의 입장을 강화한다. 여기서 이들은 서양을 비판하면서 자기(중국)를 실체화하는 우를 범하고 있다.

같은 맥락에서 미조구치가 일본의 비도덕성을 중국에 투사하는 방식은 연구 대상을 자기 목적성 아래 가두는 면이 있긴 하나 적어도 그에게는 정당성이 있다. 미조구치의 중국 인식에는 일본 사회에 대한 비판과 성찰이라는 '태도'의 측면이 있다. 그러나 중국의 신좌파, 특히 왕후이가 미조구치의 중국 인식을 이해하는 방식은 매우 비도덕적이고 자기중심적인 면모를 보인다. 왜냐하면 미조구치의 자기 사회에 대한 비판의 맥락을 거세하고 중국의 재구축을 위한 자기 확인으로 활용하는 면이 없지 않기 때문이다. 왕후이가 미조구치의 '태도'에 호응하기 위해서는 이것을 자기를 향한 질문에 적용해야 한다. 비판적 지식인의 조건에서 자기를 성찰하는 태도의 여부가 중요하다면, 이 부분은 토론을 요하는 문제가 아닐 수 없다.

마루야마 마사오가 메이지 시기 사상사 분석에서 지적한 것처럼, "번영으로 가는 길과 국가주의는 서로 손에 손을 잡고 일본을 '약진'시킴과 동시에 '부패'시켰다"는 것[29]을 중국의 지식인들은 유념해야 할 것이다. 더구나 국가의 부상浮上이 앞의 서술에서처럼 대내적으로 인민의 박탈감과 행복이 누락된 형태로 이루어진다면 그것이 무슨 의미가 있을까. 문명중국으로의 복원, 종합 국력으로서의 국제적 위상과 인민들의 일상의 삶이 모순을 일으킬 때 비판적 지식인이라면 어떤 입장을 취해야 하는가? 중국의 지식인이 제대로 된 우환의식을 지니고 있다면, 국가보다는 민의에 바탕을 둔 천리를 두려워해야 할 것이고 주체로서의 인간의 존엄民彝이 어떻게 하면 지켜질 것인가를 두고 씨름해야 한다. 국가의 테두리에

갇힐 수 없는 진정한 보편으로서의 자유와 민주에 대한 일상적이고도 제도적인 고민을 대중과 함께 어떻게 해나갈 것인가라는 문제가 매우 절실하다. 대외적으로도 민주와 자유 같은 보편가치가 누락된 경제대국은 다른 나라들로부터 부러움과 두려움의 대상은 되겠지만 모범적인 대상은 될 수는 없다는 점을 유념해야 한다.

이와 관련하여 나는 현재 중국 신좌파의 인식을 재고해야 한다고 본다. 조금 심하게 말하면 이들은 해당 사회의 주류적 문제의식에 대한 비판이라는 입지stance를 취하기보다는 서구의 대안을 내세운다는 명분에 기대어 오히려 새로운 대일통의 제국을 재구축하려는 욕망의 화신이 되어가고 있는 듯하다. 그런 점에서 지나치게 이데올로기적으로 보이기도 한다.[30] 그러다보니 내부의 문제, 특히 공산당이 가장 껄끄러워하는 정치적 문제에 대해서는 언급을 피하는 듯 보인다. 여기서 이미 비판적 지식인의 면모는 퇴색되어 있다. 따라서 한국, 일본의 진보 지식인들이 왕후이 등 중국의 신좌파에 대한 평가에서 예리하지 못한 것은 중국 지식계의 복잡하고도 가파른 변화 상황을 따라잡지 못한 결과의 반영일 수 있다. 아니면 알면서도 눈을 감고 있는 것이거나. 일상에서의 유권維權운동에 나서는, 그래서 인권적 차원에서 점진적인 헌법의 개정을 유도하는 실천적 지식인들은 주로 좌파적 자유주의 지식인에 속할 때가 많다. 현실적인 사안에서 국가와 대립각을 세우는 이들은 주로 자유주의 좌파 지식인인 것이다.

마지막으로 21세기 중국 지식계가 재편되는 상황을 맞아 우리에게 중국이란 무엇인가를 한번 생각해봐야 한다. 이것은 여러 차원에서 말할 수 있겠지만, 우선은 중국이라는 주제가 여러 면에서 기존에 우리가 가지고 있던 것을 해체하고 다시 생각하게끔 하는 어떤 지경으로 이끄는 면이 있다. 이러한 면을 인정하면서 국내의 비판적 중국학의 방향에 대해 아주 짤막하게 언급하는 것으로 이 책을 갈무리한다.

숭중崇中과 혐중嫌中을 오갔던 경험, 친미이면 반중이어야 하고 친중이면 반미여야 하는 이 변방적 사유 습관에 대해 우리는 심각하게 재고해야 할 때가 되었다.[31] 서구중심주의를 비판하는 것은 아무리 강조해도 지나치지 않다. 서구중심주의를 비판한다는 것은 그 자체로 의미가 있다. 한국의 지식계에서는 더욱 그렇다. 국내에서 뿌리 깊게 형성된 서구중심적 학문 관행이 우리의 전통과 역사를 제대로 못 보게 하는 장해 요인으로 기능한 것은 이미 어제오늘의 일이 아니다. 중국의 신좌파가 주장하는 '서양의 미신'에서 벗어나자는 메시지는 오히려 우리 지식계에 더 절실한 것이 되어야 할지도 모른다.

그러나 그 명분이 중국중심주의로 미끄러지는 것을 합리화하는 것으로 이용되어서는 안 될 것이다. 즉 서양을 견제한다는 구실로 다시 중국중심주의로 미끄러져서는 안 된다는 말이다. 역으로 중국중심주의를 강화해야 자신이 살아남을 수 있다는 철저한 이해관계에 의거해 있는 사람도 없지 않을 것이다. 요컨대 서구중심주의든 중국중심주의든 우리가 분명한 자기 입장을 가지고 있다면 양쪽 모두에 견제할 것은 견제하고 지지해야 할 것은 지지하는 태도를 보여줄 수 있다. 그리고 이는 정치적 입장의 문제이기 이전에 학문 독립성의 문제이기도 하다.

21세기에 놀라운 경제성장을 이룬 중국, 질적 도약을 앞에 두고 어떻게 나아갈 것인가를 둘러싸고 격렬하게 분화하고 있는 중국 지식계를 어떻게 봐야 할 것인가? 중국을 새롭게 보기 위해서는 리영희와 같은 솔직함과 담대함이 또 한 번 필요한 때가 아닌가 한다.[32] 그는 1970년대 초반 국내 주류 지식인들이 보인 중국 사회주의에 대한 냉전적 시각을 비판했으며, 또 1990년대에는 문혁에 대해서 국내의 진보적 지식인 중 맨 먼저 자기비판과 반성적 시각을 보여주었다. 중국 사회주의에 대한 리영희의 찬성과 비판이 자유로웠던 것은 우상의 대립 면에 이성과 사유를 위치시키고 그것으로 중국 사회주의라는 대상을 살폈기 때문이다. 중국을 보는 국내 진보 진영의 눈은 다시 한번 이성과 사유로의 전환이 필요한 때가 되었다. 이제 '중국을 연구하고研中' '중국을 비판할批中' 때다.

부록

중국 개혁개방 30년의 사상과 지식 지형

1980~1990년대를 중심으로

1.
개혁개방 30년
: '계급중국'에서 '문명중국'으로?

중국이 개혁개방을 한 지도 벌써 30여 년이 되었다. 여기에 사회주의 30년을 더하면 60여 년이라는 세월을 중국은 사회주의 체제 아래서 지내온 셈이다. 사회주의 60년 만에 치러진 2008년 베이징올림픽의 성공적인 개최는 '계급중국'이 아닌 '문명중국'으로서의 면모를 세계에 유감없이 보여줬다. 그리고 2009년 10월 1일 "중국 특유의 사회주의 시장경제를 건설하자"는 노선을 표방하면서 열린 중화인민공화국 건국 60주년 기념 대규모 행사 또한 중국인들의 자부심을 극대화시켰다.

이러한 자신감은 기본적으로 경제성장을 기반으로 한 것이다. 사실 사회주의를 경험한 나라로서 개혁개방 30여 년 동안 이룬 이 같은 획기적인 경제성장은 매우 이례적이다. 사회주의가 붕괴했다고 해서 곧장 성공적인 시장경제의 윤택함으로 나아갈 수는 없다. 모든 혁명적 변동 뒤 새로운 번영으로의 길은 '눈물의 계곡'을 통과해야만 한다[1]는 사실을 떠올린다면 중국은 민주주의가 교착상태이긴 하지만 경제는 확실히 성공했다고 할 수 있다. 그렇기 때문에 중국의 경제 성공은 중국인들이 자부심을 갖기에 충분하다. 규모의 중국이고 그 내부에 문제가 적지 않은 나라라는 것을 감안하면 더욱 그렇다. 2000년대 들어 이러한 자신감은 이론적으로는 중국모델론中國模式과 '유학열'로 나타나고 있다. 이처럼 1980년대에 등장한 유학은 사회주의 시기에 소외되었던 지식인을 화려하게 부활시켰으며 유학과 더불어 전면에 재등장한 지식인은 21세기 문명제국의 재구축에 국가와 더불어 양대 축을 이루는 주체임을 자임하고 있다. 대부분의 중국 지식인은 20세기 전반기와 사회주의 시기에 못다 이룬 국민국가의 완성과 현대화의 진전이라는 과제를 적극적으로 떠안으려는 태도를 취하고 있다.

사실 중국의 지식인들은 개혁이 시작되고 30여 년이 흐르는 동안 한 순간도 쉬지 않고 논쟁을 지속해왔다. 중국모델론과 유학열도 성격상 30년 동안 벌여온 논쟁의 연속선상에 있다. 중국의 과거를 어떻게 해석할 것인가, 지금의 중국을 어떻게 볼 것인가 그리고 중국은 어디로 갈 것인가? 과거, 현재, 미래를 둘러싼 문제는 개혁개방 이후 1980년대, 1990년대 그리고 2000년대 논쟁들의 저변을 흐르는 핵심 쟁점이기도 했다. 우환의식의 지식 전통을 보유한 나라에서, 더구나 정치적으로 야당이 없는 상황에서 마크 레너드의 말처럼 지식인 논쟁은 야당의 역할을 해왔는지도 모른다.

개혁개방 30년을 편의상 세분화하여 1980년대, 1990년대, 2000년대, 이렇게 10년씩 나누어보면 다음과 같이 말할 수 있을 것이다. 1980년대의 지식계는 문화대혁명의 충격파에서 벗어나지 못했다. 따라서 이 시기에 벌어진 문화 논의는 사회주의에 대한 즉자적 '반사反射'(반사反思가 아닌)의 성격을 강하게 띠었다고 할 수 있다. 이때의 전통이라는 표상 안에는 사회주의도 포함되어 비판되었으며, 때문에 이 시기의 사조를 5·4신문화운동과 구분해 '신계몽'[2]이라고 부르는 것이다. 1980년대는 앞에서 말한바, 지식인이 전면에 등장하면서 20세기 전반까지 지속되었던 전통 논의가 다시 출현한 셈이다. 이 문화 논의가 바로 '문화열'이다.

1989년 톈안먼 사건 이후 1992년 덩샤오핑의 남순강화를 계기로 자본주의적 개방이 강화되었다. 한편 사상계는 분화했고 전반적으로 보수화되었다. 자본주의 발전이 가속화되면서 중국사회의 다원화가 급속하게 진행되었고 이에 대한 해석을 둘러싸고 지식계는 심각하게 분열되었다. 먼저 글로벌화 문제를 둘러싸고 의견이 갈렸으며, 이후 이것은 민족주의 논의로 연결되었고, 가장 극심한 분열을 초래한 것은 '자유주의 신좌파 논쟁'이었다.

2000년대는 앞서 말한 것처럼 서구 근대의 대항 패러다임으로서 유학 담론과 중국모델론이 지식계의 화두로 떠올랐다. 중국모델론은 중국의 경제적 성공을 경험적으로 서술하는 것으로 출발했으나 차츰 정치체제에 관한 논의, 더 나아가서는 소프트파워 전략에 대한 논의로까지 확대되었다. 이 논의는 현 단계 자본주의에 대한 글로벌 차원의 위기로 인해 더욱 확대될 공산이 크다. 하지만 1990년대만큼 공론장을 통해 갑론을박이 이루어지는 것 같지는 않다. 이로 인해 현재 지식장에서 이뤄지는 담론들이 동일성에 기반한 자기 확인 수준을 넘어, 다양성의 확보가 어려워질 수 있다는 우려도 있다.

사실 개혁개방 30년 동안 위의 논의들만 있었던 것은 아니다. 1980년대의 문화열 논쟁의 연장선상에 있는 다큐멘터리 「허상河殤」 현상, 1990년대의 인문 논쟁, 급진보수 논쟁, 국학열, 서학열, 공공성 논쟁 등 실로 다양한 논의가 있었다.[3] 이 논쟁들은 중국사회 변화의 반영이면서 동시에 제한적이나마 사회 변화를 견인했던 논의였다. 이들 논쟁을 통해 사상도 변화했지만 지식인들의 지형도도 많이 바뀌었다. 이것들은 모두 30년 동안 중국사회의 구조 변동에 대한 지식인 나름의 실천적 개입 또는 운동이었다.

1980년대 사상이 역사적 사회주의와 문혁에 대한 지식인의 집단 대응의 결과였다면, 1990년대의 다양한 사상은 가까이는 1980년대와 중국의 역사적 사회주의, 멀리는 중국의 근현대 역사, 그리고 자본주의화되는 중국에 대해 지식인 각 유파의 반응이 표출된 것이었다. 따라서 1990년대는 1980년대와 비교가 되지 않을 정도로 사상 담론과 지식 지형이 복잡하고 정교해졌다. 2000년대는 간단없는 경제성장이 지속되면서 세계에서 차지하는 중국의 위상이 달라지고 이에 따라 사상 담론과 지식 지형에서도 일정한 변화가 찾아온 것이다.

경제적 자신감을 바탕으로 중국 지식인들은 근현대 역사를 새로운 시각으로 봐야 한다는 문제의식을 갖게 되었다. 이를테면 중국의 전통과 사회주의 시기, 개혁개방 시기를 연속성을 가지고 재해석하려는 시도를 한다든가, 또 이와 연동하여 서양의 현대성 자체를 대상화하면서 다시보기를 시도하고 이를 바탕으로 중국의 현대화에 대해 새판 짜기에 돌입했다고 할 수 있다.

개혁개방 30년이 지난 지금 지식인들은 현대 중국이 더 이상 서구의 이론을 수용하여 해석되는 수동적 공간이 될 수 없다고 본다. 이제 그들은 적극적으로 중국의 경험에 기초한 사유를 만들어내고 이론화해 세계에 발신하는 능동적 공간이 되어야 한다고 여긴다. 영국의 좌파 지식인 마크 레너드도 『중국은 무엇을 생각하는가』에서 이와 비슷한 맥락에서 개혁개방 30년은 중국이 세계로부터 영향을 받고 적응해간 시기였다면, 지금부터는 반대로 중국이 세계에 영향을 줄 차례가 되리라고 내다본다. 사실상 중국이 규모와 경제력에 더해, 소프트파워가 구비되고 이것들이 상호 조화를 이루어 지금보다 더 높은 단계의 가치를 창출할 수 있다면 이 전망에는 상당한 근거가 있다. 그럴 수만 있다면 중국은 이제 더 이상 외부의 규칙rule을 그대로 받아들이는 것이 아니라 규칙 자체를 다시 만들고 세계에 유포하는 주체적 행위자로 인정받게 될 것이다.

개혁개방 30년에 우여곡절은 있었지만, 결과론적으로 말하면 100년 동안 부정해왔던 자기 전통에 대해 자신감을 회복해가는 과정이기도 했다. 즉 자신의 전통에 대해 적극적으로 재평가하기 시작한 것이다. 이러한 과정에서 이전에 생각했던 현대화 방식에 대해서도 재고하게 되었다. 즉 문명중국, 새로운 중화 제국을 어떻게 재구축할 것인가를 고민하는 과정에서 지식인은 자기 전통에 대해 적극적으로 고민하게 된 것이다. 그런데 이때 국가와 지식인의 미묘한 관계가 사선적斜線的으로 개입되어 있으며 거기에는 '천하'로서의 국가를 걱정하는 중국 지식인의 사대부적 전통이 적지 않게 각인되어 있다는 점을 기억할 필요가 있다.

우리는 중국의 비판적 지식인들이 앞의 세 요소에 인문학적 상상력을 더해 세계를 향해 대안적 패러다임을 제시해주기를 기대한다. 하지만 다른 한편에서 우려가 없지 않다. 대안적 패러다임과 관련해 중국의 근현대와 서양 근대의 문제가 어떻게 처리되어야 하는가에 대해서는 중국의 근대 100년이 서구의 근대에 대한 저항의 역사이면서 동시에 그것을 욕망하고 받아들인 역사였다는 것, 그리고 이처럼 역설적이면서도 복잡한 근대사가 지금의 중국 현실을 구성하는 중요한 부분이라는 점을 인식하는 것이 중요하다. 더 나아가 지금의 중국 '자본주의'가 아주 많은 문제점을 안고 있다는 점, 그리고 그 문제가 신자유주의와 명확히 분리될 수 없다는 점을 직시하면서 중국의 지식인들은 대안적 패러다임을 구상해야 할 것이다.

문화심리적으로 볼 때 1980년대의 지식계가 사회주의를 포함해 자기 전통을 부정하려는 태도를 보였다면, 1990년대를 거쳐 2000년대에 이르러서는 서구 자본주의의 문제점을 목도하면서 중국의 사회주의 경험을 ―그것이 문제를 적잖이 지니고 있다 해도―'역사'로 인식해야 함을 점차 깨닫게 된 듯하다. 여기서 역사로 본다는 것은 그것을 좋아하든 싫어하든 중국을 구성하는 하나의 중요한 요소로서 받아들여야 한다는 의미다. 그런데 이 깨달음이 중국의 현실 사회주의와 서구 근대에 대한 철저한 자기 성찰을 동반한 것인지에 대해서는 확신할 수 없다. 그것은 미국의 몰락과 중국의 부상이라는 큰 역사의 흐름을 사후 결정론적으로 추인하는 논의 과정 자체가 대세를 이뤄 다양한 사상 논의를 봉쇄해버리고 있을지도 모른다는 우려가 있기 때문이다.

그리고 또 빼놓을 수 없는 것이 유학을 기초로 한 중국의 대안적 패러다임이 과연 중국 인민 다수의 삶과 행복을 견인하고 감당해낼 수 있을까 하는 문제다. 국가와 '지식인士'이 '인민民'과 '소수민족夷'을 소외시키는 방식으로는 국민국가의 기본 임무인 균질적 국민 만들기조차 성공시킬 수 없다. 따라서 대안적 패러다임은 중국의 근현대 역사, 서양 근대의 성취, 그리고 중국 인민의 삶을 타자화하는 방식으로 추구되어서는 안 된다. 유학 담론이든 중국모델론이든 역사성을 탈각시키고 지나치게 목적 지향적으로 접근하는 한, 위에서 제기한 위험성은 언제나 남아 있을 것이다.

이 장에서는 이러한 긴장감을 유지하면서 개혁개방 이후 30년 동안의 구조 변동 속에서 중국의 주요 사상 담론으로 어떤 것들이 있었으며, 그 것들이 어떤 조건 속에서 부상했고, 그 부상의 논리는 무엇이며, 어떤 의미를 갖는지 당시의 사회적 콘텍스트를 의식하면서 서술한다.

2. 1980년대 : 신계몽운동의 출현과 사상의 공공성 – 탈문혁, 문화열 그리고 허상 현상

1) 사상해방운동과 신계몽운동

중국의 1980년대 하면 우리는 문화열을 떠올린다. 그리고 문화열을 중심으로 하는 1980년대를 일반적으로 신계몽운동 시기로 부른다. 하지만 신계몽운동의 전신으로서 사상해방운동에 대해서는 별로 주목하지 않는다. 양자에는 역사적 연속성이 있기 때문에 후자에 대해 간략하게나마 이해할 필요가 있다. 이는 문화열이 벌어지기까지의 전사인 1970년대 말 1980년대 초의 사상적 상황에 대한 밑그림을 그리는 데도 필요한 작업이다.

사상문화운동이 정치 변혁을 요구한 것이라면 신계몽운동은 문화와 사상의 현대화를 소구한 것이었다. 정치 변혁의 기초 없이 사상 문화의 변혁은 쉽지 않다. 공산당 일당 통치라는 중국의 정치 특성을 고려할 때

더욱 그렇다. 1978년 11기 3중전회를 기점으로 개혁개방이 시작되었다고 한다면 사상해방운동은 이보다 몇 개월 앞선 5월에 개시되었다. 그러니까 "실천은 진리를 검증하는 유일한 기준이다實踐是檢驗眞理的唯一標準"라는 선언으로 시작된 사상해방운동은 개혁개방의 서막을 연 것이었다. 이 정치 선언은 처음부터 체제 내부 권력의 중심에서 발동된 것이었으며 이 때문에 근본적으로는 자구책의 성격을 띨 수밖에 없었다. 이 문제를 제출한 실제 목적은 유토피아 사회주의 전통을 벗어나 세속화된 사회주의로 가려는 데 있어 이론적 합법성을 제공하는 것이었다. 초기 사상해방운동의 이론적 예설豫設 장치는 분명히 과학주의적 특징을 갖추는 것이었다. 따라서 다시 지식의 우선성을 도덕의 우선성보다 우위에 올려놓았고, 이는 형해화된 교조주의를 타파하는 데 상당한 작용을 했다.

류칭劉擎의 도움을 받아 서술하면, 사상해방운동은 우선 전통 교조주의로부터 벗어나는 것을 의미했으며, 그런 의미에서 이것은 마르크스주의 내부에서 벌어진 종교혁명이라고도 할 수 있다. 루터식의 종교혁명은 종종 량치차오가 말한바, '복고로써 해방한다'는 방식으로 실현되는데, 주류 이데올로기의 '복고'는 당시에 분명한 한계를 지니고 있었다. 당시 당내 권력의 주변에 있었던 저우양周揚이나 왕뤄수이王若水 등의 복고는 초기 마르크스주의에서 중시되었던 소외나 인도주의로 돌아가는 것이었다.[4] 1983년 3월 마르크스 서거 100주년 기념대회에서 왕뤄수이와 왕위안화王元化 등이 기초하고 저우양의 명의로 발표된 「마르크스주의에 관한 몇 가지 이론 문제의 탐구와 토론關于馬克思主義的幾個理論問題的探討」은 인도주의적 마르크스주의의 대표작이라 할 수 있으며, 이것이 권위 있는 『런민일보人民日報』에 발표되면서 그 파급력 또한 최고조에 달했다.

그러나 개혁개방이 가속적으로 발전한 1980년대 중반에 이르자 인도주의적 마르크스주의는 오히려 주객관적 조건의 제한으로 인해 사상해방운동을 좀 더 넓고 깊은 경지로 끌고 갈 수 없었다. 그것은 우선 저우양 등 이 운동을 주도했던 인물들이 체제 내부 인사였기 때문에 비록 권력의 중심에 있는 것은 아니었다 해도 여전히 체제 내부의 핵심 지대에 위치해 있었다는 점과 관계있다. 그렇기 때문에 한편에서는 대중의 주목 대상이었지만 다른 한편에서는 표적의 소재가 되었으며, 1984년 이후에는 체제가 그들에게 허용해준 변통하거나 발휘할 공간이 갈수록 좁아졌다. 사상해방운동이 자신의 사상적 성과를 보지하고 발전시키려면 반드시 체제 내의 주변과 체제 밖에서 새로운 사상 공간을 개척해야만 했다. 다음으로 복고로써 해방한다는 사상해방운동은 이미 원전에 접근해 있었기 때문에, 오히려 원전에서 해방되지 않고는 계속 앞으로 나아갈 수 없었다. 이에 따라 중국의 사상해방운동은 일종의 새로운 계몽의 방식으로 서양의 자본주의적 현대성을 받아들이지 않으면 안 되었다. 이렇게 사상해방운동이 가지고 있는 논리와 역사에 잘 순응해간 결과 신계몽운동이 바로 진행될 수 있었다고 하겠다.[5]

중국의 개혁은 총체적으로 보면 위에서부터 아래로, 체제 내부의 권력 중심으로부터 체제 주변과 외부 공간으로 점차 확대해가는 과정이었다.[6] 이 점에서 보면 위에서 설명한 내용은 그 메커니즘을 잘 보여준다. 그리고 앞에서 말한 것처럼 중심부에서의 소외나 인도주의 논의가 사회적으로 공공연하게 파급되는 분위기 속에서 1980년에 일어난 그 유명한 판샤오潘曉 토론도 가능했던 것으로 여겨진다.

여기서 잠시 판샤오 토론에 대해 소개하고 넘어가려 한다. 중국의

1980년대를 이야기할 때 빼놓을 수 없는 것이 판샤오 토론이기 때문이다. 1980년 5월 잡지 『중국청년』은 판샤오라는 이름으로 '인생의 길은 왜 갈수록 좁아지는가?'라는 편지 한 통을 공개했다. 이 편지 안에서 판샤오는 자신의 전 인생을 기탁해야 할 방향과 지점을 상실했다고 말했다. 친구도 의지가 안 되고 부모와는 충돌이 있으며 애인은 자신을 떠나버렸다고 했다. 이를 계기로 이해 여름부터 약 6개월간 인생 대토론회가 벌어졌다.[7] 6만여 명이 이 편지를 읽고 판샤오에게 편지를 썼다. 이 대토론회는 지식인들에게는 별 영향을 주지 못했지만 전 사회적으로 파급이 있었다. 당시 이것은 문혁이 끝나고 어찌되었든 문화 환경이 바뀌면서 좌표축의 상실감에서 오는 일종의 집단적 '금단현상'이 나타난 것이라 할 수 있다. 허자오톈은 당시 이 토론이 곧바로 신계몽 사조의 틀 속으로 들어가버려 정신 심층의 문제에까지 도달할 수 없었다고 평가했다.[8]

그런데 이즈음에 다이허우잉載厚英의 『사람아 아 사람아』가 나오고, 왕뤄수이가 마오쩌둥의 개인 숭배를 비판하는 글 「개인숭배는 사상에서의 소외다」를 발표하는 등 사회주의 시기의 인간 소외 현상을 지적하고 휴머니즘을 재평가하려는 시도가 적잖이 일어나고 있었다. 이런 분위기에서 한편에서는 1949년 이전에 있었던 계몽운동에 대한 역사적 계승의 의의를 토론하자는 움직임이 있었고, 다른 한편에서는 1980년대 신계몽운동의 시작을 알리는 개인의 해방이라는 화두가 제기되었다. 하지만 당시 지식인들은 아직 이 문제를 적극적으로 논의할 마음의 준비가 되어 있지 못했다. 역사는 비약을 허락하지 않는다.

1970~1980년대의 이러한 사상적 분위기를 19세기 말과 비교해본다면, 사상해방운동이 19세기 말 캉유웨이의 '탁고개제托古改制'라 볼 수 있

는 한편, 1980년대의 신계몽운동은 어떤 면에서는 5·4운동과 유사한 부분이 있었다고 할 수 있다. 이제 이런 전사를 인식하고 1980년대 지식인의 문화 담론을 둘러싼 조건과 태도에 대한 이야기로 들어가보자.

2) 사상의 불균형성과 문화열의 발생 배경

1980년대 중국 사상계의 화두는 탈문혁과 신계몽 그리고 전통 재인식이었다. 문화대혁명이 끝나고 얼마 되지 않은 1980년대 지식인의 파토스는 아직 사회주의 습속의 연장선상에 있었다. 사회주의에서 벗어났다고는 해도 문혁으로 받은 집단적 트라우마가 아직 치유되지 않은 상황에서 지식인의 에토스와 파토스 사이에는 일정한 거리가 있었다. 사실상 이 양자의 거리를 좁히기 위해서는 문혁을 포함한 1949년 이후의 사회주의가 본격적인 논의와 평가의 대상이 되어야 했다. 그러나 문혁을 비판하는 공산당의 공식 선언이 있었다고는 하지만 공산당이 집권하는 상황에서는 그러한 기회가 주어질 수 없을 뿐 아니라 지식인 자신도 상처를 직시하기까지는 일정한 시간을 필요로 했다.[9]

외부와 단절되어 있던 사회주의 30년을 돌아보면서 지식인들이 느꼈던 가장 큰 결핍 지점은 당연히 서양의 문화와 지식이었고, 반대로 과잉은 사회주의 문화와 지식이었다. 이에 따라 개혁개방이 시작되었을 때 자본주의를 포함한 서구의 근대 사상은 지식인들에게 과대평가될 수밖에 없었던 반면, 중국의 사회주의 경험과 역사는 과소평가되었다. 어느 시대든 전시대에 과도하게 결핍된 지점이 있었다면 다음 시대에는 그것이 과도한 중요성을 띠고 다가오게 되어 있다. 그래서 사상은 어느 정도는 '편향성'을 피할 수 없는 법이다. 그런 점에서 '편향성'을 띤 사상이야말로 역설적으로 사회적 맥락을 갖는 것이라고도 할 수 있다. 그러나 이러한 편향성은 쉽사리 또 다른 편향성을 낳는다.

요컨대 개혁개방 직후 새롭게 만들어지는 지식장에서 지식인들의 의식 상태가 편향성이 전혀 없는 균형적인 모습을 보여준다는 것은 불가능에 가까웠다.[10] 결국 아직 사회주의와 문혁의 충격 자장 안에 있었던 1980년대 지식계는 서구 자본주의에 대한 문제점을 직시할 수 없었다.[11]

앞에서 살펴보았듯, 사상해방운동이 있었다고는 하지만 이처럼 아직은 뭔가 사상적으로 불균형한 상황에서 나온 것이 바로 1984년부터 시작된 문화 논의(문화열)다.[12] 문화열의 구체적인 배경은 잘 알려져 있다시피 다음과 같다. 첫째, 당시 지식인들은 중국의 사회주의가 문화대혁명으로 끝난 상황에서 문혁의 '전제성' 또는 중국의 '후진성'에 대한 비판이 필요했다. 여기에는 문혁 시기에 대부분 지식청년이었던 이들이 직접 농촌을 체험하면서 얻은 중국사회의 '정체停滯적 성격'에 대한 실감이 크게 작용했다. 그리고 그 정체는 어떤 식으로든 전통적 요소와 관계있다고 여겼다. 둘째, 지식인들의 전통 재인식에 대한 공감대가 형성되었다. 1980년대 동아시아에서 네 마리 용으로 대변되는 국가들의 존재는 이러한 공감대 형성의 근거로 작용했다. 이를 근거로 중국 내 원로 유학자들과 해외에서 활동하는 소위 3기 신유학자들 사이에 유학을 근간으로 한 자본주의 발전의 가능성을 타진해야 한다는 주장이 제기될 수 있었다.[13] 셋째, 지식인 입장에서 사회주의 시기에 빼앗겼던 자기 정체성과 위상을 되찾을 필요성을 느꼈다. 계몽적 지식 엘리트로서 그들은 사회주의 형태와는 다른 방식의 근대 국민국가를 기획하고 근대화를 선도해야 한다는 책임감을 느꼈다. 문화 논의는 이 점에서 당시 지식인의 민족주의적 욕구가 반영된 자연발생적인 것이었다고 할 수 있다. 넷째, 1980년대 지식인들에게는 어떤 공통된 기반이 있었다. 이들은 분야도 서로 다르고 입장도 하나로 모아지지 않았지만 적어도 1980년대 지식 상황에서는 지식인으로서 일체된 피被규정성을 가질 수 있었다. 이 피규정성은 일정 기간 정치·사회적으로 실질적인 의미를 갖게 했다. 또 체험 면에서도 '피해자'로서 일종의 연대감이 형성되었다. 그러한 연대감을 기초로 문혁 때부터 살롱과 같은 지식인 소그룹이 형성되고 그 속에서 비교적 자유로운 논의가 이루어졌다.[14] 1980년대의 문화 붐은 이러한 지식인 집단 내부의 토론이 사회적으로 확대되어간 과정이었다고 할 수 있다.[15] 당시 중국의 공공 공간 혹은 민간사회의 설립은 동유럽처럼 국가권력에 대항하는 과정에서 실현된 것이 아니라, 이와 반대로 위에서부터 아래로, 안에서부터 밖으로의 성질을 띠고 있었다. 공공 공간의 설립 과정에서 민간과 체제는 극히 복잡한 상호 영향을 주고받는 관계를 유지했다.[16] 그럼에도 이러한 공공 공간의 설립은 공산당 이데올로기에 지배되어왔던 언설 공간에 대항적인 성격을 띠는 것이었다. 이러한 대항적 언설 공간의 창설이라는 관점에서 되돌아보면 그다지 급진적인 것으로 여겨질 수 없는 리쩌허우李澤厚의 언설이 1980년대에 왜 그토록 집요하게 당 이데올로기의 공격을 받지 않으면 안 되었는지를 이해할 수 있다.[17]

3) 1980년대 지식장과 공공 사상계의 출현

사실상 1980년대의 문화열을 주도한 모임은 '중국문화서원中國文化書院'

'주향미래走向未來' '문화: 중국과 세계' 등 세 단체였다.[18] 첫째, 탕이제, 리쩌허우 등이 주력한 '중국문화서원'은 그 창립의 종지 중 하나가 고유한 우수 문화 전통을 선양하는 것이고 따라서 전통 취향이 분명해 보인다. 그렇다고 중국문화서원이 복고나 국수파를 대표한다는 의미는 결코 아니었다.[19] 진관타오金觀濤와 바오쭌신包遵信 등을 중심으로 한 '주향미래'는 과학을 전통문화의 척도를 재는 기준으로 삼았다. 이들은 사이버네틱스 이론으로 중국 전통사회의 주기성을 해석하는 것으로 유명하다.[20] 둘째, 간양, 왕옌王焱 등이 중심이 된 '문화: 중국과 세계'는 서방 문화를 참고 체계로 삼아 중국 문화를 재사유하고자 했다. 하지만 단순하게 전통을 부정한 것은 아니었다.[21] 이들 단체 외에도 후베이 성湖北省의 '청년논단'과 왕위안화王元化의 '신계몽' 등도 주목해야 한다. 사실 1980년대 베이징 지식계에는 각종 편집위원회, 학회, 협회, 살롱, 서원, 연구소, 강습반 등 여러 형태의 모임이 있었다. 이들 모임이 적어도 형식적으로는 현존 체제에 대항적이었다고 말할 수는 없다. 이런 모임들은 보통 국영 기관에 등록 관리되는 기구 안에 '예속'되어 있었고, 개인 차원의 살롱 모임은 친목회의 성격을 띠고 있었다.[22]

이러한 조직과 단체들의 출현을 공공적 성격의 사상과 사상계의 출현으로 해석할 수 있다면 첸리췬이 말하는 민간 사상운동이야말로 공공성을 체현한 움직임이었다고 할 수 있다. 왜냐하면 여기서 말하는 민간 사상은 권력화된 관방의 사상으로부터 일정한 거리를 유지하고 거기에 저항하면서 형성되어온 면이 있기 때문이다. 첸리췬은 최근 중국에서 벌어진 한 토론회에서 자신이 현재 힘을 쏟고 있는 작업이 바로 중국의 민간 사상이며, 중국에서 자각적인 의미에서 민간 사상운동은 1957년부터 시작되었다고 주장했다.[23] 이 운동은 이후 1960년대 문화대혁명까지, 특히 문혁 후기 개혁개방이 시작되고 1980년대 초기까지도 시단西單 '민주의 벽'과 민간 간행물을 중심으로 지속되었다. 첸리췬은 이를 사회사상, 문화운동의 일환으로 본다. 그러나 이 운동은 치명적인 전환점에 맞닥뜨리는데, 1981년 초 중국 공산당이 민간 조직과 민간 출판을 금지하면서부터다.[24] 물론 이후에도 민간 사상이 여전히 존재했지만 단지 회색 지대에서만 가능했다.[25] 첸리췬의 주장에 비춰보면 1980년대 지식계의 문화 논의는 민간의 통제가 느슨해지면서 자연발생적으로 생겨난 듯하지만, 학술 조직과 출판에서 오히려 마오쩌둥 시기에 비해 상대적으로 제한을 받았던 듯 보인다. 아마도 이는 1957년 반우파 투쟁 이후 지식인에 대한 강한 통제가 이루어지고 그에 대한 지하에서의 강한 저항이 역설적으로 민간 사상운동의 동력이 되어 결과적으로 이를 발전시킨 것일 수 있다. 강한 통제의 역설이라 할 만하다. 이에 반해 개혁개방 이후는 지식계 전반이 사회 전면에 등장하고 소실되었던 지식장 자체가 공식적으로 재건되면서 관방과 민간의 구분이 모호해졌다. 덩샤오핑 정부로서는 오히려 구분이 모호해진 지식계를 통제할 필요성을 느꼈고, 이것이 급기야는 민간 조직과 민간 출판 금지를 결정하는 계기로 작용했을 가능성이 있다.

4) 주요 지식인 단체의 문화 담론과 전통 재인식

1980년대 여러 형태의 모임 안에서 논의되는 담론의 대체적인 특징은 탈문혁을 배면에 깔고 있으면서 중국은 어디로 가야 할 것인가를 둘러싼 계몽적이고 국민문화론적 성격을 보여준다. 사실 이때 많은 지식인은 중국이 이제야 정치·경제·문화적으로 국민국가로서 기초를 닦고 그 모습을 만들어가는 도정에 들어섰다고 여겼고, 이들은 이 과정에서 주도적인 역할을 할 수 있을 거라 믿었다.

1980년대 지식인들은 과거와의 단절을 이야기하면서도 전통을 어떻게 볼 것인가에 대해서는 서로 커다란 의견 차를 드러냈다. '중국문화서원' 그룹은 일단 20세기 초 신유학자들의 견해를 이어받고 있다. 즉 이 단체는 주로 국외의 화교 학자들과 중국 내 유학 연구자들로 구성되었으며, 연령대로 보면 세 파 가운데 연배가 가장 높았다. 이들은 기본적으로 중국 문화와 서양 문화를 절충 융합하려는 기도하에서 유학을 부흥시키고 계승해야 한다는 입장이었다. '주향미래' 그룹은 중국의 전통 사상을 대일통의 초超안정 시스템으로 여기고 이것을 이성을 통해 변화시켜야 한다고 보았다. 이들은 '중국문화서원' 계열보다는 연배가 좀 어렸고 간양 계열의 지식인들보다는 좀 높았다. 문화열 중기 이후에 좀 더 주목받았던 간양이 주도했던 '문화: 중국과 세계'는 서양의 해석학적 방법을 도입해 전통과 현대화의 문제를 재해석하고자 했다. 간양은 논점을 명확히 하기 위해 중서의 문제와 고금의 문제를 분리해서 접근했으며, 이는 중국의 현대화를 서양화와 구분하기 위한 것이었다.

그러나 이러한 대체적인 분류와 비교해 일본 학자 아즈마 주지吾妻重二는 중국의 문화열을 네 가지 입장, 즉 유학부흥설, 철저재건설, 비판계승설, 서체중용설로 나눠 소개했다.[26] 국내에 소개된 『현대중국의 모색』에서도 이 분류를 따르고 있다. 이 분류에서 가장 문제가 되는 것은 진관타오의 '주향미래'와 간양의 '문화: 중국과 세계'를 하나로 묶어 철저재건설로 보고 이들을 전면 서양화파라고도 부른다는 점이다. 진관타오는 이렇게 이름 붙여지는 것에 대해 동의하지 않는다고 말한 적이 있고,[27] 간양 역시 이런 분류에 대해 불만을 토로한 적이 있다. 그의 말을 직접 들어보자.

> 「전통을 말한다」라는 논문 한 곳에서 '전통을 계승 발양하는 가장 강력한 방법은 바로 반전통이다'라고 말한 부분이 있다. 이런 급진적인 태도는 확실히 당시 거의 모든 청년지식인의 보편적인 정서였다. 대체로 이런 이유 때문에 국내외의 일부 지식인이 이 논문을 기준으로 자기를 다른 몇 사람과 함께 묶어 반전통파로 분류했다. 그러나 이런 분류법은 의미가 별로 없다. 뿐만 아니라 문제를 단순화시킬 우려가 있다. 당시 반전통이 청년들의 기본적인 태도였다고 하지만 우리 주장은 전통문화를 송두리째 던져버리자는 의미는 아니었고 우리 세대가 중국 전통문화에 대해 어떤 감정적인 연관도 없다는 것을 의미하는 것은 더더욱 아니었다. (…) 바꿔 말해 우리는 전통문화에 대해 부정하고 비판했지만 동시에 긍정하며 미련을 갖고 있었다. 똑같이 '현대사회'에 대해서도 동경하고 갈구하는 면이 있었지만 그것에 대해 동시에 깊은 우려와 불안한 마음을 가지고 있었다.[28]

여기서 볼 수 있듯이 전통에 대한 견해에서 간양의 입지는 그렇게 간단하지가 않다.[29] 그는 현재 중국 인문학계의 의제를 생산하고 이끌어가는 인물군에 속해 있는데, 1980년대의 현대화 인식의 방법과 지금의 그것이 일정 정도 연속성을 보이고 있다는 점에서 이 부분은 재론의 여지가 있다.[30]

이와 관련하여 간양 계열 지식인들이 당시에 주목했던 서양의 사상가 중 가장 중요한 인물이 하이데거였다는 점에 유의할 필요가 있다. 이를 의식하면서 간양이 전통에 대해 발언한 몇 부분을 보자.

> 중국이 '현대' 세계에 진입하기 위해서는 철저하게 근본에서부터 변화하지 않으면 안 된다. 사회시스템, 문화시스템, 인격시스템을 근본에서부터 변화시키지 않으면 안 된다. 이러한 거대한 역사의 전환시대에 '**전통**'을 계승, 발양하는 가장 강력한 수단은 바로 '반전통'이다.[31]

그런데 앞의 아즈마 주지는 자신의 글에서 돋움체 '전통'을 '(5·4)의 전통'으로 해석한다.[32] 그러나 간양의 원문에는 그냥 전통이지 '(5·4)의 전통'이 아니다. 아즈마 주지처럼 해석하면 계승해야 할 대상이 '전통'을 비판한 '5·4 전통'이 되는 것이라서 정반대의 의미가 된다.

> 여기서 우리가 환기하고자 하는 것은 5·4에 대해서 재인식하려 할 때 반드시 전통에 대해서도 재인식해야 한다는 것이다. 1980년대의 문화토론은 마땅히 이론적으로나 또는 방법론적으로 전통에 대해서 새로운 이해와 인식을 해야만 한다. (…) 중국 전통문화는 충분히 강대하며 생명력을 지니고 있다. 중국 외부로부터의 도전과 충격은 중국의 위기를 구성하지 못한다. 진정한 도전은 외부에 의한 것이 아니라 내부에 의한 것이다. 근대 이후 중국사회의 발전은 중국 전통문화의 형태를 현실 상황에 적응시키지 못한 데서 비롯되었다. 따라서 문제의 본질은 중국과 서양 사이에 문화의 격차가 큰 것에 있는 것이 아니라 중국 문

화가 그 전통문화의 형태로부터 빠져나와 현대화하지 않은 데 있다.[33]

간양 계열이 보여주는 중국의 전통과 현대에 대한 문제의식은 사실상 하이데거의 문제의식과 매우 유사한 면이 있다.[34] 하이데거는 기술시대의 문제를 극복하기 위해 그 대안적 자원을 다른 데서가 아닌 자기 전통 내부인 서양의 고대에서 찾으려 했다.[35] 이 문제에 대해서 간양 자신도 자기들이 바랐던 것은 "서양 학술을 근거로 문제를 새롭게 이야기하자는 것이었다. 서양 학술 중에서 서양이 서양 문명에 대해 행한 반성과 비판을 끌어들이자는 것이었다"라고 술회한 적이 있다.[36] 이러한 진술로 볼 때 간양 계열을 서화파 입장과는 구분해서 볼 필요가 있다. 그러나 그는 "1980년대에 중국이 현대화의 필요성이 급박한 상황임에도 오히려 현대성을 비판했던 것은 무슨 생각에서였느냐"는 질문에, 처음에 그것이 의식적으로 현대성을 비판하려 했던 것은 아니고 자신이 읽고 싶은 책을 읽다보니 그렇게 된 것일 뿐이라고 말한 적이 있다. 즉 의도하지 않은 '우연한 성과'(?)였음을 밝힌 것이다.[37] 중국이 현대화의 정도에서 서양과 격차가 좁혀진 2000년대의 상황에서 보면 1980년대 지식인들의 전통에 대한 인식은 어느 한쪽으로 치우쳐 있는 듯하나, 1980년대의 문법으로 본다면 지식인들 사이에서 '반전통'이라는 기호는 어느 정도 '상식'으로 통했던 면이 있다. 더구나 개혁개방 이후 국민국가의 건설을 새로이 구상하고 기획해야 한다는 과제 앞에서 지식인들에게 현대화는 서양화와 완전히 다른 것이기보다 모호하게 엉켜서 인식되었을 가능성이 높았다. 현대화를 모든 사회가 보편적으로 보여주는 역사의 한 단계로 위치짓고 중국사회의 현대화를 서양화가 아닌 중국의 독자적인 현대화로 인식하기 시작한 것은 경제성장에 자신감이 붙는 1990년대 중반쯤부터나 가능한 것이었다.

5) 허상 현상

1980년대 문화 논의에서 문화론 붐과 더불어 빠트릴 수 없는 것이 다큐멘터리 「허상」이다.[38] 쑤샤오캉蘇曉康과 왕루샹王魯湘이 만든 이 「허상河殤」은 문자 그대로 강이 죽었다는 뜻이다. 여기서 강은 중국을 상징하는 황하다. 1980년대의 문화 논의 열기가 잠시 1987년의 반부르주아 자유화 캠페인으로 멈췄다가 다시 불을 붙이게 되는 계기가 된 것이 바로 1988년 다큐멘터리 「허상」의 방영이었다.[39]

'중국문화반사록中國文化反思錄'이라는 부제가 붙은 이 다큐멘터리는 전통문화에 대한 비판이라는 형식을 빌려 현실 정치의 풍조를 공격했다. 이 다큐물은 중국의 일반 인민들에게 폭발적인 인기를 얻었으며 앵콜 방송을 하다가 당국에 의해 급기야 중단되었다. 「허상」이 1989년 톈안먼 사건 발생에 얼마만큼 영향을 미쳤는지에 대해서는 정확히 말할 수 없으나 인과관계가 있음은 분명하다. 역사문화 연구에서 서양을 학습하고 현대화를 추구하자는 정서와 정치제도·이데올로기에 대한 불만 풍조가 점차 결합하면서 1989년 톈안먼 사건이 일어난 것이다. 그리고 이로 인해 급기야는 1980년대 전체가 종결되었고 '문화열'도 종식되었다고 할 수 있다.[40]

「허상」에 따르면 중화 문명은 황색 문명이며 서양 문명은 남색 문명이다. 황색 문명은 대륙 문명이며 바로 봉건전제를 뜻한다. 남색 문명은 해양 문명이며 바로 민주와 자유를 상징한다. 이 다큐는 용, 황하 강, 만리

장성으로 상징되는 중국 문화를 강렬하게 비판하면서 이것들은 과학, 민주, 남색으로 상징되는 해양 문화에 의해 재창조되어야 한다는 내용을 담고 있다.

그런데 이처럼 전통을 근원에서부터 부정하는 작품이 나왔다는 자체가 문화열이 만들어낸 지식계의 전통 열기가 결코 낮지 않았음을 '역으로' 반영한다. 그리고 또한 이 작품이 일반 인민들에게 인기가 높았다는 것은, 도식적으로만 보면 지식인들과 일반 인민 사이에 아직 전통에 대한 사유에서 간극이 적잖이 있었음을 말해준다. 이 다큐로 인해 1980년대를 '반전통의 시대'로 규정하게 하는 면도 없지 않으며 1980년대를 대표하는 하나의 문화 현상을 낳기도 했다는 점에서 기억될 만하다. 「허상」은 포스트사회주의 이후의 국면에서 국민국가 건설이라는 중차대한 과제를 놓고 지식인들을 향해 전통에 대한 철저한 자기반성[41]을 촉구했다는 면에서 자기 부정적 민족주의의 한 형태로 평가할 수도 있다.

6) 1980년대 지식계의 특징, 의미, 한계

1980년대의 문화 논의는 지식인들이 아직 학술적 전문성을 갖추지 못한 시기에 표출된 하나의 과도기 현상이었다. 이 때문에 중요한 것은 이 시기의 문화 논의가 어떤 관점을 취하고 있느냐가 아니라, 문화운동 저변에 흐르고 있던 일반적인 의식 및 그것이 내포하고 있던 경향성이었다.[42] 1980년대의 문화 논의는 실제로는 1970년대 말 이후의 문혁에 대한 반성의 연속선상에 있으며 그것의 심화라 할 수 있다. 이런 의미에서 문화 논의는 시작부터 강렬한 사회·정치성을 띠었으며, 그것은 사실상 장기적으로 통치 지위를 점했던 정통 이데올로기에 대한 반항적 성격을 갖는 것이었다. 하지만 이러한 문화 성찰이 강렬한 사회·정치성을 띠었다 하더라도 동시에 탈문혁의 의지가 담겨 있었음을 감안하면 여기서 사회·정치성의 초월에 대한 요구를 읽을 수 있다.

중국의 지식인들은 1980년대는 1990년대와 비교했을 때 최소한 '진실한 사유'가 살아 있었던 것으로 기억한다. 적어도 1980년대는 지식인들이 공통으로 관심을 갖는 주제가 있었다는 것이다. 이때는 지식인들이 자신들의 사유 과정에 주목했고 남의 이야기를 '경청'하거나 '대화'가 있었던 것으로 기억한다.[43] 사유에 생기발랄함이 배어 있었고 그것이 환영받을 수 있었던 데는 1980년대가 아직 일정한 제도와 규칙이 만들어지지 않은 시대였기 때문일 수도 있다. 오히려 그렇기 때문에 지식인들이 개입할 여지가 많았고 그들의 실천을 추동했다는 역설이 성립된다. 1980년대 문화 논의를 경험하면서 지식인들은 마오쩌둥 시대에 실추되었던 지식인의 정체성을 회복했다는 의미를 넘어, 이제 그들 자신이 새롭게 국가와 사회를 기획하고 그 사회의 규칙과 제도를 만들어가는 주체로 거듭났다는 자신감으로 충만해 있었다.

한 세대의 학술적 공헌은 지식 구조에만 달려 있지 않고 정치 환경, 사상 조류, 사회 분위기가 어떤 상황에 처해 있느냐와 밀접한 관련이 있다.[44] 1980년대 지식인들은 문화를 빌려 정치를 말함으로써 사회적 책임을 다하려 했다. 이런 점에서 1980년대 지식인들은 의식하지 않고 공공지식인의 역할을 수행했다고 할 수 있다. 지식인들은 사회 변혁에 주목했고, 그들의 실천이 개혁에 영향을 줄 수도 있다는 어떤 확신을 가지고 있었다. 1990년대부터 매체상에서 공공지식인이라는 단어가 나온 것은 역설적으로 이에 대한 결핍을 증명하는 것이리라.[45] 1990년대 들어 정부의 자본주의 강화 정책이 나오고 사회 구조와 인간관계가 서서히 변화하면서 1980년대 지식인이 품었던 문제의식은 새로운 도전에 맞닥뜨렸다. 1980년대의 이런 문제의식의 종결점을 보여준 것이 바로 '인문주의' 논쟁이다.[46] 이 논쟁은 1990년대에 벌어졌지만 중국 인문학자들의 1980년대적 사고를 반영한다. 1994년에 벌어진 '인문주의' 토론은 간양이 말했듯이, 경제이성이 초래한 현대 중국인의 정신적 초조함에 대한 표출이고 1980년대 문화 토론의 종결이라 할 수 있다. 그리고 이 종결은 바로 1990년대의 새로운 시대 분위기가 도래했음을 의미하는 하나의 징조였다.

3.
1990년대
: 6·4사건과 지식계의 보수화

1) 사상 담론의 조건 변화와 지식인의 분화

1990년대 지식의 풍경은 1980년대와는 다르다. 그렇다면 두 시대를 가르는 단층을 만든 것은 무엇일까? 그것은 1989년 6·4사건과 1992년 남순강화를 계기로 한 중국 정부의 자본주의 강화 정책이었다. 1990년대에는 서로 인과관계에 있는 두 가지 커다란 '사건'으로 인해 1980년대와는 매우 다른 사상 지형과 지식인 지형이 만들어졌다. 그중 가장 눈에 띄는 현상은 문화보수주의가 대세가 되었다는 점이다. 따라서 표면상으로는 1980년대가 '반전통'으로 표상된다면 1990년대는 '전통 긍정'으로 인식된다.

1989년 사회운동의 패배는 1990년대의 지식인 분화와 담론 지형의 성격 변화를 알리는 서곡이었다. 왕후이의 말을 빌리자면 "1989년 톈안먼 사건은 혁명의 세기에 철저한 종결을 고하는 장송행진곡이었다. 러시아 혁명과 같이 프랑스혁명도 급진주의의 기원으로서 비판과 부정의 대상이 되었다. 이후 중국은 장기간에 걸친 전면적인 탈혁명의 과정으로 들어갔다. 개혁개방 30여 년을 전체로서 보았을 때 사상적 분기는 개혁개방이 시작된 1978년보다도 1989년 톈안먼 사건이라고 해야 할 것이다."[47] 왕후이는 중국 지식계가 사상 '단절'을 가져오게 된 계기를 바로 이 톈안먼 사건으로 보고 있다. 1978년은 중국사회의 하나의 분수령이 되었지만 1990년대 지식인의 사상과 행동을 결정한 것은 그것보다는 1989년 톈안먼 사건이었다는 것이다. 그는 톈안먼을 하나의 사회운동으로 보았을 때 그 실패가 가져온 결과와 파장이 우리가 상상하는 것 이상이었음을 강조하고자 한 것이다. 1989년 사태는 그 성격에서 1980년대 중국 사상운동에 대한 의도하지 않은 총괄의 의미를 담고 있다.

잘 알려져 있다시피 1989년 톈안먼 사건 이후 덩샤오핑은 자본주의 개방을 강화했다. 1992년 남순강화는 그 상징이었고 이는 모든 사람의 예상을 뒤엎는 것이었다. 남순강화 이후의 한 일화는 그때의 분위기를 잘 설명해준다. "덩샤오핑이 왼쪽 깜빡이를 켜고 오른쪽으로 돌았다打左燈向右轉. 그렇기 때문에 그의 뒤를 쫓던 기자들이 따라잡을 수 없었다." 이는 1990년대 이후 중국의 인민들 사이에서 나도는 우스갯소리이지만, 덩샤오핑 노선에 대한 생동적이면서도 핵심을 찌르는 묘사다. 이를 관방에서는 '형식은 좌파적이면서 실제는 우파적形左實右'이라는 말로 표현한다.[48] 당시 형좌실우形左實右로 표현되었던 중국 공산당 노선은 사상적으로는 신권위주의, 신보수주의라 할 수 있다.[49]

1990년대에 진입하면서 1980년대와 달라진 두 가지 특징을 들라면 다음과 같다. 첫째, 지식계 전반이 보수화되면서 1980년대에 다수를 차지했던 급진주의적 지식인과 소수의 전통주의적 지식인 사이의 격차가 좁혀졌다. 이에 따라 1980년대에 이데올로기적 공격을 받았던 리쩌허우의 언설이 더 이상 공격의 대상이 될 수 없었다. 1990년대 들어 리쩌허우의 영향력이 급격히 떨어진 것은 무엇보다 리쩌허우 자신이 오른쪽으로 이동한 것도 있지만 지식계가 전체적으로 보수 쪽으로 이동한 것과도 밀접한 관련이 있다.[50] 그런데 1990년대가 이처럼 보수화된 데에는 무엇보다 중국 사상계가 글로벌화라는 변화에 대해 우국적憂國的으로 대응한 점도 중요했다는 것을 염두에 둬야 한다.[51] 따라서 지식인 사이에서 1980년대의 급진적 계몽주의 문화 비판에 대해 돌아보자는 분위기가 다양한 시각에서 제기되었다. 둘째, 1990년대로 진입하면서 중국 지식계의 담론 주체 세력이 인문계 지식인에서 사회과학, 특히 경제학자들로 바뀌었다. 그 이유는 여럿이지만, '중국의 후진성'을 비판하고 문화적 계몽으로 큰 방향을 제시하는 것이 1980년대 인문학자들의 역할이었다면 1990년대에는 이런 작업이 더 이상 필요 없어졌다는 데서 찾을 수 있다. 자본주의화가 강화되면서 각 분야에서 구조적인 변화가 일어나고 여기에 대응하여 구체적인 구상과 계획을 만들어갈 사회과학적 전문 지식이 필요해진 것도 그 중요한 원인이다.

사상계에서 신보수주의가 현재화하는 계기가 된 것은 홍콩에서 발행되는 잡지 『21세기』에서 진행된 급진보수 논쟁이었다. 재미학자인 위잉스余英時는 1991년 이 잡지에 발표한 글에서 중국의 사회주의 역사뿐 아니라 20세기 중국의 역사에 대해 새로운 해석을 시도하고자 했다. 그는 20세기 급진에 대한 비판뿐 아니라 더 근원적으로는 그 급진 이론의 기원을 서양에서 가져오려는 지식인들의 태도에 대해 비판했다.[52] 리쩌허우와 류짜이푸劉在復의 대화록인 『고별혁명』 또한 중국 역사에서 급진(혁명)의 경향에 대해 비판하고 개량의 필요성을 역설한 책이라는 점에서 위잉스의 문제의식과 일맥상통하는 면이 있다. 이 연장선상에서 나온 '국학열'도 1980년대의 문화열에 대한 성찰의 분위기에서 형성된 것이었다. 1990년대 초반 학계의 이런 분위기 속에서 리쩌허우에 따르면 사상가는 없어지고 학문 연구자는 도드라졌다. 왕궈웨이王國維, 천인커陳寅恪 등 기존의 보수주의자로 알려졌던 지식인들은 높이 평가된 반면, 후스胡適, 천두슈陳獨秀, 루쉰 등 이른바 진보주의자로 알려진 지식인들은 사람들의 관심에서 멀어졌다.[53] 그러나 국학열에서의 문화보수주의 성격은 중국의 독자적인 문화 전통이나 토착화를 주장하는 쪽에 가까웠다. 이들의 주장은 위잉스나 두웨이밍杜維明 등 해외 신유학자들과 달랐다. 위잉스나 두웨이밍 등은 상대적으로 서양 근대로부터 수용할 것은 수용해야 한다는 입장을 견지한다. 어쨌든 이런 일련의 움직임은 「허상」과 1989년 톈안먼 민주화운동으로 종결된 1980년대의 '반전통'의 분위기와는 완전히 다른 것이었다.

하지만 이러한 분위기가 단순히 1980년대의 전통 인식에 대한 즉자적인 반발에서 나왔다고만은 할 수 없다. 왜냐하면 그것은 1980년대 당시 문화열에 참여해 반전통의 경향을 보였던 지식인들도 1980년대 자신들의 자세에 대해 성찰의 필요성을 다양한 각도에서 인정하고 있었다는 점 때문이다. 예컨대 천핑위안陳平原은 1980년대 문화 비판에서 정치 비판으로 급속하게 전회했던 지식인들의 행태에 대해 비판한다. 그는 1990년대에 접어들면서는 사상의 독립, 사상의 자유를 주장하면서 1980년대식의 범정치 의식이나 범문화 의식을 비판한다. 그는 사대부의 전통이 강한 나라에서는 오히려 분업화·전문화야말로 정말로 필요하다고 역설한다. 이러한 문제의식 아래 그는 천인커 등 보수 성향 학자들의 전문적인 학술성을 높이 평가한다. 간양도 리쩌허우가 계몽이 구망救亡(망해가는 나라를 구함)에 압도되었다고 한 것을 두고, 그가 말하는 계몽은 진정한 계몽이었는가, 그것도 전반적인 사회 개조를 위한 단순한 수단은 아니었는가 하는 의문을 제기한다.[54]

「허상」의 작가 중 한 사람인 쑤샤오캉蘇曉康도 1990년대에 두웨이밍과의 대담에서 전통 재평가에 동의하고 있다. 쑤샤오캉이 1989년 6·4사건 이후 미국에서 행한 강연에서 민주화운동을 했던 학생들의 급진주의를 비판하자 청중 가운데 한 여학생이 "어쩌면 그렇게 무책임하냐? 지식인의 사회적 책임을 그렇게 강조했으면서!"라고 울면서 항의했다고 한다.[55] 아마도 이는 쑤샤오캉 개인의 문제도 있겠지만 중국 지식인을 둘러싼 지적 환경의 변화와도 관련 있을 것이다. 이런 점에서 우리는 1990년대의 중국을 보는 또는 중국을 해석하는 다른 논리가 필요했음을 인정하지 않을 수 없다. 따라서 사상계의 이러한 입장 변화는 지식인 개인의 취향으로만 봐서는 풀리지 않고, 1980년대의 조건과 1990년대의 사회적 배경이 달라짐으써 그에 대한 대응 방식이 변화해야 했던 어떤 구조적인 면도 함께 고려되어야 할 것이다.

무엇보다도 1990년대로 진입했을 때 우리가 가장 주목해야 할 것은 1989년 톈안먼 사건에 대한 대응 실패가 가져온 지식계의 분화와 사상의 단절이다. 이제 1980년대의 '반전통'의 일체화가 더 이상 의미 없어지면서 문혁의 탈각을 위해 하나가 되었던 사상계가 몇 갈래로 나뉘었다. 아주 거칠게 나누면 지식인 일부는 정부로 들어갔고, 또 다른 일부는 서구의 나라들로 유학을 떠났으며 그 외 지식인들은 서재로 들어갔다. 당시로서는 서재로 들어가 연구하면서 침묵하는 것도 일종의 시위였다.[56] 물론 이러한 지식 분화와 사상 단절의 대외 배경에는 냉전체제의 종결과 구소련의 해체 등 세계정치의 변화가 있었다. 나라 안으로는 중국 정부의 1989년 톈안먼 사건과 그에 대한 대응으로 나온 자본주의 강화 움직임이 있었다. 그러나 1990년대의 지식 분화에는 1980년대의 신계몽운동이 가지고 있던 넓은 외연과 태도의 동일성이 내함하고 있던 이질성이 복잡한 내재적 분기를 구성하면서 표출된 것으로 봐야 하는 면도 있다. 이렇게 본다면 1990년대 지식계의 분화는 결국 이러한 내외적 정책 변화와 사상계의 자기 성찰의 움직임이 상호 작용하는 가운데 이루어졌다고 할 수 있다.

2) 1990년대의 사상 논쟁과 지식의 토착화

① 시민사회, 글로벌화 논쟁

이 절에서는 1990년대의 위와 같은 분위기를 토대로 시민사회 논쟁, 글로벌화에 대한 대응, 민족주의 논의, 자유주의 및 신좌파 논쟁 등의 쟁점을 아주 간략히 서술하면서 1990년대 사상을 개괄하고자 한다.

1980년대에 비해 1990년대는 국가에 대한 사회 이탈 현상이 부각되었다. 이 과정에서 주목받게 된 주제 중 하나가 시민사회론이다. 이에 대해 간략히 소개하면 우선 시민사회론은 미국의 중국 역사학계에서 시작되었으며, 1980년대에 나타나기 시작한 여러 민간 단체와 1989년 민주화운동을 시민사회 출현의 징후로 해석하려는 데서 출발한다.[57] 1990년대 사회과학자들은 1980년대 도시 일각에서 나타난, 앞서 언급한 여러 형태의 조직과 지식인 단체의 출현에 주목하고 이러한 현상을 국가로부터 상대적으로 독립한 공공 공간의 창출로 여긴다. 또 1989년 민주화운동의 좌절도 중국 시민사회의 유약함에서 연유한 것이라기보다는 강한 탄압의 결과로 해석한다.

그러나 국가가 느슨해지는 사이 종법 조직이나 흑사회黑社會 등 전통적인 조직의 환류 현상이 나타났고, 이를 공공 영역이라기보다는 사적 영역의 확대로 봐야 하기 때문에 결코 시민사회 형성의 조짐으로 읽을 수 없다는 주장도 있다. 어찌되었든 중국사회에 적합한 시민사회론은 국가와 대립되기보다는 국가와 협력하는 코포라티즘Corporatism에 가깝다는 주장이 논쟁 말미에 힘을 얻어갔다.[58] 이 점에서 1990년대의 시민사회 논의도 결국은 보수주의의 흐름에서 벗어나지 않는다. 결과적으로 시민사회론 논의를 계기로 중국 사회과학의 규범화와 본토화라는 문제의식이 생겨났다고 할 수 있다.

1990년대 시민사회론과 더불어 지적 관심의 대상이 된 것은 글로벌화를 어떻게 받아들일 것인가였다. 중국 정부는 WTO 가입을 준비하면서 전면화된 글로벌화를 기회와 도전으로 받아들이고 있었다. 예를 들어 중공중앙 편역국 부국장인 위커핑俞可平은 글로벌화의 내재적 모순을 단일화/다양화, 일체화/분열화, 집중화/분산화, 국제화/토착화로 정리하고 이것들을 글로벌화가 잉태한 '합리적 패러독스'라고 말한 바 있다.

그렇다면 인문학계 지식인은 이를 어떻게 바라봤을까? 헌팅턴의 『문명의 충돌』이 발표되면서 그것이 홍콩 소재 잡지 『21세기』(1993년 10월)에 번역·게재되었다. 1990년대에 들어와 사상계가 보수화되고 비정치화된 분위기에서 헌팅턴의 『문명의 충돌』은 강한 반발을 불러일으켰다.[59] 이 논문의 주요 쟁점 중 중국 지식인들이 주목한 부분은 당연히 냉전 후 국제적 대립축이 이데올로기에서 문명으로 이동하는데, 특히 이슬람 문명과 유교 문명이 제휴하여 서구 문명과 대립할 가능성도 있다고 한 부분이었다. 이 부분이 중국 지식인들로부터 집중 포화를 받았다.

이에 대한 중국 지식인들의 반박은 다양한 측면에서 이뤄졌다. 기독교 문제 연구자이면서 신좌파 지식인과도 친분이 두터운 류샤오펑劉小楓은 국민국가의 대외 행동에는 닉슨 시기의 중미 접근처럼 문명으로 설명될 수 없는 부분이 있다고 말하고, 근대 국민국가가 국내의 문화나 종교적 전통과 긴장관계를 잉태하면서 성장해온 사실을 경시했다며 헌팅턴을 비판했다.[60] 한편 대중적 민족주의자를 대표하는 왕샤오둥王小東은 문명이나 문화는 실제로 경제적 이해의 충돌을 은폐하기 위한 수단에 불과하다면서 헌팅턴을 비판했다.[61] 자유주의 경제학자 성훙盛洪은 서양 문명이 다른 문명을 멸망시키는 확장적 문명이기 때문에 이에 대응하기 위해서 중국도 그들의 방법인 부국강병의 노선을 취하지 않을 수 없다고 역설했다.[62] 이이제이以夷制夷의 방법으로 대응할 것을 주문한 것이다.

앞의 세 사람이 보여주는 민족주의적 입장과는 달리 문명과 문화의 시각에서 글로벌화의 문제를 받아들여 자신의 논리를 전개하는 학자들도 있다. 그 대표적인 인물이 사회학자인 장루룬張汝倫과 자유주의 원로 지식인 리선즈李愼之였다. 장루룬은 글로벌한 근대화에 의해 모든 문화가 위기에 맞닥뜨려 있음을 직시하면서 인문정신의 회복을 제창한다. 그는 문화가 사회경제 일체화에 저항하는 유일한 희망이라고 역설했다.[63] 리선즈의 대응은 이와 조금 다르다. 그는 기본적으로 중국의 근대화는 글로벌화를 목적으로 해야 한다고 본다. 그렇지만 글로벌 문명을 서양 문명과 동일시하지는 않는다. 그는 글로벌화가 사람들에게 풍부함을 가져다주기도 하지만 동시에 부작용도 초래한다고 말한다. 예를 들어 글로벌화는 환경오염, 에이즈 등의 문제를 초래해 가치 관념의 대혼란을 불러온다고 지적한다. 그는 바로 이런 위기의 측면에 주목해, 중국에는 인류 문명의 위기를 극복할 양약이 있다며 그것이 바로 '천인합일' 사상이라고 주장한다. 천인합일을 최고 경지로 삼는 중국 철학이야말로 인류의 조화를 실현하는 단서가 아닐까라는 가능성을 제시한 것이다. 그리하여 그는 다음과 같이 결론내린다. 글로벌화는 중국 문화의 재건이라는 특수한 임무를 중국인에게 부과한 것이다. 따라서 글로벌화의 보편적 규칙을 체體로 하고 중국적 특색을 용用으로 하지 않으면 안 된다.[64] 이 담론이 진행된 뒤 글로벌화가 강화되어갔고, 실제 글로발화가 진행되는 과정에서 그전에는 분명한 차이를 보이지 않던 지식인들의 입장이 좀 더 선명하게 드러났다.

② 민족주의 논쟁

이러한 글로벌화에 대한 지식인의 대응은 자연스럽게 민족주의 논의로 이어졌다. 사실 글로벌화에 대응하는 과정에서 중국의 민족주의 '사조'가 출현했다고 봐야 할 것이다. 1990년대 중반에 민족주의 논의가 부상한 것은 주지하듯 중국의 경제성장에 공포감을 느끼면서 미국의 보수진영 내에서 나온 중국위협론의 등장과 관련이 있다. 즉 중국위협론이 등장하면서 중국 정부와 그 외곽에 포진한 지식인들이 대응할 필요성이

제기되었다.[65] 먼저 민족주의가 지식인뿐 아니라 대중적으로 확산되는 계기가 된 것은 단행본 『No라고 말할 수 있는 중국』(1996)의 출판이었다.[66] 이 책은 미국의 중국 정책에 반발하여 나온 것으로 당시 200만 부 이상이 팔릴 정도로 베스트셀러가 되었다. 이 책은 지식인들로부터는 적잖은 비판을 받았지만[67] 중국의 네티즌들에게 널리 읽힘으로써 민족주의의 대중적 기반을 마련했다고 평가되기도 한다.

어찌되었든 1990년대에 좌파 성향의 지식인들에게 민족주의는 내부적으로는 마르크스주의를 대신할 이데올로기로 인식되었다. 또 외부적으로는 냉전체제 해체 이후 세계 각지에서 민족주의가 부흥하는 현상과 맞물려 외교적 차원에서 각광을 받았다. 그리고 무엇보다도 국민국가가 근대화를 추진하는 시기에 국가 주권에 기초한 강력한 국가건설state-building 이데올로기로서 민족주의가 논의되었다는 점은 중국에서도 예외는 아닌 듯하다.[68]

마르크스주의 이데올로기가 중국 공산당의 합법성을 설명하기 힘들어진 상황에서 중국 정부가 공식적으로는 부인하지만 민족주의는 이미 유가 사상과 더불어 중국 공산당이 의존하는 두 기둥이 되었다. 하지만 이 두 이데올로기에 의존하면서도 이것이 극단으로 치우치는 상황에 대해서는 중국 공산당의 상당한 견제 시스템이 작동한다. 지나치게 강한 인상을 주는 대중적 민족주의는 외교상 문제가 될 여지가 있고,[69] 유가 사상을 지나치게 강조하는 것은 서구 자본주의 문명과 차이를 심하게 부각시킬 우려가 있기 때문이다. 유학은 그것의 어느 측면을 부각시키느냐에 따라 중국 공산당 존재 자체에도 양날의 칼이 될 가능성을 충분히 안고 있다. 수신에 주목하는 심성유학이 아닌 제도나 정치의 측면을 강조하는 유학에 중국 공산당이 민감하게 반응하는 것은 바로 이 때문이다.

보수주의의 여러 형태 중 민족주의에 관해서는 이것을 1980년대의 문화론 논쟁—전통 비판과 전통의 선택적 계승론의 대립—의 형태를 변화시켜 계속된 것으로 보는 견해도 있다. 그렇지만 중요한 것은 1980년대에는 배후에서 은밀하게 존재했던 민족주의적 동기가 민족주의라는 용어와 함께 중국 민족주의의 미완성이라고 하는 문제를 돌출시켰다는 점이다. 근대주의자는 국민국가 건설을 주장하는 것으로, 문화계승론자는 중국 문화의 독자적인 위치나 역할 회복을 역설하는 것으로 각각 중국 민족주의의 완성을 호소하고 있다.[70] 이 흐름을 내셔널리즘의 각도에서 보자면 1980년대가 자기혐오의 내셔널리즘이었다면 1990년대는 자기 긍정의 내셔널리즘이었다고 할 수 있다.[71]

현재 중국에서 민족주의 논의는 이미 다른 국면으로 접어들었다. 최근에 중국의 민족주의는 주로 유학과 연결되어 논의된다는 측면에서 주목을 요한다. 근대 국민국가 건설기에 민족주의와 전통이 동원되는 상황과 유사하다고 할 수도 있다. 주요 잡지의 특집과 기획을 일별해봐도 그 경향이 읽힌다. 문화보수주의, 민족주의, 신좌파 입장에 있는 학자들의 글이 주로 실리는 격월간지 『문화종횡』(2008년 10월 창간)에서는 2011년 10월호에 '필담: 유가와 민족주의'라는 특집을 마련하기도 했다.[72]

③ 자유주의 신좌파 논쟁

중국사회의 글로벌화가 심화됨에 따라 지식인의 분화는 가속화되었지만 그 구별이 근원적 차원에서 이뤄지는 계기가 된 것은 자유주의 신좌파 논쟁이었다.[73] 1990년대 후반에 벌어진 이 논쟁을 통해 결국 앞에서 논의되었던 글로벌화와 민족주의에 대한 입장 차가 좀 더 분명해졌고, 결국 글로벌화냐 민족주의냐를 압박하는 성격으로 이해되기도 했다. 그 쟁점을 간략히 몇 가지로 정리할 수 있다.

첫째, 사회 현상을 어떻게 볼 것인가였다. 여기서 신좌파는 중국이 이미 자본주의 사회가 되었다고 본 반면, 자유주의파는 중국사회가 여전히 포스트마오쩌둥 시대이며 권위적 사회주의 시대라고 보았다. 둘째, 부패가 어떻게 생겨났는가이다. 신좌파는 덩샤오핑의 개혁개방과 다국적 기업의 중국 진입으로 인해 부패가 생겨났다고 보았다. 반면 자유주의파는 제한받지 않는 권력의 구체제가 부패를 점점 더 심화되도록 이끈다고 보았다. 셋째, 마오쩌둥 시대와 문혁을 어떻게 볼 것인가이다. 넷째, 서구적 가치를 어떻게 볼 것인가이다. 다섯째, 전 지구화를 어떻게 볼 것인가이다.[74] 이 논쟁은 왕후이가 「당대 중국의 사상 상황과 현대성」이라는 글을 『천애』라는 잡지에 발표하면서 불이 지펴졌다. 자유주의와 신좌파는 지금도 여전히 문혁과 마오 시대를 어떻게 볼 것인가, 중국의 당국 체제를 어떻게 볼 것인가, 그리고 어떤 식의 민주를 형성할 것인가라는 데서 입장이 크게 갈린다. 특히 2012년 보시라이 사건으로 충칭모델이 핫이슈로 떠올랐을 때, 앞의 6장에서 서술한 것처럼 신좌파와 자유주의자들은 상반된 입장을 보였다.

이 논쟁에서 시장경제와 글로벌화에 대한 선명한 입장 차가 발견된다. 자유주의자들은 기본적으로 글로벌화를 인류 문명이 마땅히 나아가야 할 하나의 방향으로 보며, 글로벌화는 시장경제화 추진으로 힘을 받을 수 있다고 생각했다. 그들은 시장경제란 하이에크가 말한 것처럼 자연발생적인 질서이고 그것이 생기고 나면 국가로부터 자유로운 다수의 영역이 창출될 것이라고 보았다. 친후이陳暉, 류쥔닝劉軍寧, 주쉐친朱學勤 등 자유주의자들이 논쟁 초기에 시장경제의 형성을 강조한 것은 바로 이런 맥락에서였다. "계획경제에서 시장경제로의 전환은 경제의 글로벌화를 가속화시키고, 전체주의·권위주의 정치로부터 민주주의로의 전환은 정치의 글로벌화를 추진한다"[75]는 자유주의자들의 모토는 시장경제와 정치적 민주주의를 글로벌화의 전제조건으로 여기고 있음을 보여주었다.

이에 대해 신좌파 지식인 왕후이는 국민국가라는 것은 글로벌 자본주의의 전개를 조정할 수 있을 만큼 자유롭지 못하며, 국가는 이미 어느 정도 자본주의의 에이전트가 되었다고 주장했다. 따라서 그는 자유주의자들이 중국사회 부패의 원인을 시장경제에 국가가 지나치게 간섭함으로써 그 법칙이 철저히 지켜질 수 없다는 데서 찾지만 사실은 글로벌화 자체가 부패를 구조화하고 있다고 분석한다.[76] 왕후이가 글로벌화한 자본주의에 대항하기 위해 주목한 것은 문화였다. 그는 차이의 승인에 입각한 새로운 국제적 공공성의 창출을 제기한다. 비서구 세계의 문화적 차이성은 글로벌화한 자본주의의 작용에 의해 말살되어가고 있다. 거기서 진정한 공공성은 생겨날 수 없다. 공공성의 상실을 차이성 탓으로 생각하는 사람은 공공성과 차이성 사이의 내재적 관계를 꿰뚫지 못한다고 보았다.[77] 왕후이는 민족주의에 대해서는 신중한 입장을 보이려 하면서도 차이성에 근거해 민족주의를 재조명해야 한다고 생각한다. 즉 문화적 차이를 갖는 여러 민족이 각각의 문화적 자율성을 회복하고 새로운 국제적 공공성의 창출에 참여하는 것에 민족주의의 의의가 있다고 주장한다.

친후이는 1990년대 두 유파 간의 논의에서 신좌파를 겨냥해 다음과 같이 말했다. "1980년대 전반에 사회 전체가 갖고 있던 개혁에 대한 고도의 일체화 감정은 이미 과거의 것이 되었다. 개혁과 표리일체인 개방까지도 쟁점이 되기 시작했다. 개혁이 생출할 기회나 그것에 지불할 대가의 분배가 극도로 불균형한 상황에서 '불공정한 위선적 경쟁'과 '경쟁에 반대하는 위선적인 공정'이 서로 인과관계를 이루어 악순환을 형성했다. 현실의 불공정한 책임을 시장경제와 글로벌리즘에서 구하고 국제 자본의 착취에서 구하는 사람들이 여기에 등장한 것이다. 그들은 국제적 신좌익이나 모더니티 비판의 각 유파에 공명해 종속 이론, 포스트식민 이론, 세계시스템 이론, 문화헤게모니 이론에 의거해 중국이 직면한 곤경을 설명하고 신좌파 내셔널리즘 현상을 불러일으켰다."[78]

당시 『학술사상평론』의 주간을 담당했던 허자오톈賀照田은 이 논쟁을 관망한 소견을 다음과 같이 밝혔다. "쌍방의 논쟁을 통해서 자기를 성찰하고 자신의 논의를 좀 더 심화시킬 수 없었다는 것에 그치지 않고 성장하는 과정에 있던 다른 중요한 노력까지도 퇴색시켜버리고 말았다는 점이 아쉽다."[79] 사실상 이들 논쟁은 진행될수록 추상적으로 기울었다. 자유주의자들은 부패나 불공정에 대한 비판에서 첨예했지만 그들의 시장만능론은 지나치게 낙관적이었다. 또 신좌파는 지나치게 글로벌한 지배구조에 초점을 맞춰 비판한 나머지 국가에 대한 비판의 초점이 흐릿해졌다.[80] 자칭 "애매한 좌파"라고 했던 류칭은 자유주의와 신좌파는 상호 불신 속에서 논쟁을 전개해 '대화'를 통해 '공감대共識를 형성하지 못했으며, 서로의 변화를 이끌어내지 못하고 '독백'에 그쳤다고 지적했다.[81]

3) 1990년대 사상 논쟁에 대한 비판과 과제

나는 '중국 보수주의 관련' 글에서 자유주의파와 신좌파는 대내외 인식에서 역할 분담을 하고 있다고 지적한 적이 있다.[82] 이 견해는 양비론이기보다는 중국에서 좌파와 우파 모두 문제가 있지만 중국사회의 가파른 변화는 양쪽 모두의 역할을 필요로 한다는 일종의 복합적 인식에서 나온 결론이었다. 이를테면 중국에서 좌와 우는 국가와의 관계에서 사안에 따라 비판하는 부분과 협력하는 부분이 서로 다르다. 그리고 이들의 가치를 국가와의 관계만을 잣대로 평가할 수는 없다. 중국의 당 국가체제는 일반 자본주의 국가와 조금 다른 각도에서 봐야 하기 때문이다. 특히 당과 인민의 관계를 어떻게 봐야 할지, 예를 들어 중국에서 국가가 시장에 대한 인민의 방어벽으로서의 위상을 갖는지 그렇지 않은지, 이에 따라 지식인과 국가가 맺는 관계, 지식인과 인민이 맺는 관계도 유동성이 있다. 그런데 이것만 가지고 중국의 좌우파 지식인을 평가하기란 힘들다. 중국이라는 장소에서는 소수민족 문제를 포함한[83] 좀 더 구체적이고 민감한 사안에 대해 얼마나 덜 자기중심적인 사고를 할 수 있느냐, 즉 얼마나 더 자기대상화를 할 수 있느냐가 상수로 작용한다. 이런 점들을 모두 종합해서 고려해야만 유파든 개인이든 그들이 가지고 있는 타자성, 타자의식의 유무와 그 질을 판단할 수 있다.

리쩌허우는 좌우파 사이에 있었던 논쟁을 서학열과 연결시켜 비판한다. 그에 따르면 1990년대 중반부터 서양의 많은 책이 번역·소개되는데, 하이에크Friedrich A. von Hayek, 롤스John Rawls, 노직Robert Nozick, 기든스Anthony Giddens, 푸코Michel Foucault, 하버마스Jürgen Habermas, 월러스틴Immanuel Wallerstein, 사이드Edward Said 등 포스트식민주의, 포스트해체주의, 포스트모더니즘, 보수주의, 자유주의, 공동체주의社群主義, 민족주의 등 있을 것은 다 있다. 서학열의 진정한 의의는 새로운 세대의 학인들이 가지고 있는 세계와의 접궤에 대한 요구를 충족시켜주는 것이다. 이들 양쪽의 공통된 특징은 서양 현대 이론을 자발적으로 자기 논점의 논거 또는 기초로 삼아 설명하려는 것이다. 그런데 이로 인해 문제가 일어났다.[84] 그는 또 논쟁도 많고 작품도 빈번히 나왔지만 중국의 현실과 전통에 충분히 유기적으로 결합되었는지는 의문이며, 진정 자신의 의견과 관점으로 창조적인 질문을 했던 인재는 찾아보기 힘들었다고 지적한다. 마치 발을 깎아서 신발에 맞추는, 즉 중국의 현실이나 전통을 서양의 이론 틀에 억지로 꿰어맞추는 식이었다고 비판했다. 사실 2000년 이후부터는 학문적·실천적 논쟁의 형태를 띠기보다는 인신공격성 논의로 성격이 변질되곤 했다. 그 계기가 된 것은 베오그라드 중국대사관 오폭 사건으로, 애국주의가 고양되고 2000년 봄 리선즈 등 네 명의 자유주의 지식인에 대한 정부의 언론 탄압, 같은 해 여름 왕후이의 '장강長江 독서상' 수상을 둘러싼 학술 소동[85] 등이 원인이 되어 논쟁은 중단되었다.

간양은 1990년대가 '경제인의 시대'였다면 1980년대는 최후의 '문화인의 시대'라 할 수 있으며, 그중에서도 주요 주체는 '지식청년知青' 세대의 문화인이라고 한 적이 있다.[86] 리쩌허우는 중국의 1980년대와 1990년대의 이러한 사상 변화의 추이를 '사상'에서 '학문'으로의 전환으로 설명하기도 한다. 그가 말한 미학열·문화열·서학열·국학열은 모두 인문학자가 주도한 것이었다. 그는 1990년대는 사실 판단만 있지 가치 판단이 없었다고 말한다.[87] 이 두 사람의 언급은 다른 식으로 표현하자면 더 이상 중국의 1980년대와 같은 시기는 오지 않을 것이라는 비관 섞인 전망이기도 하다. 아마도 1980년대는 인문학이 사회 변화를 주도한 마지막 시대로 기록될지도 모른다. 이처럼 적지 않은 사람이 1980년대를 낭만의 시대이자 사상의 시대로 기억한다. 1989년에 일어난 톈안먼 사건은 그러한 낭만의 시대, 사상의 시대가 조종을 고하는 계기가 되었다.

최근 중국에서는 1990년대를 반성하기 위해 1980년대를 호출하는 모양새다. 1980년대는 앞에서 말한 것처럼 비록 학문을 빌려 정치를 논했지만, 사유에 있어서 진정성이 있었고 남의 이야기에 귀를 귀울였다. 그리고 무엇보다 사유의 과정을 중요하게 여겼다. 인문학에서는 이 부분이 매우 중요하다. 그런데 이 사유라는 것은 학자 개인이 홀로 서재에 틀어박혀 고독하게 고민한 결과이기도 하지만, 그 결과를 가지고 다른 학자들과 공공 공간에 모여 의견을 나누고 소통하는 가운데 이뤄지는 자기 생각의 변화까지 포함한다. 공개 토론이 필요한 이유는 타자의 다른 의견을 경청하고 자기를 변화시키는 데 있다. 그러나 1990년대는 국가의 교육제도가 바뀌면서 학문이 전문화되었고 학문 분과 간의 단절이 생겼으며 규격 있는 논문을 요구하게 되었다. 따라서 다른 사람의 논문을 볼 시간이 없어졌고 자기 이야기만 늘어놓는 격이 되어버렸다.[88] 논쟁이 있어도 상호 신뢰가 바탕이 된 것이 아니라 인신공격성이 난무하는 논쟁이 되어버렸다.

하지만 개혁개방 30년의 역사 속에서 지적 전환의 시대라고도 할 1990년대를 1980년대와 비교하여 평가절하만 한다면 1990년대를 균형감 있게 볼 수 없다. 1989년 사태와 1992년 자본주의 개방 정책이 강화된 것을 계기로 마련된 것이긴 하지만 1990년대의 문화보수주의로의 지적 전환

속에서 1980년대 문화운동의 한 축을 담당했던 간양 등을 중심으로 1980년대의 계몽주의와 급진적 민주화운동에 대한 반성과 성찰의 분위기를 조성할 수 있었다. 그리고 이런 분위기와 맞물려 서양에서 들어온 포스트모더니즘이 부각되면서 모더니즘이 비판되기도 했다. 이러한 지식계의 흐름은 전통문화에도 유리한 지적 분위기를 만들었다. 1980년대 '중국문화서원' 관련자들과 위잉스, 두웨이밍 등 해외 신유학자들을 중심으로 전통문화에 대한 재검토와 재평가가 필요하다는 논점이 제기된 것도 이런 분위기와 무관하지 않다. 쉬지린이 1990년대 논쟁을 계몽이 계몽에 반대하고 자기가 자기에 반대한 논쟁이었다[89]고 말한 것은 1990년대가 1980년대에 대한 성찰로서 의미가 있음을 표명한 것이기도 하다.

어찌되었든 1990년대에 보인 지식계의 논쟁 과열 현상은 2000년대에 오면 경제성장과 전통의 자기 긍정이라는 압도적인 상황에서 드러난 논쟁 부재 현상에 비하면 그나마 건강한 것이었다.

4.
20세기 중국의 두 차례 이행기

이제까지 중국 개혁개방 30년의 사상을 일별해보았다. 그런데 여기서 매우 흥미로운 현상이 발견된다. 그것은 중국 개혁개방 30년은 19세기 말 20세기 초 근대 이행기 25년과의 사이에 '구조적 상동성'을 상당 부분 보여준다는 점이다. 특히 봉쇄에서 개방으로 가는 과정에서 근대 이행기 25년(1895~1920)과 개혁개방 30년이 그러하다. 그러니까 중국의 20세기는 두 번에 걸쳐 큰 규모의 '이행기transition period'[90]를 경험했다고 할 수 있다.

이 두 번의 이행기를 세분화하여 지식인의 유형과 특징을 서술한 쉬지린의 글이 있다.[91] 이 글에서 그는 중국의 20세기 지식인을 1949년을 분기점으로 하여 전 3개 세대, 후 3개 세대로 나눈다. 도식화의 위험도 있고 선뜻 받아들이기 어려운 부분도 있지만 20세기 중국의 지식 지형을 이해하는 데 도움이 될 듯하여 조금 길지만 요약·인용한다.

전 3개 세대 중 제1세대인 '청말 세대' 지식인은 캉유웨이康有爲, 량치차오梁啓超, 옌푸嚴復, 장빙린章炳麟, 차이위안페이蔡元培, 왕궈웨이王國維 등이다. 이들은 1865~1880년 사이에 출생했으며, 어렸을 때 양호한 국학 훈련을 받았지만 서학의 가치에 대한 중요성을 알고 있었다. 제2세대 지식인은 1915년 이후 활동한 5·4 지식인으로 루쉰魯迅, 후스胡適, 천두슈陳獨秀, 리다자오李大釗, 량수밍梁漱溟, 천인커陳寅恪, 저우쭤런周作人 등이다. 이들은 1880~1895년 사이에 태어났으며, 중국 역사상 처음으로 현대적 의의를 갖는 지식인이라 할 수 있다. 왜냐하면 이들은 전통적인 사대부의 길을 가지 않았으며 새로운 사회 구조 속에서 이미 자신의 독립적인 직업을 가지고 있었다. 그리고 비록 유년기에 사서오경을 읽었어도 서양식 학교에서 교육을 받았으며 나중에는 일본이나 구미로 유학했고 현대 중국에 대한 신지식의 패러다임을 만든 지식인들이다. 제3세대 지식인은 1930~1940년대에 활동했던 지식인으로 '후 5·4 지식인'이라 할 수 있다. 펑유란馮友蘭, 허린賀麟, 푸쓰녠傅斯年, 구제강顧頡剛, 뤄룽지羅隆基, 판광단潘光旦, 페이샤오퉁費孝通, 원이둬聞一多, 바진巴金, 빙신冰心 등이다. 이들은 1895~1910년 사이에 출생했으며, 학생 때 직접적으로 5·4운동의 세례를 받았다. 이들 대다수는 구미에 유학한 경력이 있고 학문적으로 전문적인 훈련을 받았다. 앞의 두 세대 지식인을 통인通人이라 한다면 이 3세대 지식인은 이보다는 분업화된 지식전문가에 가깝다.

다음으로 후 3개 세대 중 제1세대는 '17년 세대'(1949~1966)로서 이들은 주로 1930~1945년 사이에 출생했으며 사상과 학술에서 개조를 강요받았다. 과거 자산계급 학술과의 관계가 단절되어 지식 전통에서 뿌리 없는無根 세대가 되었다. 그렇지만 이들 중에는 1976년 이후 비교적 깊은 성찰을 하고 마르크스주의의 틀 속에서 서양의 우수한 문화 성과를 섭취해 사상 해방의 주요 참여자로서 이후 세대의 사상 성장에 직접 영향을 미친 사람도 있다.

후 3개 세대 중 제2세대는 1980년대 중반기의 '문화열'을 이끈 '문혁세대'다. 이들은 1945~1960년 사이에 출생했으며 어려서 홍위병이 되거나 하방당한 경험이 있다. 이들은 서양 최신의 문학이나 학술 성과를 참조해 새로운 사상계몽과 지식의 모범적인 양식을 개척하기 시작했다. 지금은 이들이 지식계의 중견이 되었다. 후 3개 세대 중 제3세대는 20세기 중국 최후의 세대인 '후문혁세대'다. 이들 대다수는 1960년 이후 출생했으며 그들의 마음속에는 문혁에 대한 어떤 각인도 없고 사상해방운동에 대한 인상도 특별한 것이 없다. 그렇지만 문혁세대가 담당한 문화열을 어렸을 때 경험했기 때문에 그 잔상이 이들의 인격 내부에 잠재되어 있다. 이들은 체계적인 학술 훈련을 받았으며, 주로 1990년대에 활발한 연구 활동을 개시했다.

20세기 중국 지식(인)을 총괄하자면 전후前後 제1세대(청말과 17년 세대)는 사회 구조 변화의 전야에 처해 있었기 때문에 이들의 핵심 고민은 어떻게 사회·정치체제의 개혁을 실현할 것인가였고, 따라서 정치의식이 비교적 강렬했다. 제2세대(5·4와 문혁세대)는 문화가치와 도덕의 중건에 대한 관심이 사회정치에 대한 관심보다 높았다. 따라서 이들은 문화계몽을 중시했다. 5·4신문화운동이나 문화열이 모두 제2세대에서 생겨난 것은 우연이 아니다. 제3세대(후 5·4와 후문혁세대)는 지식에 훨씬 더 많은 관심을 가지고 있어서, 이데올로기나 문화가치보다는 지식 자체의 입장에서 각종 문제를 사고했다. 이들은 사회적·문화적 공헌에서 앞 세대에 못 미치지만, 지식에 대한 공헌에서는 이들과 비교할 수가 없다. 쉬지린은 이 셋을 신지식구조를 기준으로 구분하여 각각 과도기, 개척기, 서술기로 나눈다.

일본의 무라다 유지로村田雄二郎는 중국 1980년대 이후를 청말로부터 5·4에 걸친 '부정적 특수성'론으로의 회귀로 본다. 스나야마 유키오砂山幸雄는 무라다의 논의를 받아 중국 1990년대의 문화론은 1920년대부터 1930년대에 걸친 '긍정적 특수성'론(량수밍이나 중국 본위 문화 건설 선언)이 부활한 측면이 있다고 말한 바 있다.[92] 여기서 전자를 자기 부정의 민족주의로 볼 수 있다면, 후자를 자기 긍정의 민족주의라 부를 수 있다. 이들의 설명을 앞의 쉬지린의 것과 상호 보완해서 본다면 20세기 중국 지식 지형을 총체적으로 파악하는 데 큰 도움이 될 것이다.

서구 자본주의와의 접궤接軌라는 측면을 개방으로 해석할 수 있다면, 19세기 중반부터 20세기 초반까지를 수동적인 개방이라 할 수 있다. 반면 20세기 후반에 진행된 개혁개방은 능동적인 개방이라 할 수 있다.[93] 1980년대가 서구 자본주의에 접궤하여 거기에 적응해간 과정이라고도 할 수 있다면, 1990년대는 서양 이론의 토착화 내지는 거부의 문제로 고심하는 과정이었고, 2000년대에 와서는 중국이 서구 자본주의의 극복을 통해 그 궤도를 바꿀 수도 있다는 자신감과 가능성을 타진하는 과정이었다고 할 수 있다.

이제 한국의 1980~1990년대의 중국 인식을 약간 언급하면서 이 글을 마무리하려 한다. 중국의 1980년대와 관련하여 동시대, 즉 1980년대 한국의 중국 인식도 앞으로 우리가 검토해야 할 과제 중 하나이기 때문이다. 한국에서 개혁 개방 이후의 중국을 어떻게 인식했는가 하는 문제는 동아시아에서 사상 연쇄와 유통 그리고 소비가 어떻게 이루어졌는가 하는 사실 확인 차원에서도 매우 중요하다. 사상의 유통과 소비 과정에서 어떤 '오해'가 있었는가, 또는 '창조적인 오해'는 없었는가 하는 점도 반드시 검토하고 넘어가야 할 문제다. 예를 들어 1980년대 중국에서 문화열이 한창일 때, 다시 말해 중국에서는 사회주의 역사를 비판적으로 담론화하고 있을 때 한국에서는 아직 사회주의가 좌표축으로 기능하고 있었다. 중국에서는 마오쩌둥 시대를 비판·부정하고 있을 때 우리는 마오쩌둥을 우리 좌표로 설정하고 공부하고 있었던 것이다. 1980년대 후반 우리는 마오 선집과 코민테른 선집을 열독하고 있었다. 그리고 그것은 1990년대 초중반까지도 지속되었다. 이것은 아직 국교정상화가 이루어지지 않았던 탓도 있었겠지만, 그것보다는 한국에서는 '유예된 사회주의 담론'이 민주화의 문제와 결부되어 유통되어야 할 필요성과 사회적 맥락이 있었기 때문일 것이다.[94] 이 문제도 포함하여 중국과 한국의 자본주의·사회주의에 대한 반성과 비판이 교차된 동시대적 상황에 대해서는 그 자체가 또 다른 연구거리이기도 하다. 이때 중국과의 인적·물적 교류에서 장애가 없었던 일본이 어떻게 중국을 인식하고 있었는지가 함께 검토된다면 흥미로운 비교거리가 될 것이다.

주

책머리에

1_ 이 '책머리에'는 이전에 『미디어스』에 실렸던 칼럼을 대폭 수정·보완한 것이다.

서론: 중국의 지식(인)은 대안이 될 수 있을까?

1_ 이매뉴얼 월러스틴, 김재오 옮김, 『유럽적 보편주의-권력의 레토릭』, 2008, 82쪽 참조.

2_ 錢理群, 「和印度朋友談我對當下中國思想文化狀況的觀察」(2012년 11월 17일 강연원고) 참조.

3_ 錢理群, 위의 원고 참조.

4_ Joseph R. Levenson, *Confucian China and Its Modern Fate: The Problem of Historical Significance*, University of California Press, 1965.

5_ 甘陽, 「從'民族-國家'走向'文明-國家'」, 『文明·國家·大學』, 三聯書店, 2012, 1~3쪽 참조.

6_ 근대 초기 유럽 대부분의 국가도 민주주의와는 거리가 멀었다. 우리가 오늘날 자유민주주의나 자유와 동일시할 수 있는 모든 특징은 19세기 내내 하층계급이 길고도 힘든 투쟁을 통해 쟁취한 것이지 자본주의적 관계의 '자연스런' 결과가 전혀 아니다. 슬라보예 지젝, 「민주주의에서 신의 폭력으로」, 『민주주의는 죽었는가-새로운 논쟁을 위하여』, 김상운·홍철기·양창렬 옮김, 난장, 2012, 172쪽 참조.

7_ 진부한 이야기지만 20세기 중국의 혁명은 1990년대 중반 이후로는 이미 한국 좌파의 어떠한 대안적 좌표도 아니게 되었다. 새로운 진보의 재구성(한국이든 중국이든)을 위해서는 오히려 중국혁명과 그 연장으로서의 개혁개방은 우리가 비판적으로 바라봐야 하는 대상이 되었다.

8_ 劉擎, 「中國有多特殊?」, http://www.aisixiang.com/data/65416.html(2013년 8월 5일).

9_ 甘陽, 「從第一次思想解放到第二次思想解放」, 『文明·國家·大學』, 三聯書店, 2012, 131쪽 참조.

10_ 타인의 기대에 부응하기 위해 무언가를 해야 한다고 생각한다면 지식인으로서 유지해야 할 독립성은 상실되기 쉽다.

11_ 따라서 나는 이들이 과연 서구사회와 동아시아 사회를 균형적으로 바라볼 수 있는 지식과 인식론적 입장을 가지고 있는지에 대해 강하게 의심하는 편이다.

12_ 劉擎, 「中國語境下的自由主義: 潛力與困境」, 『開放時代』 2013년 제4기, http://www.aisixiang.com/data/66152.html(검색일 2013년 8월 5일).

13_ 지젝, 앞의 글, 175쪽 참조.

14_ 錢理群, 「活在當下中國的魯迅(在某大學的一次演講)」(2013년 6월 6일 인터뷰 당시 필자에게 건네준 미발표 원고).

15_ 秦暉, 『共同的底線』, 江蘇文藝出版社, 2013.

16_ 찰스 테일러, 이상길 옮김, 『근대의 사회적 상상』, 이음, 2010, 137쪽.

17_ 찰스 테일러, 위의 책, 142쪽.

18_ 五毛黨은 돈 우마오五毛(5전)를 받고 일반 시민인 것으로 가장해 친정부적인 내용을 인터넷에 올리는 사람들을 말한다. 한국에서 일명 '댓글알바'에 해당된다.

19_ 章淸, 「중국의 자유주의」, 『大東文化硏究』 제65집, 2009, 47쪽.

20_ 章淸, 위의 글, 48쪽.

21_ 이 시는 종이신문이 아닌 인터넷판에 실렸다. "남쪽에서 온 한 그릇의 뜨거운 죽, 그 안엔 한 줌 용기가 들어 있네. 추운 밤 이 풍진 세상에 이 따뜻한 한 그릇의 죽만은 우릴 배신하지 않으리……." 죽粥(zhou)의 발음은 週末의 주週(zhou)와 같다. '난팡의 죽'은 『난팡주말』을 일컬은 것이다. 성연철, 「'난팡주말' 검열반대 파업·'신징보' 사설강요에 저항」, 『한겨레신문』 2013년 1월 11일자.

22_ 조경란, 「중국 지식인의 학문적 고뇌와 21세기의 동아시아」(汪暉·金觀濤와의 대담),

『역사비평』 1997년 가을호 참조.

23_ 조경란, 「중국 지식인의 현대성 담론과 아시아 구상-왕후이汪暉의 학문 주체화 전략을 중심으로」, 『역시비평』 2005년 가을호.

24_ 그는 베이징대 학생 때는 학생회장을 지냈고 타이완으로 내려가서는 타이완대학 총장을 지낸 인물로서 대륙의 국민당 시절에는 정부와 대립각을 세우면서 비판적 지성으로서의 역할을 다했던 인물이다.

25_ 傅斯年, 「致胡適」(1947. 2,4), 『胡適往來書信選』中 , 168~170쪽, 章清, 50쪽에서 재인용.

26_ 쑨거, 윤여일 옮김, 『다케우치 요시미라는 물음』, 그린비, 2007, 20쪽.

27_ 1920년 이후 루쉰의 작품은 교과서에 130여 편이나 실렸지만 이제 15편 안팎으로 줄었다. 「중국, 아큐를 두려워하나」, 『중앙일보』 2013년 9월 10일자.

28_ 이것은 나의 견해다. 내가 여기서 이들을 '3대 지성'이라고 한 것은 진보를 도그마가 아니라 사유의 한 방법으로 접근한 것에 주목하는 것이다.

29_ 물론 전후 일본사회에서 마루야마 마사오의 존재를 누락시킬 수는 없다. 마루야마 마사오가 루쉰의 사유를 접했는지는 확인되지 않으나, 그 또한 사유의 질에서 루쉰의 그것과 멀지 않아 보인다.

1장 중국 사상 구도와 지식인의 분화

1_ 錢理群, 「回顧2010」, 好投網, http://www.howvc.com/Html/economy/macro/china-road/86994158773162.htm(검색일 2011년 12월 10일).

2_ 개혁의 성과로 얻는 이익의 상당수가 전체 인구의 1퍼센트에 해당되는 최고 상류층과 3퍼센트에 해당되는 중상층이 독점하고, 여기에 11퍼센트 정도의 중류층이 얼마간의 부산물을 나눠먹는 형국이다. 何淸漣, 김화숙·김성해 옮김, 『중국은 지금 몇시인가』, 홍익출판사, 2004, 400~401쪽.

3_ 중국에서 최근 택시를 타면 기사들 입에서 가장 많이 나오는 불만이 바로 이 말이다.

4_ 쉬지린은 민족주의 저작인 『노라 말할 수 있는 중국』에서 『중국은 불쾌하다』로의 이동은 '피동적인 저항'에서 '적극굴기'(기실 '능동적인 진공')로 심리와 태도가 변화한 것의 반영이라고 분석한다.

5_ 許紀霖, 「近十年來中國国家主義思潮之批判」, 發信站:愛思想網 http://www.aisixiang.com/data/41945.html(검색일 2012년 12월 22일).

6_ 조경란, 「현대중국의 유학부흥과 '문명제국'의 재구축-국가·유학·지식인」, 『시대와 철학』 2012년 가을호, 제23권 3호. 이 내용은 이 책에도 실려 있다.

7_ 이러한 흐름은 어느 한 유파에 제한된 현상이 아니다. 장칭과 추펑 그리고 간양 등에서 보듯이 사상계 전체로 확산되는 분위기다. 『개방시대』가 유학을 주제로 주최한 다음의 대토론회에서도 확인되는 바다. 여기에는 중국 내 각 분과학문의 유학 전문가 14명이 참가하였다. 「儒學與現代社會治理」, 『開放時代』 2011년 제7기.

8_ 비판적 지식인에 따옴표를 붙인 것은 왕후이가 자신을 기회가 있을 때마다 신좌파가 아니라 '비판적 지식인'으로 불리기를 원했던 것을 나타내기 위한 것이다. 그는 중국에서 신좌파든 구좌파든 '좌'파는 문혁와 함께 덧씌워져 좋지 않은 뜻으로 유통, 소비되는 현실에서 '좌'가 불리하다고 생각했던 것이다.

9_ 중국 정부 입장에서는 지금 그들의 외교적 행동을 잘 포장해줄 싱크탱크와 국제대화 능력의 제고가 필요한 시점이다. 錢理群, 「回顧2010年」, 好投網 2011년 12월 10일. 그리고 신유학을 중심으로 하는 문화보수주의자들이나 국가 이익에 초점을 맞춘 민족주의자들도 신좌파의 화려하고 세련된 외교언어와 국제언어로 포장된 그랜드한 중화 제국의 구상에서 비교가 되지 않는다.

10_ 내가 이렇게 기술하는 것이 자유주의를 지지한다는 것은 아니다. 다만 좌파적 자유주의가 지금의 위기를 변신의 기회로 삼아 '자유주의의 중국화'를 잘 제시한다면 그때 재고해볼 여지는 있다. 그러나 이것이 말처럼 쉽지는 않을 것이다.

11_ 물론 지금처럼 급진적 좌와 우로 사상계가 나뉘고 있는 상황에서 중국에서 중간파에 속하는 지식인 대다수는 침묵하고 있다는 사실에도 주목해야 한다는 견해도 있다. 蕭功秦, 「超越左右激進兩極思惟-以中道理性爲基礎重建社會共識」, http://www.aisixiang.com/data/57922.html(검색일 2013년 2월 24일).

12_ 이에 대해서는 이희옥이 처음으로 문제 제기한 바 있다. 결론 부분에서 재론한다.

2장 좌와 우의 교차, 국가 그리고 지식공동체

1_ 진보의 재구성을 논의하고 있는 한국에서 진보라는 개념은 이미 어느 정도 형해화되어 있다. 어느 특정 당파를 표현하는 것 말고 자기 상태에 대해 반성하고 변화하는 것을 담아내기에는 이미 이 언어는 어느 정도는 변질되었는지도 모른다.

2_ 이것은 甘陽의 글, 「自由主義: 貴族的還是平民的?」(『讀書』, 1999년 1월호)을 의식한 발언이다.

3_ 劉擎, 「公共文化與思想界的新趨勢」, 『東方早報』, 2011년 8월 22일.

4_ 許紀霖, 「近十年來中國國家主義思潮之批判」, 發信站: 愛思想網, http://www.aisixiang.com/data/41945.html(검색일 2012년 12월 22일).

5_ 물론 이에 대해서 중국의 대표적 자유주의자라 할 수 있는 친후이秦暉는 이의를 제기한 적이 있다. 자유주의를 좌익으로 봐야 하고 신좌파를 우익으로 봐야 한다는 것이다. 2004년 1월 친후이와의 인터뷰, 『현대중국의 사상과 동아시아』, 태학사, 2008 참조.

6_ [그림 1]은 중국의 유명 지식인 허자오톈賀照田이 보내준 것이다. 그는 이 그림을 보내주면서 이런 구도가 현재 중국 지식인에게 보편적으로 받아들여지고 있다고 귀띔했다. 그런데 내가 이 그림을 소개하는 것이 중국사회에서 자유주의가 정당하다는 것을 주장하는 것으로 오해받지 않길 바란다. 나는 단지 최근 좌우에 대한 중국 지식계의 일반적 인식이 어떠한가를 알아보는 하나의 자료로 제시하고 싶었을 뿐이다.

7_ 그러나 아직도 한국과 중국 학계 일부에서는 21세기 중국의 좌우 구도를 1990년대와 동일하게 인식하고 있다.

8_ 葛兆光, 「從文化史, 學術史到思想史」, 馬立誠, 『當代中國八種社會思潮』, 社會科學文獻出版社, 2012, 274쪽.

9_ 何淸漣, 김화숙·김성해 옮김, 『중국은 지금 몇 시인가』, 홍익출판사, 2004, 216쪽.

10_ 전성흥, 「'중국모델'의 부상 : 배경, 특징 및 의미」, 『中蘇硏究』, 통권 116호, 2007/2008 겨울호, 39~40쪽.

11_ 葛兆光, 「從文化史, 學術史到思想史」, 260쪽.

12_ 葛兆光, 「從文化史, 學術史到思想史」, 288쪽.

13_ 劉擎, 「公共文化與思想界的新趨勢」, 『東方早報』, 2011년 8월 22일.

14_ 2004년 7월 1일 이뤄진 친후이와 필자의 '시민사회' 관련 인터뷰에서 인용.

15_ 2013년 6월 6일 베이징에서 첸리췬과의 인터뷰.

16_ 馬立誠, 『當代中國八種社會思潮』, 社會科學文獻出版社, 2012, 4쪽.

3장 최근 주요 학파와 주장들

1_ 자유주의는 경쟁 헌정 법치와 인권을, 신권위주의는 질서와 안정을, 신좌파는 공평과 기층 이익을, 민족주의는 국가 이익과 민족 응집력을, 문화보수주의는 민족의 문화정체성을, 민주사회주의는 사회주의와 정의의 결합을 강조한다. 蕭功秦, 「當代中國六大社會思潮的歷史與未來」, 馬立誠, 『當代中國八種社會思潮』, 社會科學文獻出版社, 2012, 290~326쪽 참조. 샤오궁친은 '민주사회주의'가 21세기 들어 출현한 사조라고 말한다.

2_ 蕭功秦, 「當代中國六大社會思潮的歷史與未來」, 馬立誠, 『當代中國八種社會思潮』, 社會科學文獻出版社, 2012, 290~291쪽 참조.

3_ 최근 중국에서 사회민주주의를 민주사회주의 혼용하고 있다. 아직 확인된 것은 아니지만 최근 공산당 내부와 그 외곽에서 벌어지는 '사회주의 민주' 논의를 의식하여 이것과 차별화하기 위해 선택한 용어가 아니었을까 싶다. 아니면 사회주의 앞에 민주를 붙임으로써 기존의 중국 사회주의가 바로 민주의 부족 때문에 실패한 것이라는 점을 강조하기 위한 것일 수도 있다.

4장 중국의 유학 부흥의 조건과 태도

1_ 張志強, 「傳統與當代中國」, 『開放時代』 2011년 제3기, 1장 '전통 부흥 현상 및 그 배후' 참조.
2_ 장칭의 '정치유학'은 보는 이에 따라 평가가 다양하다. 대니얼 벨은 조금 다르게 평가한다. 그는 이 책이 중국의 정치적 현상 유지에 암묵적인 도전을 담았다고 보는 것 같다. 그 근거로 정부의 출판허가를 받는 데 5년이나 걸렸다는 점을 든다. Daniel A. Bell, *China's New Confucianism: Politics and Everyday Life in a Changing Society*, Princeton University Press, Princeton and Oxford, 2008, 12쪽. 그러나 리쩌허우는 장칭의 주장을 국수의 극단적인 예로 보고 자희태후慈禧太后보다 더 보수적이라고 비판한다. 李澤厚, 「李澤厚 : 我一直是孤獨的(訪談)」, 『中國新聞週刊』 총 제250기, 2005년 10월 31일, 57쪽.
3_ 「儒學與現代社會治理」(『開放時代』 2011년 제7기)에서 陳壁生의 발언.
4_ 秋風, 「文化強國, 除了復興儒家別無它路」, http://www.aisixiang.com/data/60221.html(검색일 2013년 2월26일).
5_ 그는 이뿐 아니라 아동독경운동 개최, 양명학사를 개설하는 등 보통의 지식인이 하기 힘든 '실천'을 했고 그에 대한 '반향'도 뒤에서 보는 것처럼 적지 않았다. 그리하여 그의 책과 '운동'이 논란의 중심이 되기도 했다. 그것이 논란이 되었던 이유는 일차적으로 시대를 초월한 엉뚱한 사유와 행동에서 비롯된 것이다. 그러나 이것만으로는 설명이 부족하다. 무엇보다도 엉뚱한 것처럼 보이는 그의 시도에 대중의 반응이 예상보다 컸던 데 있을 것이다. 또 하나는 추측건대 일부 지식인이 마음으로는 가지고 있지만 '과격하게' 표출할 수 없는 마음을 장칭이 대신 표출해 준 것이라 생각할 수도 있다.
6_ 陳來·甘陽 主編, 『孔子與當代中國』, 三聯書店, 2008에서 서론 참조.
7_ 미국의 심리학자 리처드 니스벳Richard E. Nisbett은 동서양 사유 양식의 차이를 여러 실험을 통해 증명해낸 바 있다. 그에 의하면 동서양인은 같은 현상을 보고도 전혀 다른 해석을 내놓는다. 그 근저에는 생태 환경의 차이가 있다. 리처드 니스벳(최인철 옮김), 『생각의 지도』, 김영사, 2004.

8_ 사실 유교적 사유 양식의 측면에 주목한 석학은 여럿 있었다. 필자가 아는 범위 안에서 량수밍梁漱溟, 민두기, 마루야마 마사오丸山眞男, 사토 신이치佐藤愼一도 일찍이 이 부분을 주시했다.

9_ 홍성민, 『문화와 아비투스』, 나남출판, 2000, 25쪽 참조.

10_ 홍성민, 『문화와 아비투스』, 나남출판, 2000, 227쪽.

11_ 중국의 20세기 초 근대화는 그 과정에서 어떤 '강제성', 즉 유학이라는 전통문화를 부정하지 않으면 안 되었던 눈에 보이지 않는 힘이 작용했던 것이 사실이다. 야마무로 신이치山實信一에 의하면 중국을 포함한 동아시아의 근대화는 구미세계, 지역세계, 또 고유한 정치사회라는 세 경계 영역의 차원에서 상호 대응하면서 형성되었다. 그는 이 과정을 각각 평준화·동류화·고유화라는 세 역학의 표현으로 논증하고 그 역동성이 곧 근대 동아시아를 창출하는 과정이기도 했다고 평가한다. 이 가운데 평준화·동류화에는 '강제된 선택'이라는 불가피성이 내재해 있다. 야마무로 신이치, 임성모 옮김, 『여럿이며 하나인 아시아』, 창비, 2003, 92쪽.

12_ 이는 사실상 유학 담론에서뿐 아니라 신좌파 자유주의 담론에서도 핵심 문제가 될 수밖에 없다. 서구의 근대성을 어떻게 해석하고 극복할 것인지, 그리고 이와 관련하여 중국의 민주주의를 어떻게 제시할 것인지가 중요하기 때문이다.

13_ 사건이라는 단어에 따옴표를 붙인 것은 이 두 사건은 단순한 사건이 아니라, 학계나 민간에 이를 계기로 유학에 대한 인식이 달라졌음을 나타내고자 한 것이다.

14_ 秋風, 保守主義浮出水面, 2004 8. 10 보커중국망, 張志強, 「傳統與當代中國-近十年來中國大陸傳統復興現象的社會文化脈絡分析」, 『開放時代』 2011년 제3기, 1장 '전통 부흥 현상 및 그 배후' 참조.

15_ 「關於重建中國儒教的構想」, 『中國儒教研究通訊』 제1기, 2005.

16_ 『中國青年報』, 2004년 9월 5일, 葛兆光, 「從文化史, 學術史到思想史」, 馬立誠, 『當代中國八種社會思潮』, 社會科學文獻出版社, 2012, 284쪽에서 재인용.

17_ 葛兆光, 「從文化史, 學術史到思想史」, 馬立誠, 『當代中國八種社會思潮』, 社會科學文獻出版社, 2012, 284쪽 참조.

18_ 이들 3기 신유학이 미국의 환영을 받을 수 있었던 이유는 이들이 자본주의는 물론 서구적 가치를 배척하지 않기 때문일 것이다.

19_ 蔣慶, 王道政治與共和政體——"儒教憲政"的義理基礎與"議會三院, http://twebmail.mail.126.com/js5/main.jsp?(검색일 2013년 8월 11일).

20_ 蔣慶, 『政治儒學』, 三聯書店, 2003, 57쪽.

21_ 蔣慶, 위의 책, 47쪽.

22_ 康曉光, 「仁政 : 權威主義國家的合法性理論」, http://www.aisixiang.com/data/11517.html(검색일 2013년 8월 11일).

23_ 康曉光, 위의 글.

24_ 유학에 대한 캉샤오광의 비판에 대해서는 추펑秋風의 글이 유명하다. "캉샤오광

은 캉유웨이와 일맥상통하는 바가 있다. 그의 주된 이론 틀은 헌팅턴의 문명의 충돌이다. 캉샤오광은 이렇게 단언한다. 현재는 전면적인 경쟁의 시대이고 일국의 문화 경쟁력은 그 경제, 정치, 군사력에 기초한다. (…) 민족의 부흥을 실현하는 데는 무엇보다 유학을 부흥시키지 않으면 안 된다. 그러나 단순한 학설의 부흥으로는 전혀 불충분하고 대다수 화인의 일상생활에 깊이 들어가 종교가 되어야 비로소 유학은 진정한 부흥을 이루게 된다. 따라서 민족 문화를 부흥시키는 근본은 유교의 부흥이다. 이상은 엄밀한 논리 전개다. 그러나 이러한 논리에 있어서 유교는 오히려 도구화되려 한다. 원래 종교적인 관심이라는 것은 인심의 가장 깊은 곳에 있고 사람 그 자체가 목적이라면 종교는 인의 가치에 있어서 그 자체로 자족적인 것이어야 한다. 다른 목적을 위해서 지지될 필요가 없다." 「儒教浮出水面之後」(博客中國網 2005년 7월 11일) 참조. 유교헌정론자인 추펑의 입장에서 보면 캉의 주장도 매우 공리주의적으로 보이는 모양이다.

25_ 이에 대한 자세하면서도 비판적인 논의는 中島隆博, 「國家のレジティマシーと儒教中國」, 『理想』 682號, 2009 참조.

26_ 陳明, 「儒教之公民宗教說」, 『二十一世紀』 網絡版, 2003年 3月, 總第12集, http://www.cuhk.edu.hk/ics/21c/supplem/essay/9501079g.htm(검색일 2013년 8월 11일).

27_ 中島隆博, 「國家のレジティマシーと儒教中國」, 『理想』 682號, 2009, 97쪽

28_ 陳明, 「儒教之公民宗教說」

29_ 陳明, 「儒教之公民宗教說」

30_ 陳宜中·陳明, 「從儒學到儒教-陳明訪談錄」, 『開放時代』 2012年 2期.

31_ 陳明, 「儒教硏究新思考-公民宗教與中華民族意識建構」, http://www.aisixiang.com/data/31632.html(검색일 2013년 8월 1일).

32_ 陳明, 「儒教硏究新思考-公民宗教與中華民族意識建構」, http://www.aisixiang.com/data/31632.html(검색일 2013년 8월 1일).

33_ 陳宜中·陳明, 「從儒學到儒教-陳明訪談錄」, 『開放時代』 2012年 2期.

34_ 陳宜中·陳明, 「從儒學到儒教-陳明訪談錄」, 『開放時代』 2012年 2期.

35_ 위단의 『논어심득』에 대해 약간의 평술은 필자의 「현대중국의 유학 부흥과 '문명제국'의 재구축-국가·유학·지식인」, 『시대와 철학』 2012년 가을호 참조.

36_ 그의 저작은 『당대신유학사론』 『현대신유학개론』 『학술과 정치의 사이-펑유란과 중국 마르크스주의』 『본체와 방법-熊十力에서 牟宗三까지』 『단절 속의 전통』 등이 있다.

37_ 馬立誠, 『當代中國八種社會思潮』, 社會科學文獻出版社, 2012, 194~195쪽 참조.

38_ 劉軍寧, 「自由主義與儒教社會」, http://www.aisixiang.com/data/3680.html(검색일 2013년 8월 5일).

39_ 徐友漁, 「進入21世紀的自由主義和新左派」, 馬立誠, 『當代中國八種社會思潮』, 社會

科學文獻出版社, 2012, 343쪽.

40_ 徐友漁, 242~346쪽 참조.

41_ 秦暉, 「"共同體本位"與傳統中國社會」, 『傳統十論』, 復旦大學出版社, 2003.

42_ 『原道』 10집, 7쪽.

43_ 이에 대한 자세한 내용은 필자의 「현대중국의 유학 부흥과 '문명제국'의 재구축－국가·유학·지식인」, 『시대와철학』 2012년 가을호 참조.

44_ 劉擎, 「儒學復興與現代政治」, http://www.aisixiang.com/data/56401.html(검색일 2013년 8월 5일).

45_ 문성원, 「현대성과 진보의 문제」, 『배제의 배제와 환대』, 동녘, 2000, 35쪽.

46_ 그러나 마루야마에 의하면 일본 계몽철학의 유입 양식은 '전통적=관습적' 감각과 유럽 학문의 무매개적 병존, 이것이 일본의 철학 사상에 나타난 서구화 양상이었다. 그의 입장에서는 진정한 의미에서 유럽 정신과 대결한 적이 없는 일본으로서는 당연한 결과라고 보는 것 같다. 그러나 마루야마의 '일본 내셔널리즘' 분석에서 일본은 중국과 대조를 이룬다고 본다.

47_ 여기서 마루야마 마사오는 서구를 기준으로 하여 '결여 이론'으로 문제를 풀려는 것에 대한 경계를 누구보다 깊이 하고 있다는 것을 밝혀둘 필요가 있다. 그는 일본과 중국은 유럽의 임팩트에 대해 목적의식적 태도와 자각적인 태도가 근대화 초기에 현저했음을 확인한다. 마루야마는 서구 근대에 대해 자각적으로 대응하는 과정에서 사상이 새롭게 태어난다는 것을 옌푸嚴復에 대한 벤저민 슈월츠의 연구를 들어 설명하고 있다. 옌푸가 당시의 중국 문제를 해결하기 위한 목적의식 속에서 18세기 몽테스키외의 사상과 19세기 헉슬리의 진화론을 뒤섞어 새로운 사상을 만들었다는 것이다. 마루야마 마사오, 『충성과 반역』, 박충석 옮김, 나남, 1998, 398~399쪽 참조.

48_ 마루야마 마사오, 『전중과 전후 사이 1936~1957』, 휴머니스트, 2011, 209쪽.

49_ 마루야마 마사오, 위의 책, 208쪽.

50_ 蔣慶도 이 점을 기본 전제로 하며, 최근에는 秋風이 이런 문화 본질주의적 입장을 매우 강하게 피력하고 있다. 「文化強國, 除了復興儒家別無它路」, http://www.aisixiang.com/data/60221.html(검색일 2013년 8월 11일).

51_ 劉擎, 「儒學復興與現代政治」, http://www.aisixiang.com/data/56401.html(검색일 2013년 8월 5일).

52_ 「儒學與現代社會治理」(『開放時代』 2011년 제7기)에서 친후이의 발언.

53_ 스튜어트 홀, 「문화적 정체성의 문제」, 『모더니티의 미래』, 현실문화연구, 2000, 321쪽 참조

54_ 스튜어트 홀, 327쪽.

55_ 스튜어트 홀, 325쪽.

56_ 中島隆博, 『悪の哲學』, 筑摩書房, 2012, 190~192쪽. 나카지마는 『악의 철학』이라

는 저서를 2011년 3·12 원전 사태에 대한 대응으로 지었으나 이는 인간이 자의적으로 만든 생태 구조뿐 아니라 정치 구조나 사회 구조에도 광범위하게 적용할 수 있는 논리다.

57_ 中島隆博, 위의 책, 196~197쪽.

58_ 리쩌허우, 김형종 옮김, 「계몽과 구망의 이중변주」, 『중국현대사상사론』, 2005, 한길사, 59쪽.

59_ 何淸漣, 김화숙·김성해 옮김, 『중국은 지금 몇시인가』, 홍익출판사, 2004, 217쪽.

60_ 이런 작업을 하고 있는 책으로 다음을 참조. 첸리췬, 『내 정신의 자서전』, 글항아리, 2012; 『망각을 거부하라』, 그린비, 2012; 『마오쩌둥시대와 모스트마오쩌둥시대』, 한울, 2012.

61_ 蕭功秦, 「當代中國六大社會思潮的歷史與未來」, 馬立誠, 『當代中國八種社會思潮』, 社會科學文獻出版社, 2012, 304쪽.

62_ 蕭功秦, 위의 글, 304쪽.

63_ 그러나 리쩌허우의 외왕에 대한 해석은 조금 다르다. 그는 내성과 외왕, 치인과 치법, 경학과 사학을 대비시키면서 공자 시기에는 양자가 통합적이었으나 맹자 이후 도통을 중시하면서 양상이 달라졌다고 본다. 그리고 리쩌허우는 세 개의 대쌍관계에서 후자가 군권을 제약하는 역할을 해왔다는 측면에 주목하여, 거기서 민주주의적 요소를 발견하려 한다. 李澤厚, 「經世觀念手筆」, 『中國古代思想史論』, 谷風出版社, 1986(국내 번역은 정병석 옮김, 『중국고대사상사론』, 한길사, 2005).

64_ 蔣慶, 『政治儒學』, 三聯書店, 2003, 55쪽.

65_ 蔣慶, 위의 책, 367~368쪽. 장칭은 유교근본주의자로 비난을 받지만 그보다는 유교 경전에 기초한 논의가 아니라 공양학적 접근을 하는 것에 문제가 있을 수 있다. 여기서 공양학적 접근이란 원전의 고증학적 접근보다는 언외의 해석을 중요하게 여기는 것이다.

66_ 사실 이러한 인식 안에는 새로운 가능성과 함정이 모두 들어 있다.

67_ 사실상 갈수록 신좌파와 문화보수주의는 정치적, 문화적 취향에서 상당히 근접하고 있다는 분석은 나만의 주장이 아니다. 田島英一도 「中國ナショナリズム分析の枠組みと實踐」(加加美光行, 『中國の新たな發見』, 日本評論社, 2008, 276쪽 참조)이라는 글에서 신유가와 신좌파는 각자 입장에서 자유주의를 비판했으며 결과로서 그들은 체제옹호파를 형성했다고 보았다.

68_ 이에 대해서는 「현대 중국 민족주의 비판: 동아시아 인식을 중심으로」, 『역사비평』, 2010. 2 참조. 이 논문에서 장쉬둥의 발언 참조. 여기서 유학 담론 주체들과 신좌파를 국가 이데올로그로 봐야 할지, 지식인·학자로 봐야 할지가 묘연해진다.

69_ 마루야마 마사오, 김석근 옮김, 『일본의 사상』, 한길사, 1998, 67쪽. 민주주의 문제에서 중국 지식인 사이에도 유사한 형태가 발견된다. 서구의 의회민주주의는 이미 많은 문제를 드러냈다는 식의 이러한 태도로는 자기 변화의 계기를 잡을 수

가 없다.

70_ 고병권, 『민주주의란 무엇인가』, 그린비, 2011, 95쪽.

71_ 고병권, 위의 책, 28쪽.

72_ 자크 랑시에르, 「민주주의에 맞서는 민주주의'들'」, 『민주주의는 죽었는가』, 난장, 2012, 132쪽.

73_ 민주주의가 처한 현실은 동서양이 다르고 동서양 내부에서도 각국이 모두 다를 수 있다. 예를 들자면 이는 마치 량치차오가 제1차 세계대전 이후 『歐遊心影錄』을 통해 서양 현대성에 대한 회의懷疑를 보였음에도 중국과 같은 식민지, 반半 식민지 국가들에서 전반적인 사회문화적 위기를 반전통주의로 대처하려는 움직임을 보여줄 수밖에 없었던 태도와도 비교될 수 있다.

74_ 許紀霖, 「特殊的文化還是新天下主義」, 『文化縱橫』, 2012년 제2기, 2012년 4월.

5장 중국 자유주의와 그 변화 가능성

1_ 이 노벨평화상을 두고 받은 인상은—물론 일반화할 수는 없지만—국내의 중국 전공자들은 중국에서의 반응보다는 좀 약하지만, 노벨상위원회의 노벨평화상 결정이 정치적 결정이라고 보는 입장이 강하다. 반면 국내의 비중국 전공자들은 중국 전공자들의 이런 견해에 대해 다소 이해하기 힘들다는 입장인 것 같다. 이와 관련하여 중국 대중의 반응은 매우 흥미롭다. '신화사新華社'의 여론조사에 따르면 류샤오보가 누구인지 아느냐는 질문에 응한 사람 중 77.1퍼센트가 류샤오보가 어떤 사람인지 모른다고 답했고, 75퍼센트에 가까운 응답자는 노벨상위원회가 '중국에 압력을 가하여 서방의 정치체제를 수용하게 하려는 의도를 가지고 있다'고 답했다. 이에 대해 첸리췬은 류샤오보를 모르는데 어떻게 그를 서양의 정치체제와 연결시켜 사고할 수 있는가에 의문을 표하고, 이 데이터를 인민에 대한 중국 정부의 세뇌 결과로 인식한다. 錢理群, 「回顧2010年」, 好投網, 2011년 12월 10일.

2_ 여기서 중국이라는 국가를 어떻게 보아야 하는가, 특히 국가와 자본의 관계가 어떤 것인가가 매우 중요하다. 일단 여기서는 중국에서 국가와 자본은 단순하게 대립관계만은 아니라는 점을 확인해두자. 이 책의 2장 참조.

3_ 章淸, 「중국의 자유주의」, 『대동문화연구』 제65집, 2009, 37쪽 참조.

4_ 그는 자유주의를 향해서만이 아니라 신좌파도 마찬가지로 아직 자기 이론이 없다고 지적한다. 李澤厚·陳明, 「『原道』 十年: 成績欠佳 精神加嘉」(李澤厚訪談), 『原道』 제10집, 2005년 1월, 6쪽.

5_ 秋風, 「中國自由主義二十年的頹勢」, 『二十一世紀』, 2011년 8월.

6_ 緖形 康, 「自由主義の中國化」, 『中國-社會と文化』, 2009년 7월, 中國社會文化學會, 335쪽.

7_ 조경란, 「중국 지식인의 현대성 담론과 아시아 구상」, 『역사비평』 2005년 가을호. 1990년대와 달리 현재 중국의 신좌파는 자유주의와는 반대 방향에서 그 긴장을 놓쳐버렸다고 할 수 있다. 신좌파가 구상하는 중국모델론을 나는 이 긴장이 소실되면서 나타난 결과로 본다.

8_ 샹탈 무페, 이보경 옮김, 『정치적인 것의 귀환』, 후마니타스, 2007, 24쪽.

9_ 사실 이는 중국 자유주의의 상징이라 할 수 있는 후스의 문제의식이기도 했다. 그 또한 '자유주의'를 '자본주의'라는 짐으로부터 구출하고자 했다. 후스의 말은 이렇다. "공산당 친구들은 나에게 말하기를, 자유주의는 자본주의의 정치철학이라고 한다. 이는 역사적으로 성립할 수 없는 이야기다. 자유주의는 점차 확충되는 경향이 있다. 17·18세기에는 오직 일부 귀족들만 자유를 다투었지만 20세기에는 전 민족이 자유를 다투는 시대다. 이러한 생각은 자유주의와 어떠한 모순이 있는가? 왜 반드시 자유주의를 자본주의에 전유시켜야 하는가." 『胡適文存』 3집 1권, 亞東圖書館, 1930.

10_ 馬立誠, 『當代中國八種社會思潮』, 社會科學文獻出版社, 2012, 116쪽.

11_ 그러는 와중에 자유주의 유파는 1980년대 말부터 1990년대 초에는 신권위주의로부터 비판을 받았지만 1990년대 중후반부터는 신좌파로부터 공격을 받았다. 蕭功秦, 「當代中國六大社會思潮的歷史與未來」, 馬立誠, 위의 책, 301쪽. 또 자유주의가 현대성의 상징인 계몽·이성·법치 등을 주장하는 것에 대해서는 신좌파가 후현대의 입장에서 비판했다. 반면 유교를 주장하는 문화보수주의자들은 전현대의 각도에서 자유주의를 비판했다. 徐友漁, 「進入21世紀的自由主義和新左派」, 馬立誠, 위의 책, 242~343쪽.

12_ 그러나 이들 중에서도 특히 친후이와 류쥔닝은 적지 않은 차이를 보여준다. 전자가 자유주의 좌파적 경향이라면 류쥔닝은 자유주의 우파적 경향을 보여준다고 할 수 있다. 2004년 2월 베이징에서 필자와의 인터뷰 중에서.

13_ 蕭功秦, 위의 글, 295쪽.

14_ 하지만 이에 대한 엄격한 평가에 대해서 필자는 조금 보류하려는 입장이다. 중국의 1930~1940년대 자유주의 잡지의 대표격이라 할 수 있는 『관찰』 등에 대해 필자는 그 일부만 접해보았기 때문에 전면적인 평가를 내릴 정도는 아니기 때문이다.

15_ 秋風, 「中國自由主義二十年的頹勢」, 『二十一世紀』 제126기, 2011년 8월호. 이 글에서 추펑(본명은 姚中秋)은 자유주의의 계보, 체제와의 관계, 그들의 실천적 노력, 그리고 현재의 곤경을 벗어날 수 있는 가능성 등 중국 자유주의 전반에 대해 비판적이면서도 균형적인 시각을 가지고 생동감 있게 서술한다. 이 단락의 여기까지는 추펑의 도움을 받고 나의 상상력을 더해 서술한 것이다.

16_ 「讀經, 儒教與中國文化的復興: 『原道』, 2004 베이징 장칭 선생 방담록」, 2004년 11월 26일.

17_ 許紀霖, 「特殊的文化, 還是天下主義」, 『文化縱橫』 2012년 제2기.

18_ 許紀霖, 「儒家憲政的現實與歷史」, 『開放時代』 2012년 제1기.

19_ 劉軍寧, 「風能進, 雨能進, 國王不能進」, 『共和 民主 憲政』, 上海三聯書店, 1998, 42쪽.

20_ 馬立誠, 『當代中國八種社會思潮』, 社會科學文獻出版社, 2012, 122쪽.

21_ 劉軍寧, 「現代中國自由主義的內在缺陷」, http://www.aisixiang.com/data/6808.html(검색일 2013년 8월 5일).

22_ 馬立誠, 위의 책, 123쪽.

23_ 2004년 2월 왕후이와의 인터뷰 중에서.

24_ 劉軍寧, 「自由主義與儒教社會」, 2010년 1월 20일, 公法網, 『中國社會科學季刊』 1993년 8월호.

25_ 劉軍寧, 위의 글에서 '民主與民本' 부분.

26_ 劉軍寧, 위의 글 같은 부분.

27_ 秦暉, 「中國現代自由主義的理論商榷」(2), 共識網 , 2011년 7월 27일(검색일 2013년 1월 19일).

28_ 왕후이가 필자와의 인터뷰에서 "중국 자유주의의 가장 큰 문제는 중국의 실제를 이탈한 것"이라고 한 것처럼 최근 친후이의 인식에서는 이런 지적을 의식하고 있다는 느낌을 준다.

29_ 劉軍寧, 「現代中國自由主義的內在缺陷」, http://www.aisixiang.com/data/6808.html(검색일 2013년 8월 5일).

30_ 秦暉, 「中國現代自由主義的理論商榷」(2), 共識網 , 2011년 7월 27일(검색일 2013년 1월 19일).

31_ 2013년 6월 6일 베이징에서 첸리췬과 필자가 진행한 인터뷰에서 가져옴.

32_ 馬立誠, 위의 책, 130쪽.

33_ 滕彪, 「六四民主運動研討會」, 縱覽中國網, 2009년 5월 10일/2009년 5월 15일.

34_ 緒形 康, 「自由主義の中國化」, 『中國-社會と文化』, 2009년 7월, 中國社會文化學會, 336~337쪽 참조. 중국사회 인터넷의 보급률은 경이로운 속도로 증가하고 있다. 1999년 인터넷 사용자 수가 890만여 명이었던 것이 2005년에는 6000만 명에 달했고 2010년에는 2억8000만 명에 달한다고 추정되고 있다. 『國家信息安全報告』, 인민출판사, 2000.

35_ 于建嶸, 「底層社會的政治邏輯」, 2008년 3월 13일, 來源: 南風窗(廣州).

36_ 緒形 康, 「自由主義の中國化」, 『中國-社會と文化』, 2009년 7월. 中國社會文化學會, 338-339쪽.

37_ 田島英一, 「中國ナショナリズム分析の枠組みと實踐」, 加加美光行, 『中國の新たな發見』, 日本評論社, 2008. 288쪽

38_ 신병이 구속되었던 류샤오보는 2009년 6월 23일 국가정권전복선동혐의죄로 베이징 당국에 의해 정식으로 체포되었다. 6월 24일 50명의 지식인은 류샤오보의 즉각 석방을 요구하는 서명을 전국인민대표대회와 중국인민정치협상회의에 제출했다.

39_ 08헌장은 중국의 유권운동을 추진하는 '유권망'에 최초의 서명자 303명의 이름과 함께 전문이 게재되었다. 인터넷 서명은 계속증가하고 있고 2009년에 이미 8000명을 넘었다.

40_ 錢理群, 「回顧2010年」, 好投網, 2011년 12월 10일, 8쪽.

41_ 한 자유주의자가 모 대학에서 강연할 때의 일인데, 관중 한 명이 신좌파의 강연 중에 말을 끊으며 말하기를 "마오 주석이 없었으면 당신도 없었을 것 아니냐!"고 하자, 이 자유주의파 연사는 "덩샤오핑이 없었으면 당신도 없었을 것이다!"라고 대답했다는 일화가 있다.

42_ 蕭功秦, 「當代中國六大社會思潮的歷史與未來」, 馬立誠, 위의 책, 296~297쪽.

43_ 2008년 베이징올림픽을 전후하여 자유파 지식인들이 대거 국가주의 또는 민족주의 경향을 보였다. 이 책 서두에서 소개한 가오취안시 외에 마뤄摩羅 같은 지식인도 애초에 자유주의적 경향의 지식인이었으나 2010년에 급진적 민족주의 성향의 저작 『중국이여 일어나라』라는 책을 발표하여 사람들을 놀라게 했다. 이로 인해 마뤄는 쉬지린과 첸리췬에게 공개적인 비판을 받기도 했다. 許紀霖, 「走向國家祭臺之路-從摩羅的轉向看當代中國的虛無主義」, 『讀書』 2010년 8, 9월호.

44_ 조영남, 『용과 춤을 추자』, 민음사, 2012, 228쪽.

45_ 秋風, 「中國自由主義二十年的頹勢」, 『二十一世紀』 2011년 8월.

46_ 錢理群, 「和印度朋友談我對當下中國思想文化狀況的觀察」(2012년 11월 17일 강연 원고).

47_ 殷海光, 「論自由主義及其任務」, 『中央日報』 1948년 1월 25일.

6장 신좌파와 비판적 지식인의 조건

1_ 이 장은 「중국에서 신좌파와 비판적 지식인의 조건-왕후이의 '중국모델론'과 21세기 지식 지형의 변화」라는 제목으로 『시대와철학』(2013년 봄)에 실렸던 글을 기본 논지는 유지하되, 총 5개 절 중 2절과 3절을 제외하고 완전히 새롭게 추가한 것이다. 2절도 체제를 대폭 바꾸었다.

2_ 쉬지린에 따르면 최근 중국 지식인의 국가주의 경향으로의 전환은 비단 신좌파만이 아니다. 자유주의, 대륙 신유가 사조 내에서도 규모와 모습은 다르지만 비슷한 경향이 나타나고 있다. 許紀霖, 「近十年來中國國家主義思潮之批判」 참조.

3_ 조경란, 「중국 지식인의 학문적 고뇌와 21세기의 동아시아」(汪暉·金觀濤와의 대담), 『역사비평』, 1997년 가을호 참조.

4_ 왕사오광과 달리 왕후이는 자유주의자들로부터 끊임없이 이 부분을 지적받았으나 한 번도 인정한 적이 없다. 2004년 필자와의 인터뷰 참조.

5_ 강준만은 1980년 광주학살을 자행한 신군부와 5공에 격렬히 반대했던 사람들마저도 1988년 '서울올림픽의 영광'에는 힘없이 무너져내려 정권에 찬사를 보냈다고 분석한다. 「광주는 아직 끝나지 않았다: 5·18 광주학살의 진실, '악의 평범성'에 대하여」, 『인물과 사상』 2003년 6월호 참조. 한 국가의 근대화 시기에 올림픽의 성공은 지식인들에게도 사유를 정지시키는 어떤 마력이 있어서 결과적으로 이들의 저항의식까지 마비시킨다. 그러나 모두가 그런 것은 아닐 테지만 부강한 국가와 자신을 동일시하는 심리 기제가 수월하게 작동되는 사회일수록 그런 경향이 강하게 나타난다.

6_ 베이징올림픽은 지식인을 무차별적으로 학살했던 5·7체제(첸리췬의 용어), 그리고 노동자와 시민을 무참히 짓밟았던 6·4사태에 대한 기본조차 규명되지 않은 채로 연장되고 있는 그 공산당 정권 아래 치러졌다는 것을 유념해야 한다.

7_ 마루야마 마사오, 『전중과 전후 사이 1936~1957』, 휴머니스트, 2011, 583쪽.

8_ 중국은 국가이면서 제국이고 제국이면서 국가이기도 하다. 따라서 국가의 논리만으로, 또는 제국의 논리만으로 중국을 설명할 수는 없다. 양자가 혼합된 내재적 시야가 필요하다. 그리고 그 내재적 시야를 개념화한 것이 바로 '트랜스시스템사회'다. 그러니까 이 개념 안에는 '제국적 국민국가'로서의 중국이 처한 21세기적 곤경을 어떻게 처리해야 하는지에 대해 '우환의식'으로 가득 찬 '좌파 지식인' 왕후이의 고민이 녹아 있다. 왕후이에게 중국이나 아시아는 '조공아시아'와 레닌, 쑨원孫文, 리다자오李大釗, 마오쩌둥의 '혁명아시아'가 겹쳐진다. 조공아시아와 혁명아시아를 재구성하여 상상한 것이 바로 트랜스시스템사회인 것이다. 졸고, 「'거대한 편견'의 탈각과 중국 재구축의 욕망」(서평), 『ASIA』, 25집, 2012. 여름호 참조. 트랜스시스템사회는 서론에서 말한 간양의 '문명-국가'와 유사한 개념으로 보인다. 그렇다면 간양에게 던진 문제제기와 유사한 수준의 질문이 왕후이에게도 필요하다. 그의 이 개념 안에서 중국 현재의 다양한 사회 문제를 어떻게 보고 있으며, 현재 아시아의 다른 나라들과 중국 사이에서 벌어지고 있는 역사와 국경 문제 등 현안에 대해 어떤 대답을 내놓을 것인가.

9_ 왕후이汪暉, 송인재 옮김, 『아시아는 세계다』, 글항아리, 2012, 409~461쪽 참조.

10_ 자유주의자 추평은 "학원 신좌파는 매우 강렬한 이론적 포부가 있었다. 이 포부는 자유주의자에게 이론적 사고를 하도록 추동했다. 그러나 자유주의자들은 이렇게 하지 못했고 여전히 상식으로 상대방에 대응했다"며 자유주의자의 태도를 비판했다. 秋風, 「中國自由主義二十年的頹勢」, 『二十一世紀』 제126기, 2011년 8월호.

11_ 조경란,「중국 지식인의 현대성 담론과 아시아 구상」,『역사비평』2005. 9, 365~367쪽
12_ 許紀霖,「近十年來中國國家主義思潮之批判」, http://www.aisixiang.com/data/41945.html(검색일 2012년 12월 22일).
13_ 이에 대한 분석으로 砂山幸雄,「思想解放と改革開放」,『現代中國』83號, 2009年 9月, 29쪽 참고.
14_ 汪暉,「去政治化的政治, 覇權的多重構成與60年代的消逝」,『去政治化的政治-短20世紀的終結與90年代』, 三聯書店, 2008, 4쪽.
15_ 汪暉, 위의 글, 6~7쪽 참조.
16_ 汪暉, 위의 글, 19쪽.
17_ 汪暉, 위의 글, 23쪽.
18_ 허자오톈도 문혁이 끝났을 때 사람들은 문혁 중의 잔혹한 폭력을 부정했지만 그 안에 함축된 사회주의 관료체제에 대한 비판과 분석을 잘 계승하지 않았다고 지적했다. 혹은 문혁 직후 허탈감에도 불구하고 당시 아직 잃어버리지 않았던 이상주의나 책임감을 명석하게 의식하고 있었다면 어떻게 되었을까를 반문한다. 賀照田,「現代史研究と現在の中國の思想と政治」,『中國21』30호, 2009(日本愛知大學), 258쪽.
19_ 1978년에 개혁개방이 시작된 것을 의미한다.
20_ 汪暉,「中國崛起的經驗及面臨的挑戰」,『文化縱橫』, 2010년 제2기, 한국어 번역은 왕후이, 최정섭 옮김,「중국굴기의 경험과 도전」,『황해문화』2011년 여름, 52쪽 참조.
21_ 汪暉, 村田雄二郎 외 옮김, '自序',『思想空間としての現代中國』, 岩波書店, 2006, ⅷ쪽 참조.
22_ 汪暉, '自序', ix~x쪽.
23_ 실제로 중국의 20세기는 제국주의와 패권주의와의 부단한 투쟁이 있었고 그 결과 속박으로부터 벗어났다. 1940년대에는 일본으로부터, 1970년대에는 미국으로부터, 1980년대에는 소련의 위협에서 해방되었다. 이는 공산당의 중요한 공과임에 틀림없다.
24_ 錢理群,「回顧 2010年」참조.
25_ 錢理群, 위의 글 참조.
26_ 錢理群, 위의 글 참조.
27_ 첸리췬은 2010년을 회고하는 자리에서 2010년 중국 지식계를 뜨겁게 달궜던 표절 사건에 대해서도 입장을 밝혔다. 여기서 왕후이와 마뤄摩羅 그리고 주쉐친朱學勤을 함께 다루면서도 초점은 왕후이에 가 있다. 그는 마뤄 책의 추천서를 써주었고 왕후이 표절 사건 초기에 그를 옹호한 적이 있기 때문에 많은 사람이 이들과 공모한 것이 아니냐는 의문을 제기해 무척 고통스러웠다고 하면서 자신의 입장을 밝혔다. 요약하자면 현재 중국의 정치사상문화 학계는 '정치적 정확함'(관방의

정치적 정확함이든 민간 반대파의 정치적 정확함이든 무관하게)이 모두 가장 중요하며 항상 정치적 관점에서 줄서기를 요구한다. 너는 어느 쪽에 서느냐, 신좌파냐 자유주의냐? 또 왕후이(마뤄)를 좋아하느냐 왕후이를 반대하느냐? 이로써 정치적 정확함의 여부가 결정나고 나아가 도덕적 판결이 난다. 첸리췬은 이들 지식인이 1980~1990년대에 해낸 역할을 평가하는 동시에 이들의 조급성을 비판한다. 즉 1980년대 개혁개방의 역사적 전환기에 역사는 중국 지식인에게 세계와 대화하기를 요구했고 신시대가 제기한 중대한 문제에 반응해주기를 요구했는데 자기 세대 지식인들은 준비가 부족했다. 이러한 거대한 격차에 직면하여 자신을 포함한 그 세대의 대다수 지식인은 이미 지식 구조의 전면적인 갱신이 불가능했다. 오로지 자기 지식의 범위 내에서 시대가 제출한 문제에 대해 제한적인 반응을 할 수 있을 뿐이었다. 자신의 이러한 제한성에 대해 부단히 반성하고 있다. 그러나 왕후이·주쉐친과 같은 20~30대의 젊은 학자들은 시대에 발맞춰 지식을 갱신했고 국내외의 중대한 정치문화 사상의 문제에 대해 자신의 반응을 보였다. 왕후이 같은 학자는 더 나아가 국제 사상계와의 대화 속에서 자신의 체계를 만들어나갔다. 이 모두가 우리 세대는 할 수 없는 것이었다. 이로 인해 그들은 매우 빨리 그리고 매우 높은 학술적 지위와 권력을 획득할 수 있었다. 스스로 '역사중간물'로 자처했던 나와 우리 세대의 많은 학자는 희망을 그들에게 의탁했다. 그러나 객관적으로는 이 세대 지식의 갱신은 일종의 '보강補課'이었으며 그들이 새롭게 보충한 서학과 중학에 대한 이해와 파악은 실제로 설익은 상태에 처해 있었고 이것과 그들이 지고 있는 역사적 사명 및 그들 자신이 기대한 것 사이에는 큰 차이가 있다고 말해야 한다. 학력과 학술의 준비가 부족한데 학술의 야망 또한 지나치게 큰 상태에서 조급한 성공과 눈앞의 이익에만 급급한 나머지 오늘 사람들에게 책망받는 곡해와 모방이 출현했으며 선인들이나 서양 학자의 연구 결과를 그대로 베끼는 문제가 발생했다. 만일 설명이 없으면 문제는 더 커지고 개인의 책임 또한 그렇게 된다. 그러나 나는 여전히 강조하고 싶은데 절대로 이로 인해 이 세대 학자들의 학문적 공헌과 역사적 역할을 부정할 수 없으며 현재 중국 학계의 중요한 지위 또한 부정할 수 없다. 그러나 그들이 자신의 학문적 부족함에 대해 자성하지 않는다면 또 자신의 지위와 권력에 대해 정확하게 대처할 수 없다면 서양과 전통에 대한 비교적 좋은 교육을 받은 더 젊은 세대와 충돌이 일어날 것이다. 몇 년 전 인터넷상에서 본 청년 학자 잉싱應星의 글은 매우 첨예하게 이 문제를 지적하고 있었다. 이번 사건에서 정곡을 찌르는 비판적 글이 모두 훨씬 젊은 학자의 손에서 나온 것은 결코 우연이 아니다. 당시 왕후이와 주쉐친은 곧바로 자신을 반성할 기회가 있었다. 그러나 왕후이는 처음부터 이것을 자유주의 학자와 미디어가 연합하여 자기를 박해한 것이라고 단정하고 침묵으로 저항했다. 그의 몇몇 친구도 그를 일깨우지 않았을 뿐 아니라 오히려 힘을 다해 그의 '학문적 공헌'을 강조했다. 이들은 그를 도우려 하지만 결과적으로 방해하고 있는 셈이다. 주쉐친은 처음에는 각오가 매우 높았으나 푸단대 학술위원회가 그에게 유리한 방향으로 판결을 내리자 태도를 바꿔 그를 폭로한 젊은 학자들을 추궁하고 나섰다. 이것은 모두 (중국 학계가) 자신을 지나치게 훌륭하게 평가한다는 것을 스스로 느끼고 개인의 지위 또한 지나치게 중시하는 것을 반영한다. 즉, 깨어 있지 않다는 것을 드러내는 것이다. 나는 학계에 깨달음과 자각을 호소하고 싶고 자기를 의심하고 자기를 반성하라고 호소하고 싶다. 오직 자기 약점과 부족함을 의식해야만 비로소 새로운 노력이 있고 새로운 시작이 있게 된다. 錢理群, 「回顧2010年」, 好投網, 2011년 12월 10일, 26~27쪽.

28_ 許紀霖, 「近十年來中國國家主義思潮之批判」, http://www.aisixiang.com/data/41945.html(검색일 2012년 12월 22일). 중국에서 신좌파가 슈미트를 가져오는 맥락과 샹탈 무페나 조르조 아감벤처럼 서양의 급진 좌파 이론가들이 슈미트를 가져오는 맥락은 다르다. 양쪽 모두 이를 가져오는 맥락은 경제가 모든 것을 압도하는 상황에서 정치적인 것의 회복을 노리는 것이긴 하지만 그 세부로 들어가면 상당히 다르다. 서양의 급진좌파 이론가들이 슈미트를 가져오는 맥락은 자유민주주의에 대한 근본적인 성찰이 그 목적이다. 즉 개인적 자유주의와 전체주의에 빠지지 않으면서 다원적 민주주의를 어떻게 하면 실현할 수 있을까에 대한 고민의 과정 속에서 나온 것이다. 그러나 중국의 신좌파가 슈미트를 가져오는 맥락은 이와 차이가 난다. 실체로서의 민주주의를 주장하기 위한 것이다. 실체로서의 민주주의의 상상은 적대와 갈등이 완전히 소거되는 상태에 대한 확신에서 비롯된다. 슈미트는 헌법론에서 동질성을 평등의 통념과 관련시키며 민주주의가 공유한 정치적 형식이 실체적 평등 개념과 연결되어야 한다고 선언한다. 샹탈 무페, 이보경 옮김, 『정치적인 것의 귀환』, 후마니타스, 2007, 204~205쪽. 여기서 기본 문제는 정치적 통일성의 문제다. 그러나 이 문제에 지나치게 집중할 경우 전체주의로 회귀할 위험성이 있다.

29_ 甘陽, 「當代中國的思想解放」, 「鳳凰衛視 "世紀大講堂"」 강의 원고, 『人文與社會』, 2009년 2월 19일.

30_ 이에 대해서는 이남주, 「신중국 60년에 대한 재해석」, 『황해문화』 2009년 겨울.

31_ 甘陽, 「中國道路還是中國模式」, 『文化縱橫』 2011년 10월, 83쪽.

32_ 甘陽, 「中國道路: 三十年與六十年」, 『讀書』, 2007년 6월.

33_ 동아시아 국가의 경험과 중국을 비교한 논문으로 Seung-Wook Baek, "Does China Follow 'The East Asian Development Model'?" *Journal of Contemporary Asia*, vol.35, NO.4, 2005 참조.

34_ 秦暉, 「中國的崛起和 "'中國模式'的 崛起"」, 何迪·魯利玲 편, 『反思"中國模式"』, 社會科學文獻出版社, 2012, 71쪽. 친후이는 중국모델론에 대해 경제고속발전의 찬란한 숫자로 저인권의 피비린내를 은폐하는 것이라고 일갈한다.

35_ 이희옥과 딩쉐량의 견해에 동의한다. 이희옥, 「중국식 민주에 대한 하나의 해석」,

『중국학연구』 제58집, 2011년 12월, 322쪽; 딩쉐량丁學良, 이희옥, 고영희 옮김, 『중국모델의 혁신』, 성균관대출판부, 2012, 78~96쪽; 백승욱, 「중국 지식인은 '중국 굴기'를 어떻게 말하는가: 왕후이의 중국 굴기의 경험과 도전」, 『황해문화』, 2011년 가을호, 306쪽 참조.

36_ 전성흥, 「'중국모델'의 부상 : 배경, 특징 및 의미」, 『中蘇硏究』, 통권 116호 2007/2008년 겨울호, 49쪽.

37_ 왕후이, 「중국 굴기의 경험과 도전」, 『황해문화』 2011년 여름호, 62쪽.

38_ 중국식 민주 문제에 대한 토론 전반에 대해서는 이희옥, 「중국식 민주에 대한 하나의 해석」, 『중국학연구』 제58집, 2011년 12월 참조.

39_ Joseph Fewsmith, *China since Tiananmen –from Deng Xiaoping to Hu Jintao–*, Published in the United States of America by Cambridge University Press, New York, Second Edition 2008, 141쪽.

40_ 王紹光, 『民主四講』, 三聯書店, 2008

41_ 崔之元, 「中國崛起的經濟, 政治, 文化」(訪談), 『人文與社會』, 2011년 12월 31일(출전 : 21世紀經濟報道, 2011년 12월 30일).

42_ 許紀霖, 「近十年來中國國家主義思潮之批判」, http://www.aisixiang.com/data/41945.html(검색일 2012년 12월 22일).

43_ 판웨이, 김갑수 옮김, 『중국이라는 새로운 국가모델론』, 에버리치홀딩스, 2009, 71쪽.

44_ 여기에서 이 문제는 서양의 최소도덕과 동양의 최고도덕의 논리와 연결된다. 여기서도 역시 제도의 도덕화, 도덕의 제도화라는 문제는 유교의 아비투스와 관련하여 논구되어야 할 주제다.

45_ 王紹光, 『民主四講』, 三聯書店, 2008, 제1장 참조.

46_ 이희옥, 「중국식 민주에 대한 하나의 해석」, 『중국학연구』 제58집, 2011년 12월, 341쪽.

47_ 劉擎, 「面對中國模式的歷史終結論」, http://www.aisixiang.com/data/30866.html(검색일 2013년 9월 2일).

48_ 왕후이, 성근제 옮김, 「충칭사건, 밀실정치와 신자유주의의 권토중래」, 『역사비평』, 2012년 봄호, 167~168쪽. 왕후이가 이 글을 쓸 당시 이미 당내에서 소외되어 있었고, 이제 권좌에서 물러날 날이 얼마 남지 않은 정황도 전혀 고려되지 않았다고 할 수는 없을 것이다.

49_ 榮劍, 「奔向重慶的學者們」, 共識網, 2012년 4월 28일.

50_ 榮劍, 위의 글.

51_ 童之偉, 「風雨過後看重慶」, 『經濟觀察報』 2012년 10월 29일, 榮劍, 「重慶的神話與祛魅」, 共識網特稿, 2012년 5월 7일.

52_ 蕭功秦, 「超越左右激進兩極思惟 –以中道理性爲基礎重建社會共識」, http://www.

aisixiang.com/data/57922.html(검색일 2012년 12월 22일).

53_ 蕭功秦,「從薄熙來事件到中國的再改革」, http://www.aisixiang.com/data/58102.html(검색일 2012년 12월 22일).

54_ 이 구절은 차르 치하의 러시아에 대해 트로츠키가 한 말을 지젝이 다시 쓴 것이다. "이 나라의 독재정치는 유럽의 절대주의와 아시아의 전제주의 중간 어디엔가 존재한다." Leon Trotsky, *The History of the Russian Revolution*, London : The Camelot Press, 1934, 474쪽. 지젝,「민주주의에서 신의 폭력으로」,『민주주의는 죽었는가: 새로운 논쟁을 위하여』, 난장, 2012, 176쪽에서 재인용.

55_ 이 점에서 왕후이는 메이지 유신 시기의 가토 히로유키加藤弘智의 '전향'과 매우 유사한 모습을 보인다.

56_ 조금 비약적인 비교인지는 모르겠으나, 이는 마치 신해혁명기에 지방 엘리트들이 자신들의 요구를 받아들여 신정을 이루자 거기에 위기의식을 느끼면서 오히려 개혁을 반대하기 시작한 꼴과 같다고 할 수 있다. 폴 A. 코언, 이남희 옮김,『학문의 제국주의』, 산해, 2003, 303쪽. 코언은 신해혁명을 청 정부의 관리들과 지방 보수주의자들의 대립으로 본다.

57_ 마루야마 마사오,『전중과 전후 사이 1936~1957』, 휴머니스트, 2011, 153~154쪽.

58_ 조경란,「'거대한 편견'의 탈각과 중국 재구축의 욕망」(왕후이의『아시아는 세계다』에 대한 서평),『ASIA』, 25집, 2012년 여름호 참조.

59_ 2004년 베이징에서 이뤄진 왕후이와 필자의 인터뷰에서 인용.

60_ 그렇다면 자유주의 지식인은 어떤가? 자유주의도 중국의 현실을 감싸안는 변화가 필요하다. 같은 강도에서 대륙 신유가도 유교로의 안이한 회귀만을 주장할 것이 아니라 신좌파와 자유주의에 버금가는 자기 갱신이 필요하다.

61_ 중국 신좌파와 일정한 공감대를 형성해왔던 중국학을 하는 한국인 중 일부는 아직도 그들을 진보적 지식인의 첨병인 양 취급하고 있다. 그러나 학문적 감수성에 문제가 없다면 중국의 신좌파를 중국사회의 맥락에서 더 이상 진보로 볼 수는 없다.

62_ 왕후이는 2013년 중국공산당의 전국정협위원이 되었다. 人民政協網(www.rmzxb.com.cn, 2013년 2월 25일 01시 10분) 인터뷰에서 왕후이가 '新任全國政協委員'이라는 말이 나온다.

7장 현대 중국 비판적 지식인의 조건

1_ 이 개념은 '유럽적 보편주의'에 대응하여 월러스틴이 내놓은 새로운 개념이다. 이매뉴얼 월러스틴, 김재오 옮김,『유럽적 보편주의』, 창비, 2008, 138쪽.

2_ 근대 시기 장빙린은 국가는 환幻이고 개인이 실實이라고 했다. 중국은 전통적으로 국가를 대상화할 수 있는 전통을 풍부하게 지니고 있다. 예를 들어 천하주의도 그러한데, 하지만 최근의 자유주의자들의 천하주의 담론을 제외하고는 이 담론이 적지 않은 논자들에 의해 중국중심주의나 중국 공산당의 합법성을 강화해주는 논리로 전락해버리는 것이 문제다. 이 책 서문의 "간양의 천하-문명 개념에 대한 비판" 참조.

3_ 한 예로 중국모델론 안에 중국 문명에 대한 복원의 의미가 들어 있다면 '과거 역사와의 파괴적 단절을 강요했던 문화대혁명의 굴곡'이라는 측면도 어떤 식으로든 문제삼고 넘어가야 한다. 이러한 작업의 하나로 필자는 위추위의 『중화를 찾아서』를 추천하고 싶다. 이에 대한 좋은 서평으로 김민웅, 「중국의 자화상… 그들은 인류의 빛이 될 것인가?」, 『프레시안』 2010. 10. 22 참조

4_ Harold Joseph Laski, *Communism*, 1927, 245쪽; 마루야마 마사오, 김석근 옮김, 「래스키의 러시아혁명관과 그 추이」(1947), 『현대정치의 사상과 행동』, 한길사, 2007(1쇄 1997), 285쪽에서 재인용.

5_ 슈티르너는 이것을 자유주의의 실제 모습이라 본다. 그는 위선적인 부르주아 사회를 예고한 것으로 유명하다.
Max Stirner, *The ego and his own*, Harper & Row in New York, 1971 참조.

6_ 미조구치 유조 외, 동국대동양사연구실 옮김, 『중국의 예치시스템』, 청계, 2001.

7_ 이것은 엉뚱한 비교일 수 있으나 전후 일본의 절망적 상황에서 마루야마 마사오나 다케우치 요시미가 사상적으로 일정한 방향을 제시해준 것이나, 독일 사회 전체가 전후 전통으로 환류해가려는 사회 상황에서 하버마스가 『공공성의 구조변동』이라는 저서로 대응하려 했다는 점 등을 기억하면서 떠올려본 것이다. 그러나 중국 지식인들은 '1978년 전환기'에 이 작업을 할 수 없었다. 그런데 이는 중국 사회주의에 대한 평가와 결코 분리될 수 없다. 당시 중국 지식인들이 이 작업을 단행할 역량을 비축할 수 없었던 것은 중국 사회주의 시스템의 문제와 무관하지 않기 때문이다.

8_ 따라서 근대 이행기에 중국 지식인의 인식에서 공公과 공공公共에 대한 언급은 많은 경우 국가와 정부를 위한 이론 체계를 세우는 것을 목적으로 하는 것이었고 똑같이 '천하위공'과 '천하'도 '국가'와 '정부'로 전환되었다. 章淸, 「近代中國對'公'與公共的表達」, 許紀霖 主編, 『公共性與公共知識分子』, 江蘇人民出版社, 2003, 197쪽. 지금 천하위공이나 천하주의로 민족주의의 문제를 극복하자고 하는 주장이 나오는 것은 확실히 국제사회에서 중국의 헤게모니가 재림했음을 반영하는 것이다. 그러나 여기서 문제는 100~150년의 근대화 과정을 거치는 동안 천하위공이나 천하 개념이 중국 사람들의 사유를 좌지우지할 정도로 일상 속에 살아 있느냐 하는 것이 검토되어야 한다는 것이다. 이에 대한 면밀한 검토 없이 국가 대신에 천하위공과 천하 같은 개념을 치환시키면 많은 것이 은폐될 수 있다.

9_ 다케우치 요시미, 윤여일 옮김, 『다케우치 요시미 선집2: 내재하는 아시아』, 휴머니스트, 2011, 219~221쪽.

10_ 다케우치 요시미, 위의 책, 222쪽 참조.

11_ 다케우치 요시미, 위의 책, 234쪽 참조.

12_ 劉擎, 「'剝脫西方'? 比盲人更盲目」, 『新世紀』 週刊 2010년 47기.

13_ Wei-ming Tu, *Confucian Traditions in East Asian Modernity : Moral Education and Economic Culture in Japan and the Four Mini-dragons*, Harvard University Press, 1996, "Introduction."

14_ 馬立誠, 『當代中國八種社會思潮』, 社會科學文獻出版社, 2012, 209~210쪽 참조.

15_ 진보라는 측면에서 포스트모더니즘을 바라볼 수도 있다. 포스트모더니즘의 일부 지지자는 모더니즘이 남근중심적, 제국주의적이었다고 생각한다. 이러한 점에서 볼 때 포스트모더니즘은 자유를 추구하는 한 형태이자 꽃들이 만발하는 하나의 파편화된 운동이라고 할 수 있다. 이 입장에 선 사람들은 모더니즘이 특수한 서구 문화의 산물에 불과하며, 포스트모더니즘이 문화의 복수성을 진정으로 인정하는 시대를 예고한다고 주장한다. Gott, R., "Modernism and post modernism: the crisis of contemporary culture," *The Guardian*, 1 December, 1986, 10쪽, 케네스 톰슨, 「사회적 다원주의와 포스트모더니티」, 『모더니티의 미래』, 현실문화연구, 2000, 277쪽에서 재인용.

16_ Arif Dirlik, 「역사와 대립되는 문화인가」, 『발견으로서의 동아시아』, 문학과지성사, 2000, 87~88쪽.

17_ 汪暉·張天蔚, 「文化批判理論與當代中國民族主義問題」, 『民族主義與轉型期中國的運命』, 時代文藝出版社, 2000, 396~397쪽. 왕후이가 이 문제를 가지고 인터뷰를 한 시점은 1990년대이며, 이때만 해도 왕후이의 사고가 동서의 문제를 종합적으로 볼 수 있는 안목을 가지고 있었다.

18_ 甘陽, 「啓蒙與迷信」, 『人文與社會』 2011년 11월 29일, http://wen.org.cn/modules/article/trackback.php/2981, 검색일 2012년 2월 23일.

19_ 실제로 중국의 탈근대론자들의 근대성 비판이 중국의 중화성의 강화로 직결되었던 예들을 1990년대 신좌파가 비판하지 않았던가. 그런데 지금은 신좌파가 거기에 앞장서고 있는 격이 되었다.

20_ 劉擎, 「公共文化與思想界的新趨勢」, 『東方早報』 2011년 8월 22일.

21_ 이 사건은 궈메이메이라는 한 여성이 명품 자동차, 명품 핸드백 등과 함께 찍은 사진들을 중국판 트위터인 웨이보에 올려 자신의 호화생활을 자랑하면서 불거진 사건이다. 그녀는 자신이 중국적십자사(홍십자회)와 관련된 상업계통홍십자회(상홍회)의 간부라고 떠벌렸으나 나중에 적십자사 관련 기구인 중홍보아이자산관리의 이사인 왕쥔의 애인임이 밝혀졌다. 일명 '명품녀 스캔들'은 중국 정부가 통제하는 자선기구 전반에 대한 불신으로 이어지게 되었다. 『한겨레신문』 2011년 7월 5일.

22_ 劉擎, 앞의 글

23_ 이에 대해서는 範亞峰, 「維權政治論－中道論壇之四」, 2005년 9월 4일(『博客中國網』). 秦暉, 「中國需要民主辯論與重新啓蒙」, 2009년 3월 8일, 『亞洲週刊電子報』 참조.

24_ 문성원, 「현대성과 진보의 문제」, 『배제의 배제와 환대』, 동녘, 2000. 문성원은 이런 점을 고려하여 계약성을 통해 현대성을 재규정하려는 비데의 시도가 유의미한 것이라고 지적한다. 비데에 따르면 계약성은 시장관계와 사회적 연합관계 그리고 국가권력 관계 등을 포괄하는 범위를 갖기 때문이다.

25_ 이성재, 『지식인』, 책세상, 2012, 117쪽.

26_ 기독교는 하나의 사조는 아니지만, 현재 1억 명 정도로 추산되는 기독교 인구는 중국사회의 어떤 단면을 보여주는 하나의 현상이라 할 수 있으며, 이 자체가 중국사회의 가치 부재 현상을 역설적으로 표현해주는 것일 수도 있다.

27_ 흔히 권위주의 정부가 학자나 재야운동가를 국회의원이나 관료 등으로 고용하여 반대 세력의 저항을 무마하고 약화시키거나 그들을 지지 세력으로 포섭하는 행위를 가리킨다. 에드워드 W. 사이드, 전신욱·서봉섭 옮김, 『권력과 지성인』, 창, 1996, 24쪽, 주 9번 참조.

28_ 에드워드 W. 사이드, 위의 책, 24쪽.

29_ 마루야마 마사오, 김석근 옮김, 『현대정치의 사상과 행동』, 한길사, 1997, 51쪽.

30_ 졸문, 「'거대한 편견'의 탈각과 중국 재구축의 욕망」(왕후이의 『아시아는 세계다』 서평), 『아시아』 2012년 5월호.

31_ 이 문제에 대해서는 김희교와 이희옥 사이에 논쟁이 있었다. 이에 대해서는 김희교의 「한국의 동아시아론과 '상상된' 중국」(『역사비평』 통권 53호, 2000년 가을)과 「한국의 비판적 중국담론, 그 실종의 역사」(『역사비평』통권 57호, 2001년 겨울) 참조. 그리고 이희옥의 「한국에서 중국학을 어떻게 할 것인가」(『역사비평』 2002년 겨울 12월) 참조. 한학과 해방 이후 중국학의 궤적을 비판적 중국 연구의 문제와 연결시킨 최근 연구로는 백영서, 「중국학의 궤적과 비판적 중국연구－한국의 사례」(『대동문화연구』 제80집, 2012년 12월) 참조.

32_ 리영희, 『전환시대의 논리』, 창비, 2006. 리영희의 중국을 보는 시각을 분석한 글로는 정문상의 「문화대혁명을 보는 한국사회의 한 시선」, 『역사비평』 2006년 참조. 리영희·임헌영 대담, 『대화』, 한길사, 2005. 리영희/백영서·정민 대담, 「전환시대의 이성 리영희 선생의 삶과 사상」, 『리영희 선생 화갑기념문집』, 두레, 1989.

부록: 중국 개혁개방 30년의 사상과 지식 지형

1_ '눈물의 계곡'에 대해서는 Ralf Dahrendorf, *Reflections on the Revolution in*

Europe, London: Chatto and Windus, 1990, 77쪽 참조. 지젝, 「민주주의에서 신의 폭력으로」, 『민주주의는 죽었는가-새로운 논쟁을 위하여』, 난장, 2012, 173쪽에서 재인용.

2_ 간양 같은 사람은 중국의 1980~1990년대의 중국의 지식문화 상황을 '신계몽'이라는 용어로 개괄하는 것에 대해 반대한다. 왜냐하면 개혁개방 이데올로기가 중국 지식문화의 장을 전면적으로 속박했던 것으로 착각하게 할 우려가 있기 때문이라는 것이다. 甘陽, 「十年來的中國知識場域」, 『二十一世紀』 제61기, 2000년 10월호, 32쪽 참조

3_ 李澤厚는 1980년대에서 2000년까지 20여 년 동안 중국 사상계에 미학열, 문화열, 국학열, 서학열이 있었다고 설명한다. 「四個'熱'潮之後」, 『二十一世紀』, 2000년 10월. 여기에 2010대까지를 반영하면 국학열과는 구분되는 유학열과 중국모델열이 보태져야 할 것이다. 1990년대 논쟁을 거의 전면적으로 다루고 있는 책으로는 許紀霖·羅崗 等, 『啓蒙的自我瓦解』, 吉林出版集團有限責任公司, 2007 참조.

4_ 許紀霖 劉擎 羅崗 薛毅, 「求"第三條道路"-關于 '自由主義'與'新左翼'的對話」, http://www.aisixiang.com/data/12634.html

5_ 許紀霖·劉擎·羅崗·薛毅, 앞의 글.

6_ 許紀霖·劉擎·羅崗·薛毅, 앞의 글.

7_ 그러나 판샤오는 현실에 존재하는 진짜 사람이 아니라는 이야기도 있다. 黃平·姚洋·韓毓海, 『我們的時代-現實中國從哪里來, 往哪里去?』, 中央編譯出版社, 2006, 136쪽.

8_ 賀照田, 「從"潘曉討論"看當代中國大陸虛無主義的歷史與觀念成因」, 『開放時代』 2010년 제7기. 『개방시대』 주간을 지낸 우충칭吳重慶도 한 토론회에서 다음과 같이 말했다. 판샤오로 대변되는 일반 청년들의 인생에 대한 낙담은 아주 절실한 문제였지만 당시 중국의 사상계는 문혁 시기의 비인도적인 상황과 전제 문화만을 성토하고 개혁개방 이데올로기에만 초점을 맞추고 있었기 때문에 청년들의 이런 문제제기에 공감할 수 없었다. 우충칭은 이런 상황에서 李澤厚의 책 『미의 역정』과 『중국고대사상사론』이 판샤오가 제기한 문제에 나타난 젊은 층의 정신적 욕구를 어느 정도 만족시켜주었다고 평가했다. 「李澤厚與八十年代中國思想界」, 『開放時代』 제233기 2011년 11월 토론회, 15쪽.

9_ 류칭펑은 문혁에 대해 다음과 같이 말한다. "사실 문혁은 중국에 있고 문혁학은 외국에 있다는 말이 있다. 문혁이 일어난 이후 중국인의 영혼의 미망과 회의, 곤혹을 서양인은 상상하기 힘든 것이었다. 우리는 심지어 이렇게 말할 수 있다. 문혁이 일으킨 바에 대해 심각하게 반성하는 것이야말로 비로소 중국인의 영혼이 진정 개방과 현대성을 향해 나아가는 기점이 될 것이다. 일부 서양 학자가 후현대 이론으로 문혁을 재구성하려는 것은 서양과 중국사회 발전의 차이를 무시하는 것이다. 이 경우 대다수가 선택적인 기억을 기초로 삼고 있다. 이것은 대다수 중

국인이 경험한 문혁에 대한 사실과 체험과는 완전히 다르다. 즉 민족의 거대한 고난을 홀시한 것이다. 중국 현대 사상의 큰 맥락에서 보면 문혁 연구에서 두 가지 기본적으로 잊지 말아야 하는 것이 있다. 첫째, 문혁에 관해서 말을 하지 않고 침묵하고 있는 대다수가 있다는 사실을 무시하거나 잊어서는 안 된다. 둘째, 문혁은 반드시 중화민족 역사가 성찰하고 넘어가야 하는 한 부분이다." 劉青峰, 「編者前言 對歷史的再發問」, 劉青峰 편, 『文化大革命: 史實與研究』, 中文大學出版社, 1996, 7~11쪽.

10_ 이러한 지식의 불균형은 지식인으로 하여금 이후 1989년 톈안먼 사건에 대해 적절히 대응할 수 없게 만든 주요 요인 중 하나가 되었다.

11_ 쉬유위는 1986~1988년 옥스퍼드 대학을 방문해 연구했을 때의 경험담을 말한 적이 있다. 옥스퍼드 대학의 교수 중 적지 않은 이가 자본주의를 비판했지만 중국 대륙에서 온 학생과 방문학자들은 거의 모두가 그들과 반대로 사회주의를 비판하고 자본주의를 찬양했다는 것이다. 이러한 대비는 1987년 영국 수상 선거에서 가장 선명하게 드러났는데, 옥스퍼드 대학의 대다수 지식인은 마거릿 대처에 대해 못마땅해 했지만 영국에 와 있던 중국인들은 오히려 보수당을 좋아했고 노동당과 자유당이 보여준 사회주의 색채의 정강에 대해서는 매우 비판적이었다고 한다. 徐友漁, 「異端思潮和紅衛兵的思想轉向」, 劉青峰 편, 『文化大革命: 史實與研究』, 中文大學出版社, 1996, 267쪽. 이것은 기본적으로 집단이든 개인이든 자신의 경험에서 벗어나 문제를 보고 평가한다는 것이 매우 힘든 일임을 말해준다.

12_ 한국에서는 문화열에 대해서 필자도 참여한 한국철학사상연구회 편저의 『현대중국의 모색』(동녘, 1994)으로 소개된 바 있다. 이 책에서 네 가지 유파로 나눠 문화열을 소개하고 있는데, 이렇게 나누어 보는 것이 적절한지에 대해서는 재론이 필요하다. 이 문제에 대해서는 송인재, 「1980년대 중국 지식계의 "계몽기획"과 "계몽 성찰"」, 『시대와철학』 19권 4호, 2008 참조

13_ 1980년대는 개혁개방을 막 시작한 중국 정부가 전통을 공식적으로 인정하지는 않았다. 하지만 내부적으로는 전통과 경제발전에 대한 상관관계에 대해 이미 그 중요성을 인식하고 민간에서 진행되는 유학 관련 큰 행사에는 재정적·인적 지원을 하고 있었다.

14_ 陳一諮의 증언으로도 알려져 있다.

15_ 蘇煒, 「圈子,沙龍與公衆空間—八十年代北京知識界的文化"群族"初探」, 『從五四到河殤』, 風雲時代出版社(臺北), 1992, 砂山幸雄, 「轉換する知の構圖」, 『現代中國』, 제70호, 1996년 9월, 66쪽에서 재인용.

16_ 許紀霖 劉擎 羅崗 薛毅, 앞의 글. 1980년대 민간 학술문화운동의 상황에 대해서는 천팡정陳方正과 진관타오의 매우 상세한 회고와 연구가 있다. Chen Fong-ching, Jin Guantao, *From Youthful Manuscripts to River Elegy: The Chinese Popular Cultural Movement and Political Transformation*

1979~1989, The Chinese University of Hong Kong, 1997.

17_ 砂山幸雄, 「轉換する知の構圖」, 『現代中國』, 제70호, 1996년 9월, 66쪽 참조. 1990년대 중국에서 학위논문을 받을 때 리쩌허우의 글 인용을 금기시했던 것도 이와 모종의 관계가 있는 듯하다.

18_ 陳來, 「思想出路的三動向」, 『八十年代文化意識』, 世紀出版集團 上海人民出版社, 2006, 541~547쪽.

19_ 陳來, 위의 글, 544쪽. 현재 칭화대학 국학연구원 원장인 천라이는 1980년대에 '문화: 중국과 세계'에도 '중국문화서원'에도 발을 걸치고 있던 인물이다.

20_ 이들의 주장은 한국에 소개된 적이 있다. 진관타오·류칭펑, 김수중·박동현·유원준 옮김, 『중국 문화의 시스템론적 해석』, 천지, 1994. 이에 대해 소개하고 있는 국내의 논문으로는 하세봉, 「중국학계의 '초안정적 중국봉건사회론' 논쟁」, 『역사비평』, 1995년 여름호.

21_ 이 세 단체 중에서 우리에게는 뒤의 두 단체인 '주향미래走向未來'와 '문화: 중국과 세계'가 매우 친화적인 것으로 알려져 있으나 『1980년대와의 대화』의 간양 인터뷰에 의하면 오히려 '문화: 중국과 세계'와 '중국문화서원' 사이가 더 가까운 것으로 나와 있다. '주향미래' 쪽에서 '문화: 중국과 세계' 쪽에 사람(류둥劉東)을 보내 양쪽이 결합하자는 제안을 했으나 후자 쪽에서 거절한 것으로 알려져 있다. 아마도 주도권 문제 때문이었을 것이다. 『1980년대와의 대화』 참조.

22_ 舒煒, 「八十年代北京知識界的文化圈子」, 『學術中國』 2007년 1월 12일, 『思與文−中國近代思想文化硏究』 2012년 2월 25일 검색.

23_ 첸리췬, 『망각을 거부하라』, 그린비, 2012 참조. 그는 5·4신문화운동 시기, 민간사상운동이 시작된 1957년경, 그리고 1980년대를 중국에서 변화 가능성이 가장 많았던 시기로 본다. 이 세 시공간이 보여주는 공통점이라면, 하바마스가 말하는 공공 영역의 성질을 어느 정도는 띠고 있었던 점이 아닐까?

24_ 시민사회의 재식민화, 앞의 것 참조.

25_ 「李澤厚與八十年代中國思想界」, 『開放時代』 제233기 2011년 11월 토론회에서 錢理群의 발언, 39쪽. 여기서 회색 지대가 구체적으로 무엇을 말하는지 명확하지가 않다.

26_ 吾妻重二, 「中國における非マルクス主義哲學」(『思想』, 1989. 10), 그러나 이 논문이 발표되기 1년 전에 나온 간양의 '초판 전언'에서 이미 이와 비슷하게 분류한 것을 소개하는 것으로 보아 문화열을 吾妻重二처럼 네 개의 그룹으로 나누 소개한 것은 그가 처음은 아닌 듯하다.

27_ 조경란·왕후이·진관타오, 「1990년대 중국 지식인의 사상과 고뇌」(대담), 『역사비평』 1997년 가을호, 『중국근현대사상의 탐색』, 193쪽

28_ 甘陽, 「初版前言」(1988), 『八十年代文化意識』, 世紀出版集團 上海人民出版社, 2006, 6~7쪽

29_ 이에 대해서는 甘陽, 「八十年代文化討論的幾個問題」, 위의 책 참조. 국내 번역본으로는 황희경 옮김, 「1980년대 문화토론의 몇 가지 문제」, 『현대중국의 모색』에서 '3. 전통을 말한다' 편 참조. 간양을 중심으로 하는 그룹이 왜 서구파로 분류되었을까라고 했을 때, 자신들이 서구파로 간주된 것은 심근파尋根派와 전통회귀파에 반대했기 때문이라고 간양은 주장한다. 이와 관련하여서는 송인재, 「1980년대 중국 지식계의 "계몽기획"과 "계몽 성찰"」, 『시대와철학』 19권 4호, 2008 참조.

30_ 그러나 간양의 지금의 주장들은 당시의 전통에 대한 철학적이고 논쟁적인 사유들을 뒤로 하고 그의 신삼통론 등에서 보이는 것처럼 현실추인적으로 변화하고 있다. 특히 인문학 고유의 비판적 관점에서 보면 더욱 그렇다.

31_ 甘陽, 「八十年代文化討論的幾個問題」, 위의 책, 32쪽.

32_ 吾妻重二, 「中國における非マルクス主義哲學」, 『思想』, 1989년 10월, 85쪽.

33_ 甘陽, 「八十年代文化討論的幾個問題」, 위의 책, 61쪽.

34_ 1980년대 이들이 하이데거에 진입했다는 것은 하이데거의 기술시대에 대한 서양의 근대성을 비판한 방법론에 접근했음을 뜻한다. 사실 이들이 중국 자본주의를 이론적으로만 경험하고 현실적으로 경험하지 못한 상태에서 근대성 비판은 아직 실감의 차원이 되기는 힘들었을 것이다. 1990년대 중후반부터 글로벌화로 인해 중국에서도 자본주의 폐해들이 속속 드러나면서 그것이 학술 논쟁의 핵심 대상으로 부상하기까지는 적지 않은 시간이 걸린다.

35_ 이에 대해서는 김상환, 「테크놀로지 시대의 동도서기론」, 『창작과비평』 2001년 3월 참조.

36_ 자젠잉査建英, 이성현 옮김, 『1980년대 중국과의 대화』, 그린비, 2011, 간양의 발언, 391쪽.

37_ 甘陽, 「八十年代的現代性批判與九十年代轉型」, 『古今中西之爭』, 三聯書店, 2006, 2~3쪽 참조. 이러한 독서의 경험과 우연적 성과의 축적이 간양과 같은 이들을 '주향미래' 계열의 서화파 지식인들과는 달리 결과적으로 신좌파 노선을 걷게 하는 어떤 계기로서 작용했는지도 모른다.

38_ 국내에도 번역·소개되어 있다. 소효강·왕노상, 조일문 옮김, 『河殤』, 평민사, 1990.

39_ 앞에서 나온 '주향미래'의 진관타오도 「허상」의 고문이었고 이 다큐물의 저자들에게 영향을 준 것을 시인했다. 조경란·왕후이·진관타오, 앞의 대담에도 실림.

40_ 林同奇, 「文化熱的歷史含意及其多元思想流向」, 『當代』제86·87집, 1993년 6~7월(臺北), 葛兆光, 「從文化史, 學術史到思想史」, 馬立誠, 『當代中國八種社會思潮』, 社會科學文獻出版社, 2012, 269쪽에서 재인용.

41_ 여기서 반전통이나 전통에 대한 자기반성이라는 언설은 다분히 중국의 사회주의 역사와 차별을 꾀한다는 의미에서의 반전통임을 인지할 필요가 있다.

42_ 甘陽, 「初版前言」(1988), 『八十年代文化意識』, 世紀出版集團 上海人民出版社, 2006,

5쪽.

43_ 자젠잉, 앞의 책의 천핑위안 발언, 246쪽 참조.

44_ 陳平原, 「人文學之"三十年河東」, 『讀書』 2012년 2월, 140쪽.

45_ 자젠잉, 앞의 책의 간양의 발언, 378쪽 참조.

46_ 이 논쟁에 참여했던 글들은 다음 책에 실려 있다. 孟繁華 주편, 『九十年代文存』, 中國社會科學出版社, 2001 참조. 국내에 인문논쟁을 소개한 책은 백원담 편역, 『인문학의 위기』, 푸른숲, 1999 참조.

47_ 汪暉, 村田雄二郎 외 옮김, 『思想空間としての現代中國』, 岩波書店, 2006, 서문 참조.

48_ 王超華, 「歷史終結在中國-近十年中國大陸官方意識形態變化解析」, 『思想』 14, 2010년 1월, 臺北·聯經, 208~209쪽.

49_ 1980년대 중국 공산당 내 보수파와 개혁파가 대립하고 있었던 정황을 고려해봤을 때 1980년대의 사상해방의 의미와 사회주의 현대화의 내용에 대해서 복수의 해석, 복수의 가능성이 병존했다고 봐야 할 것이다. 1978년 '사상해방'에 대한 독점적 해석이 가능해진 것은 1992년 남순강화 이후의 일이다. 그리고 1980년대의 사상에 대한 비판이 1992년 이후에 행해진 것도 우연한 일이 아니다. 砂山幸雄, 「思想解放と改革開放」, 『現代中國』 83호 2009년 9월, 28쪽.

50_ 리쩌허우는 1970~1980년대 중국 인문학계에 절대적인 영향을 미쳤다. 이때 그의 미학 연구는 공산당에 대한 일종의 저항의 의미를 띠었다. 그에 따르면 1970년대 말 1980년대 초에는 공장에서도 미학 강연 요청이 있었고 이공대학에서도 미학 강의를 개설할 정도였으며 서점에도 미학 관련 책이 몇 개의 서가를 차지할 정도로 미학에 대한 붐은 대단했다. 李澤厚, 「四個'熱'潮之後」, 『二十一世紀』, 2000년 10월, 42쪽. 중국 학계에서 그의 영향력은 1990년대에 미국으로 건너간 뒤 급격하게 떨어졌다. 1990년대 중반에 내가 홍콩에 가서 지인에게 들은 기억으로는 중국 대륙에서 학위논문을 낼 때 리쩌허우의 글이 인용되는 것을 대학 당국에서 별로 반기지 않는다는 것이었다. 이것은 추측건대 당 차원에서의 어떤 작위가 있었던 듯하다. 그러나 최근 중국에서 리쩌허우에 대한 재평가 움직임이 일고 있는 것 같다. 2011년 9월 3일에서 4일 이틀 동안 베이징대학고등인문연구원 주최로 "1980年代中國思想的創造性: 以李澤厚哲學爲例"라는 국제 토론회가 국내외 학자 30여 명이 참여한 가운데 열렸다. 여기서 토론한 결과 중 일부는 발췌되어 잡지에 실렸다. 「李澤厚與八十年代中國思想界」, 『開放時代』 제233기, 2011년 11월.

51_ 이외에도 1980년대 사상에서 1990년대 보수화되는 논리적 맥락과 소인을 찾을 수 있는지 여부도 검토되어야 할 것이다. 1990년대에 진입하면 1980년대와는 달리 중국 사상계는 보수화된다. 그런데 거기에는 보수 진영의 전략적 문제제기도 있었으나 1980년대 급진적 지식인들의 자발적 반사反思에 의한 자성적 행태가 크게 작용했다. 그 메타적인 메커니즘과 논리가 무엇인지는 향후 연구되어야 할 부분이다.

52_ 余英時, 「中國近代史思想史上的激進與保守」, 『知識分子立場-激進與保守之間的動蕩』, 時代文藝出版社, 2000, 이 글은 1988년 홍콩에서 진행한 강연을 정리한 것이며 이후 대륙의 지식계까지 논쟁이 확산되는 계기가 되었다.

53_ 李澤厚, 「四個'熱'潮之後」, 『二十一世紀』, 2000년 10월, 42~43쪽 참조.

54_ 甘陽, 「自由的理念: 五四傳統的闕失面-爲'五四'七十周年而作」, 林毓生 등, 『五四: 多元的反思』, 三聯書店, 1989, 70쪽.

55_ 蘇曉康, 「文化急進與政治急進」, 『開放』 1995년 제6기, 砂山幸雄, 「轉換する知の構圖」, 『現代中國』, 제70호, 1996년 9월, 66쪽에서 재인용.

56_ 이에 대한 구체적인 내용에 대해서는 졸저, 『중국근현대 사상의 탐색』, 삼인, 2003에서 왕후이와의 대담 200~202쪽 참조. 원 출전은 조경란·왕후이·진관타오, 앞의 대담.

57_ 이에 대한 국내의 연구서와 논문은 백영서, 「중국에 시민사회가 형성되었나?: 역사적 관점에서 본 민간사회의 궤적」, 『동아시아의 귀환』, 창작과비평사, 2000 참조.

58_ 이에 대한 국내의 연구서는 이남주, 『중국 시민사회의 형성과 특징』, 폴리테이아, 2007 참조.

59_ 이에 반해 후쿠야마의 『역사의 종언』은 지식인 거의가 전면적으로 받아들였다. 물론 1990년대 중반 이후에는 여기에 반론을 제기한 지식인이 적지 않았다.

60_ 劉小楓, 「利益重於文化」, 『二十一世紀』 제19기, 1993년 10월.

61_ 石中(왕소동), 「未來的衝突」, 『戰略與管理』 창간호, 1993년 11월.

62_ 盛洪, 「什麽是文明」, 『戰略與管理』 1995년 제5기.

63_ 張汝倫, 「文化的衝突還是文化的困境」, 『現代與傳統』 1994년 4집.

64_ 李愼之, 「辨同異, 合東西」, 『東方』 1994년 제3기. 「全球化與中國文化」, 『太平洋雜誌』 1994년 제2기.

65_ 민족주의 등장 배경에 대한 좀더 자세한 내용에 대해서는 졸고, 「현대 중국 민족주의 비판-동아시아 인식을 중심으로」, 『역사비평』, 2010년 2월호.

66_ 한국에서의 번역본은 쑹창 외, 강식진 옮김, 『No라고 말할 수 있는 중국』, 동방미디어, 1997.

67_ 이에 비해 최근에 나온 『불쾌한 중국』에 대한 지식인의 반응은 비판적이지 않았다. 논조도 비슷한데 왜 다른 반응이 나왔을까? 이제는 1990년대에 비해 안심할 정도의 경제성장이 이루어졌고 이점에서 이제 미국의 눈치를 더 이상 보지 않아도 된다는 자신감이 반영된 것은 아닐까.

68_ 이 경우 민족주의의 활성화를 부정적으로만 볼 필요는 없을 듯하다. 경우에 따라서는 시민사회와 민주주의의 기반으로 작용하기도 하기 때문이다. 문제는 민과 이의 불만을 국가가 적절한 선에서 제도로 수렴해내지 못할 때 민족주의는 배타적 성격을 띠기 십상이라는 것이다.

69_ 중국에서 1990년대 신보수주의가 출현하면서 그 발표의 장을 제공한 잡지는

1993년 11월 창간한 『戰略與管理』다. 1990년대의 민족주의 논쟁도 이 지면에서 이루어졌다. 하지만 이 잡지는 2008년 폐간되었다. 추정컨대 폐간 이유는 민족주의 논의가 지나치게 강성으로 흐르는 것에 대해 중국 정부가 부담으로 느꼈기 때문일 듯하다. 이를 'No라고 말할 수 있는 중국'으로 대표되는 대중 민족주의와 중국 정부의 공식 민족주의와의 충돌로 설명할 수 있을 것이다.

70_ 砂山幸雄, 「中國知識人はグロバル化をどう見るか: '文明の衝突'批判から自由主義論爭まで」, 『現代中國』 第76號, 2002년, 9쪽.

71_ 砂山幸雄, 「轉換する知の構圖」, 『現代中國』, 제70호, 1996년 9월, 73쪽.

72_ 이 특집란에는 「自由民族主義之'薄'與儒家民族主義之'弱'」(周濂), 「從儒家拯救民族主義」(唐文明), 「儒家與自由民族主義的張力」(美·杜楷廷), 「儒家民族主義與混合政體」(美·安靖如) 등이 실렸으며 이 글들은 모두 칭화대학에 재직하고 있는 캐나다인 교수 대니얼 A. 벨의 글 「유가와 민족주의는 서로 용납할 수 있는가儒家與民族主義能否相容?」에 대한 각각의 논평 또는 토론 형식의 글이다.

73_ 이에 대해서는 여러 글을 한데 모아놓은 책으로 公羊 주편, 『思潮』(中國"新左派"及其影向), 中國社會科學出版社, 2003가 있다.

74_ 馬立誠, 앞의 책, 128~129쪽 참조.

75_ 劉軍寧, 「全球化與民主政治」, 『燕南』 2010년 4월 7일.

76_ 왕후이의 입장에 대해서는 국내에 여러 책이 소개되어 있다. 『죽은 불 다시 살아나』(삼인), 『아시아는 세계다』(글항아리) 등.

77_ 왕후이, 「승인의 정치, 만민법, 자유주의의 위기」, 『죽은 불 다시 살아나』, 삼인, 2005, 348쪽.

78_ 秦暉, 「ナショナリズムと中國知識人の國際政治觀」, 『現代思想』, 2000년 6월.

79_ 賀照田, 「貧弱な論爭, 意圖しない結果」, 『思想』 2001년 9월, 150쪽.

80_ 砂山幸雄, 「中國知識人はグロバル化をどう見るか: '文明の衝突'批判から自由主義論爭まで」, 앞의 책, 13쪽.

81_ 劉擎, 「公共文化與思想界的新趨勢」, 『東方早報』, 2011년 8월 22일 참조.

82_ 졸고, 「현대 중국의 보수주의 문화: 신보수주의의 출현과 유학의 재조명」, 『중국근현대사연구』 40집, 2008년 12월.

83_ 하지만 이와 비교하여 중국의 보편적 타자라 할 수 있는 소수민족에 대한 국가의 태도는 아직까지 지식인의 사유를 결정하는 기준 아닌 기준이 되고 있다.

84_ 李澤厚, 「四個'熱'潮之後」, 『二十一世紀』, 제611기, 2000년 10월, 43쪽.

85_ 왕후이가 주간編輯으로 있던 월간지 『독서』가 홍콩 재벌 장강재단의 자금으로 마련한 출판상인데, 제1회 수상작 중에 왕후이의 자선집이 들어가 있었다. 왕후이의 저작이 수상 대상에 들어가 있는 것에 대해 인터넷과 지식인들 사이에서 갑론을박이 무성했다. 특히 왕후이가 자본주의를 비판하면서 자본가의 상을 받는 것에 대해서는 개인적인 입장의 문제로 치부하더라도 공식적 차원에서 쟁점이 된

것은 왕후이 자신이 『독서』의 주간을 맡고 있는 상황에서 같은 기관이 주는 상을 받았다는 점이 수상자 선정 규칙에 어긋나지 않았느냐 하는 점이었다. 이에 대해서는 中華讀書網 편, 『學術權力與民主』, 鷺江出版社, 2000. 중화독서망이 2000년에 '100인 학자의 장강독서상의 풍파를 말한다'라는 제하에 토론을 벌였다. 이 책은 그 중 총 74편의 논문을 선정하여 실은 것이다.

86_ 甘陽, 「再版前言」, 甘陽 주편, 『八十年代文化意識』, 世紀出版集團 上海人民出版社, 2006, 4쪽.

87_ 李澤厚, 「李澤厚: 我一直是孤獨的」(訪談), 『中國新聞週刊』 제250기, 2005년 10월 31일, 57쪽.

88_ '논문'을 양산하기 위해 논문을 쓰지 못하는 지금의 한국 상황과 아주 유사하다는 생각이 든다.

89_ 許紀霖·羅崗, 『啓蒙的自己瓦解』, 吉林出版集團有限責任公司, 2007.

90_ 이 이행기라는 말은 Hao Chang이 *Liang Ch'i-ch-ao and Intellectual Transition in China, 1890~1907*, Harvard University Press(Cambridge, Mass), 1971에서 쓴 용어다.

91_ 이하 정리는 許紀霖, 「20世紀中國六代知識分子」, 『中國知識分子十論』, 復旦大學出版社, 2003, 82~86쪽에서 도움을 받았음.

92_ 砂山幸雄, 「轉換する知の構圖」, 『現代中國』, 제70호, 1996년 9월, 73쪽.

93_ 친후이는 개혁개방을 모택동이 결정한 것으로 보고 있다. 秦暉, 「ナショナリズムと中國知識人の國際政治觀」, 『現代思想』, 2000년 6월.

94_ 1991년에도 『시대와철학』 같은 잡지는 필자도 포함된 특집주제로 "전환기의 역사유물론"을 내놓았다. 소련의 사회주의, 중국의 역사유물론, 마르크스주의와 역사유물론 등이 주 내용을 구성한다. 냉전체제가 해체된 혼란의 시대에 원칙으로 돌아가 무엇을 할 것인가를 되물어야 한다는 기획의도가 편집부의 이름으로 붙어 있다. 1990년대 초의 한국에서 유명 학술 잡지에서 사회주의에 대한 특집 기획은 비단 『시대와철학』만은 아니었다.

참고문헌

한국어 논문

- 간양, 황희경 옮김, 「1980년대 문화토론의 몇 가지 문제」, 『현대중국의 모색』, 동녘, 1992
- 강준만, 「광주는 아직 끝나지 않았다: 5·18 광주학살의 진실, '악의 평범성'에 대하여」, 『인물과사상』 2003년 6월호
- 김상환, 「테크놀로지 시대의 동도서기론」, 『창작과비평』 2001년 3월
- 김희교, 「한국의 동아시아론과 '상상된' 중국」, 『역사비평』 통권 53호, 2000년 가을
- 김희교, 「한국의 비판적 중국담론, 그 실종의 역사」, 『역사비평』 통권 57호, 2001년 겨울
- 리영희, 백영서·정민 대담, 「전환시대의 이성 리영희 선생의 삶과 사상」, 『리영희 선생 화갑기념문집』, 두레, 1989
- 리영희·임헌영 대담, 『대화』, 한길사, 2005
- 문성원, 「현대성과 진보의 문제」, 『배제의 배제와 환대』, 동녘, 2000
- 박자영, 「동아시아에서 사회주의 인민의 표상: 1970년대 리영희의 중국 논의를 중심으로」, 성공회대 동아시아연구소 편, 『냉전아시아의 문화풍경2』, 현실문화, 2009
- 백승욱, 「문화대혁명, 중국 정치의 아포리아인가 근대정치의 아포리아인가?」, 『경

제와사회』 2013. 3
- 백승욱, 「중국 지식인은 '중국굴기'를 어떻게 말하는가—왕후이의 중국굴기의 경험과 도전」, 『황해문화』, 2011년 가을
- 백영서 편, 「동아시아론과 근대적응·근대극복의 이중과제」, 『이중과제론』, 창비, 2009
- 백영서, 「중국에 시민사회가 형성되었나?: 역사적 관점에서 본 민간사회의 궤적」, 『동아시아의 귀환』, 창작과비평사, 2000
- 백영서, 「중국학의 궤적과 비판적 중국연구: 한국의 사례」, 『대동문화연구』 제80집, 2012년 12월
- 백원담, 「중국에서 1980: 1990년대 문화 전형의 문제」, 『중국현대문학』 33, 2005년 6월
- 백원담, 「아시아에서 1960: 70년대 비동맹/제3세계운동과 민족·민중 개념의 창신」, 성공회대 동아시아연구소 편, 『냉전아시아의 문화풍경2』, 현실문화, 2009
- 성근제, 「중국은 어디로 가는가」, 『역사비평』 2011년 11월
- 성연철, 「'난팡주말' 검열반대 파업·'신징보' 사설강요에 저항」, 『한겨레신문』 2013년 1월 11일
- 송인재, 「1980년대 중국 지식계의 "계몽 기획"과 "계몽 성찰"」, 『시대와철학』 19권 4호, 2008
- 송인재, 「'문명'의 발견과 해석, 그리고 중국의 비전」, 『유교사상문화연구』 48, 2012년 6월
- 스튜어트 홀, 「문화적 정체성의 문제」, 스튜어트 홀 외, 김수진·전효관 옮김, 『모더니티의 미래』, 현실문화연구, 2000
- 슬라보예 지젝, 「민주주의에서 신의 폭력으로」, 『민주주의는 죽었는가: 새로운 논쟁을 위하여』, 난장, 2012
- 아리프 딜릭Arif Dirlik, 「역사와 대립되는 문화인가」, 『발견으로서의 동아시아』, 문학과지성사, 2000
- 왕후이, 성근제 옮김, 「충칭사건, 밀실정치와 신자유주의의 권토중래」, 『역사비평』, 2012년 봄
- 왕후이, 최정섭 옮김, 「중국굴기의 경험과 도전」, 『황해문화』 2011년 여름
- 이남주, 「신중국 60년에 대한 재해석」, 『황해문화』 2009 겨울
- 이희옥, 「중국식 민주에 대한 하나의 해석」, 『중국학연구』 제58집, 2011년 12월
- 이희옥, 「한국에서 중국학을 어떻게 할 것인가」, 『역사비평』 2002년 12월
- 장윤미, 「'중국모델'에 관한 담론 연구」, 『현대중국연구』 제13집 1호, 2011
- 장칭, 「중국의 자유주의」, 『대동문화연구』 제65집, 2009
- 전성흥, 「'중국모델'의 부상: 배경, 특징 및 의미」, 『中蘇硏究』, 통권 116호, 2007/2008년 겨울

- 전인갑, 「전통 중국의 권력엘리트 충원문화와 시스템」, 『아시아문화연구』, 2011년 3월
- 전인갑, 「공자, 탁고적 미래 기획」, 『공자, 현대중국을 가로지르다』, 새물결, 2006
- 정문상, 「『역사비평』과 한국의 중국학연구」, 『역사비평』 2012년 가을
- 정문상, 「근현대 한국인의 중국 인식의 궤적」, 『한국근대문학연구』 2012년 4월
- 정문상, 「문화대혁명을 보는 한국사회의 한 시선」, 『역사비평』 2006년 겨울
- 조경란, 「'거대한 편견'의 탈각과 중국 재구축의 욕망」(왕후이의 『아시아는 세계다』에 대한 서평), 『ASIA』 25집, 2012년 여름
- 조경란, 「중국 지식인의 현대성 담론과 아시아 구상: 왕후이의 학문 주체화 전략을 중심으로」, 『역시비평』 2005년 가을
- 조경란, 「중국에서 신좌파와 비판적 지식인의 조건」, 『시대와철학』 2013년 봄
- 조경란, 「현대 중국 민족주의 비판: 동아시아 인식을 중심으로」, 『역사비평』, 2010년 봄
- 조경란, 「현대중국의 유학부흥과 '문명제국'의 재구축: 국가·유학·지식인」, 『시대와철학』 2012년 가을
- 조경란, 「현대 중국의 보수주의 문화: 신보수주의의 출현과 유학의 재조명」, 『중국근현대사연구』, 40집, 2008년 12월
- 조경란, 「중국 지식인의 학문적 고뇌와 21세기의 동아시아」(왕후이·진관타오와의 대담), 『역사비평』, 1997년 가을
- 최형규, 「중국, 아큐를 두려워하나」, 『중앙일보』 2013년 9월 10일자
- 케네스 톰슨, 「사회적 다원주의와 포스트모더니티」, 스튜어트 홀 외, 김수진·전효관 옮김, 『모더니티의 미래』, 현실문화연구, 2000
- 하세봉, 「중국학계의 '초안정적 중국봉건사회론' 논쟁」, 『역사비평』, 1995년 여름
- 황희경, 「루쉰, 현대중국의 최고 성인」, 『사회비평』 2007년 11월

한국어 단행본

- 거자오광, 이원석 옮김, 『이 중국에 거하라』, 글항아리, 2012
- 고병권, 『민주주의란 무엇인가』, 그린비, 2011
- 진관타오 외, 김수중·박동현·유원준 공역, 『중국문화의 시스템론적 해석』, 천지, 1994
- 김교빈·이숙인 외 지음, 『유학, 시대와 통하다』, 자음과모음, 2012
- 김비환, 『이것이 민주주의다』, 개마고원, 2013
- 김비환·유홍림 외, 『인권의 정치사상』, 이학사, 2010
- 다케우치 요시미, 서광덕 옮김, 『일본과 아시아』, 소명출판, 2004
- ————, 윤여일 옮김, 『다케우치 요시미 선집2: 내재하는 아시아』, 휴머니스

트, 2011
- 딩쉐량, 이희옥·고영희 옮김, 『중국모델의 혁신』, 성균관대출판부, 2012
- 리영희, 『전환시대의 논리』, 창비, 2006
- 리쩌허우, 김형종 옮김, 『중국현대사상사론』, 2005, 한길사
- ________, 임춘성 옮김, 『중국근대사상사론』, 2005, 한길사
- ________, 정병석 옮김, 『중국고대사상사론』, 2005, 한길사
- 리처드 니스벳, 최인철 옮김, 『생각의 지도』, 김영사, 2004
- 마루야마 마사오, 김석근 옮김, 『일본의 사상』, 한길사, 1998
- ________, 김석근 옮김, 『충성과 반역』, 나남, 1998
- ________, 김석근 옮김, 『현대정치의 사상과 행동』, 한길사, 2007
- ________, 김석근 옮김, 『전중과 전후 사이 1936~1957』, 휴머니스트, 2011
- 마크 레너드, 장영희 옮김, 『중국은 무엇을 생각하는가』, 돌베개, 2011
- 문성원, 『해체와 윤리』, 그린비, 2012
- 미조구찌 유조 외, 동국대 동양사연구실 옮김, 『중국의 예치시스템』, 청계, 2001
- 박상환, 『동서철학의 소통과 현대적 전환』, 상, 2010
- 백승욱, 『세계화의 경계에 선 중국』, 창비, 2008
- ________, 『중국문화대혁명과 정치의 아포리아』, 그린비, 2012
- 백원담 편역, 『인문학의 위기』, 푸른숲, 1999
- 샹탈 무페, 이보경 옮김, 『정치적인 것의 귀환』, 후마니타스, 2007
- ________, 이행 옮김, 『민주주의의 역설』, 인간사랑, 2006
- 소효강·왕노상, 조일문 옮김, 『河殤』, 평민사, 1990
- 쉬지린 편저, 김경남·박영순 외 옮김, 『20세기 중국의 지식인을 말하다1·2』, 길, 2011
- 쉬지린, 『왜 다시 계몽이 필요한가』, 글항아리, 2013
- 신정근, 『공자씨의 유쾌한 논어』, 사계절, 2009
- 쑨거, 윤여일 옮김, 『다케우치 요시미라는 물음』, 그린비, 2007
- 쑹챵 외, 강식진 옮김, 『No라고 말할 수 있는 중국』, 동방미디어, 1997
- 야마무로 신이치, 임성모 옮김, 『여럿이며 하나인 아시아』, 창비, 2003
- 양승태 엮음, 『보수주의와 보수의 정치철학』, 이학사, 2013
- 에드워드 W. 사이드, 전신욱·서봉섭 옮김, 『권력과 지성인』, 창, 1996
- 왕사오광, 김갑수 옮김, 『민주사강』, 에버리치홀딩스, 2010
- 왕후이, 이욱연·차태근·최정섭 옮김, 『새로운 아시아를 상상한다』, 창비, 2003
- ________, 김택규 옮김, 『죽은 불 다시 살아나』, 삼인, 2005
- ________, 송인재 옮김, 『아시아는 세계다』, 글항아리, 2012
- 이매뉴얼 월러스틴, 김재오 옮김, 『유럽적 보편주의』, 창비, 2006
- 위단, 임동석 옮김, 『논어심득』, 에버리치홀딩스, 2007

• 유세종, 『루쉰식 혁명과 근대중국』, 한신대출판부, 2008
• 이기동 역주, 『논어강설』, 성균관대학교출판부, 2005
• 이기동, 『이또오진사이伊藤仁齊』, 성균관대학교출판부, 2000
• 이남주, 『중국 시민사회의 형성과 특징』, 폴리테이아, 2007
• 이삼성, 『20세기의 문명과 야만』, 한길사, 1998
• 이상익, 『유교전통과 자유민주주의』, 심산, 2004
• 이성재, 『지식인』, 책세상, 2012
• 이창휘·박민희, 『중국을 인터뷰하다』, 창비, 2013
• 이희옥, 『중국의 새로운 사회주의 탐색』, 창비, 2004
• 임춘성, 『중국 근현대 문학사 담론과 타자화』, 문학동네, 2013
• 임춘성·왕샤오밍 엮음, 『21세기 중국의 문화지도』, 현실문화연구, 2009
• 자젠잉, 이성현 옮김, 『1980년대 중국과의 대화』, 그린비, 2011
• 자오팅양, 노승현 옮김, 『천하체계』, 길, 2005
• 자크 마틴, 『중국이 세계를 지배하면』, 부키, 2010
• 장은주, 『정치의 이동』, 상상너머, 2012
• 조경란, 『현대중국사상과 동아시아』, 태학사, 2008
• 조반니 아리기, 강진아 옮김, 『베이징의 애덤스미스』, 길, 2009
• 조영남, 『용과 춤을 추자』, 민음사, 2012
• 찰스 테일러, 이상길 옮김, 『근대의 사회적 상상』, 이음, 2010
• 첸리췬, 길정행·신동순·안영은 옮김, 『망각을 거부하라』, 그린비, 2012
• ————, 김영문 옮김, 『내 정신의 자서전』, 글항아리, 2012
• ————, 연광석 옮김, 『마오쩌둥시대와 포스트마오쩌둥시대』, 한울, 2012
• 최원식, 『제국 이후의 동아시아』, 창비, 2009
• 최원식·백영서 엮음, 『대만을 보는 눈』, 창비, 2012
• 판웨이, 김갑수 옮김, 『중국이라는 새로운 국가모델론』, 에버리치홀딩스, 2009
• 폴 A. 코헨, 이남희 옮김, 『학문의 제국주의』, 산해, 2003
• 허칭롄, 김화숙·김성해 옮김, 『중국은 지금 몇시인가』, 홍익출판사, 2004
• 한국철학사상연구회 편저, 『현대중국의 모색』, 동녘, 1994
• 홍성민, 『문화와 아비투스』, 나남출판, 2000
• 황준지에, 안유경·최영진 옮김, 『동아시아 유교경전 해석학』, 문사철, 2009

중국어 논문

• 葛兆光, 「從文化史, 學術史到思想史」, 馬立誠, 『當代中國八種社會思潮』, 社會科學文獻出版社, 2012

- 甘陽, 「當代中國的思想解放」, 「鳳凰衛視 “世紀大講堂”」 강의 원고, 『人文與社會』, 2009년 2월 19일
- ________, 「十年來的中國知識場域」, 『二十一世紀』 제61기, 2000년 10월호
- ________, 「自由的理念: 五四傳統的闕失面－爲‘五四’七十周年而作」, 林毓生 등저, 『五四 : 多元的反思』, 三聯書店, 1989
- ________, 「自由主義: 貴族的還是平民的?」, 『讀書』, 1999년 1월
- ________, 「再版前言」, 甘陽 주편, 『八十年代文化意識』, 世紀出版集團 上海人民出版社, 2006
- ________, 「從‘民族－國家’走向‘文明－國家’」,『文明·國家·大學』, 三聯書店, 2012
- ________, 「中國道路: 三十年與六十年」, 『讀書』 2007년 6월
- ________, 「中國道路還是中國模式」, 『文化縱橫』 2011년 10월
- ________, 「初版前言」(1988), 『八十年代文化意識』, 世紀出版集團 上海人民出版社, 2006
- ________, 「啓蒙與迷信」, 人文與社會, 2011년 11월 29일 http://wen.org.cn/modules/article/trackback.php/2981
- ________, 「八十年代文化討論的幾個問題」, 『八十年代文化意識』, 世紀出版集團 上海人民出版社, 2006
- ________, 「八十年代的現代性批判與九十年代轉型」, 『古今中西之爭』, 三聯書店, 2006
- 康曉光, 「仁政 : 權威主義國家的合法性理論」, http://www.aisixiang.com/data/11517.html
- 唐文明, 「從儒家拯救民族主義」, 『文化縱橫』 2011년 10월
- 童之偉, 「風雨過後看重慶」, 『經濟觀察報』 2012년 10월 29일
- 榮劍, 「重慶的神話與祛魅」, 『共識網特稿』 2012년 5월 7일
- 杜楷廷, 「儒家與自由民族主義的張力」, 『文化縱橫』 2011년 10월
- 滕彪, 「六四民主運動硏討會」 2009년 5월 10일/2009년 5월 15일, 縱覽中國網
- ________, 「‘剝脫西方’? 比盲人更盲目」, 『新世紀』 週刊 2010년 제47기
- ________, 「公共文化與思想界的新趨勢」, 『東方早報』 2011년 8월 22일
- ________, 「公共文化與思想界的新趨勢」, 『東方早報』 2011년 8월 22일
- ________, 「面對中國模式的歷史終結論」, http://www.aisixiang.com/data/30866.html
- ________, 「儒學復興與現代政治」, http://www.aisixiang.com/data/56401.html
- ________, 「中國語境下的自由主義 :潛力與困境」, 『開放時代』 2013년 제4기, http://www.aisixiang.com/data/66152.html
- ________, 「中國有多特殊?」, http://www.aisixiang.com/data/65416.html

- 劉軍寧, 「自由主義與儒教社會」, 『中國社會科學季刊』 1993년 8월
- ———————, 「全球化與民主政治」,『燕南』 2010년 4월 7일
- ———————, 「風能進, 雨能進, 國王不能進」, 『共和 民主 憲政』, 上海三聯書店, 1998
- ———————, 「現代中國自由主義的內在缺陷」, http://www.aisixiang.com/data/6808.html
- 劉小楓, 「利益重於文化」, 『二十一世紀』 총제19기, 1993년 10월
- 範亞峰, 「維權政治論-中道論壇之四」, 『博客中國網』 2005. 9. 4
- 傅斯年, 「致胡適」(1947년 2월 4일), 『胡適往來書信選』
- 徐友漁, 「異端思潮和紅衛兵的思想轉向」, 劉青峰 편, 『文化大革命: 史實與研究』, 中文大學出版社, 1996
- 徐友漁, 「進入21世紀的自由主義和新左派」, 馬立誠, 『當代中國八種社會思潮』, 社會科學文獻出版社, 2012
- 舒煒, 「八十年代北京知識界的文化圈子」, 『學術中國』 2007년 1월 12일
- 石中(王小東), 「未來的衝突」, 『戰略與管理』 창간호, 1993년 11월
- 盛洪, 「什麽是文明」, 『戰略與管理』 1995년 제5기
- 蕭功秦, 「當代中國六大社會思潮的歷史與未來」, 馬立誠, 『當代中國八種社會思潮』, 社會科學文獻出版社, 2012
- 蕭功秦, 「超越左右激進兩極思惟: 以中道理性爲基礎重建社會共識」, http://www.aisixiang.com/data/57922.html
- 蘇煒, 「圈子,沙龍與公衆空間: 八十年代北京知識界的文化"群族"初探」, 『從五四到河殤』, 風雲時代出版社(臺北), 1992
- 安靖如, 「儒家民族主義與混合政體」, 『文化縱橫』 2011년 10월
- 余英時, 「中國近代史思想史上的激進與保守」, 『知識分子立場-激進與保守之間的動蕩』, 時代文藝出版社, 2000
- 榮劍, 「奔向重慶的學者們」, 共識網, 2012년 4월 28일
- 王超華, 「歷史終結在中國-近十年中國大陸官方意識形態變化解析」, 『思想』14(2010년 1월), 臺北: 聯經
- 汪暉, 「去政治化的政治, 霸權的多重構成與60年代的消逝」, 『去政治化的政治: 短20世紀的終結與90年代』, 三聯書店, 2008
- ———————, 「中國崛起的經驗及其面臨的挑戰」, 『文化縱橫』 2010년 제2기
- 汪暉·張天蔚, 「文化批判理論與當代中國民族主義問題」, 『民族主義與轉型期中國的運命』, 時代文藝出版社, 2000
- 于建嶸, 「底層社會的政治邏輯」, 2008년 3월 13일, 來源: 南風窗(廣州)
- 劉青峰, 「編者前言 對歷史的再發問」, 劉青峰 編, 『文化大革命: 史實與研究』, 中文大學出版社, 1996
- 殷海光, 「論自由主義及其任務」, 『中央日報』, 1948년 1월 25일

- 李愼之, 「辨同異, 合東西」, 『東方』 1994년 제3기
- ————, 「全球化與中國文化」, 『太平洋雜誌』 1994년 제2기
- 李澤厚, 「經世觀念手筆」, 『中國古代思想史論』, 谷風出版社, 1986
- ————, 「四個'熱'潮之後」, 『二十一世紀』, 제61기, 2000년 10월
- ————, 「李澤厚 : 我一直是孤獨的(訪談), 『中國新聞週刊』 제250기, 2005년 10월 31일
- 李澤厚·陳明, 「『原道』十年 : 成績欠佳 精神加嘉」(李澤厚訪談), 『原道』 제10집, 2005년 1월
- 蔣慶, 「王道政治與共和政體: "儒教憲政"的義理基礎與"議會三院"」, http://twebmail.mail.126.com/js5/main.jsp
- 張汝倫, 「文化的衝突還是文化的困境」, 『現代與傳統』 1994년 4집
- 張志強, 「傳統與當代中國: 近十年來中國大陸傳統復興現象的社會文化脈絡分析」, 『開放時代』 2011년 제3기
- 章淸, 「近代中國對'公'與公共的表達」, 許紀霖 主編, 『公共性與公共知識分子』, 江蘇人民出版社, 2003
- 錢理群, 「和印度朋友談我對當下中國思想文化狀況的觀察」, 2012년 11월 17일 강연 원고
- ————, 「活在當下中國的魯迅(在某大學的一次演講)」, 2013년 6월 6일 인터뷰 당시 필자에게 건네준 미발표 원고
- ————, 「回顧 2010年」, http://www.howvc.com/Html/economy/macro/china-road/86994158773162.html
- 周濂, 「自由民族主義之'薄'與儒家民族主義之'弱'」, 『文化縱橫』 2011년 10월
- 陳來, 「思想出路的三動向」, 甘陽 主編, 『八十年代文化意識』, 世紀出版集團 上海人民出版社, 2006
- 陳明, 「儒教研究新思考-公民宗教與中華民族意識建構」, http://www.aisixiang.com/data/31632.html
- ————, 「儒教之公民宗教說」, 『二十一世記』 網絡版, 2003년 3월, 제12집, http://www.cuhk.edu.hk/ics/21c/supplem/essay/9501079g.htm
- 陳宜中·陳明, 「從儒學到儒教: 陳明訪談錄」, 『開放時代』 2012년 2기
- 陳平原, 「人文學之"三十年河東"」, 『讀書』 2012년 2월
- 秦暉, 「"共同體本位"與傳統中國社會」, 『傳統十論』, 復旦大學出版社, 2003
- ————, 「中國需要民主辯論與重新啓蒙」, 2009년 3월 8일, 『亞洲週刊電子報』
- ————, 「中國的崛起和"'中國模式'的崛起"」, 何迪·魯利玲 編, 『反思"中國模式"』, 社會科學文獻出版社, 2012
- ————, 「中國現代自由主義的理論商榷」(2), 共識網 , 2011년 7월 27일
- 崔之元, 「中國崛起的經濟,政治,文化」(訪談), 『人文與社會』, 2011년 12월 31일, 『21世

紀經濟報道』, 2011년 12월 30일
• 秋風, 「文化強國,除了復興儒家別無蛇路」, http://www.aisixiang.com/data/60221.html
• ——————, 「儒教浮出水面之後」, 『博客中國網』 2005년 7월 11일
• ——————, 「中國自由主義二十年的頹勢」, 『二十一世紀』 2011년 8월
• ——————, 「保守主義浮出水面」, 『博客中國網』 2004년 8월 10일
• 賀照田, 「貧弱な論爭, 意圖しない結果」, 『思想』 2001년 9월
• ——————, 「從"潘曉討論"看當代中國大陸虛無主義的歷史與觀念成因」, 『開放時代』 2010년 제7기
• 許紀霖·劉擎·羅崗·薛毅, 「尋求"第三條道路": 關于'自由主義'與'新左翼'的對話」, http://www.aisixiang.com/data/12634.html
• 許紀霖, 「20世紀中國六代知識分子」, 『中國知識分子十論』, 復旦大學出版社, 2003
• ——————, 「近十年來中國國家主義思潮之批判」, 發信站: 愛思想網, http://www.aisixiang.com/data/41945.html
• ——————, 「儒家憲政的現實與歷史」, 『開放時代』 2012년 제1기
• ——————, 「走向國家祭臺之路–從摩羅的轉向看當代中國的虛無主義」, 『讀書』 2010년 8·9월호
• ——————, 「特殊的文化還是新天下主義」, 『文化縱橫』 2012년 제2기, 2012년 4월
• 「關於重建中國儒教的構想」, 『中國儒教研究通訊』 제1기, 2005
• 「讀經, 儒教與中國文化的復興:『原道』, 2004
• 「儒學與現代社會治理」, 『開放時代』, 2011년 제7기
• 「李澤厚與八十年代中國思想界」, 『開放時代』 제233기, 2011년 11월 토론회
• 『國家信息安全報告』, 人民出版社, 2000
• 『原道』 10집

중국어 단행본

• 甘陽, 『八十年代文化意識』, 世紀出版集團 上海人民出版社, 2006
• 甘陽, 『古今中西之爭』, 三聯書店, 2006
• 公羊 주편, 『思潮』(中國"新左派"及其 影向), 中國社會科學出版社, 2003
• 馬立誠, 『當代中國八種社會思潮』, 社會科學文獻出版社, 2012
• 孟繁華 주편, 『九十年代文存』, 中國社會科學出版社, 2001
• 王昭光, 『民主四講』, 三聯書店, 2008
• 蔣慶, 『政治儒學』, 三聯書店, 2003
• 中華讀書網 편, 『學術權力與民主』, 鷺江出版社, 2000

- 陳來·甘陽 主編,『孔子與當代中國』, 三聯書店, 2008
- 秦暉,『共同的底線』, 江蘇文藝出版社, 2013
- 何迪·魯利玲 編,『反思"中國模式"』, 社會科學文獻出版社, 2012
- 許紀霖·羅崗 等著,『啓蒙的自我瓦解』, 吉林出版集團有限責任公司, 2007
- 黃平·姚洋·韓毓海,『我們的時代—現實中國從哪里來,往哪里去?』, 中央編譯出版社, 2006
- 胡適,『胡適文存』 3집 1권, 亞東圖書館, 1930

일본어 논문

- 砂山幸雄,「ポスト天安門時代における中國ナショナリズム言說の諸相」,『東洋文化』 2005년 3월, 東京大學東洋文化研究所
- 砂山幸雄,「思想解放と改革開放」,『現代中國』 제83호, 2009년 9월
- ————,「轉換する知の構圖」,『現代中國』, 제70호, 1996년 9월
- ————,「中國知識人はグロバル化をどう見るか — '文明の衝突'批判から自由主義論爭まで」,『現代中國』 제76호, 2002
- 緒形 康,「自由主義の中國化」,『中國—社會と文化』, 2009년 7월, 中國社會文化學會
- 吾妻重二,「中國における非マルクス主義哲學」,『思想』, 1989년 10월
- 田島英一,「中國ナショナリズム分析の枠組みと實踐」, 加加美光行,『中國の新たな發見』, 日本評論社, 2008
- 中島隆博,「國家のレジティマシーと儒教中國」,『理想』 제682호, 2009
- 秦暉,「ナショナリズムと中國知識人の國際政治觀」,『現代思想』, 2000년 6월
- 賀照田,「現代史研究と現在の中國の思想と政治」,『中國21』 30호, 2009, 日本愛知大學

일본어 단행본

- 加加美光行,『中國の新たな發見』, 日本評論社, 2008
- 藤田弘夫 편저,『東アジアにおける公共性の變容』, 慶應義塾大學出版會, 2010
- 三谷 博 편,『東アジアの公論形成』, 東京大學出版會, 2004
- 汪暉, 村田雄二郎 외 譯,『思想空間としての現代中國』, 岩波書店, 2006
- 中島隆博,『惡の哲學』, 筑摩書房, 2012

영어 문헌

- Chen Fong-ching, Jin Guantao, *From Youthful Manuscripts to River Elegy: The Chinese Popular Cultural Movement and Political Transformation 1979~1989*, The Chinese University of Hong Kong, 1997
- Daniel A. Bell, *China's New Confucianism: Politics and Everyday Life in a Changing Society*, Princeton University Press(Princeton and Oxford), 2008
- Hao Chang, *Liang Ch'i-ch-ao and Intellectual Transition in China, 1890~1907*, Harvard University Press(Cambridge, Mass), 1971
- Jiang Qing, Edited by Daniel A. Bell and Ruiping Fan, Translated by Edmund Ryden, *A Confucian Constitutional Order*, Princeton University Press, 2005
- Joseph Fewsmith, *China since Tiananmen: from Deng Xiaoping to Hu Jintao*, Published in the United States of America by Cambridge University Press, New York, Second Edition 2008
- Joseph R. Levenson, *Confucian China and Its Modern Fate: The Problem of Historical Significance*, University of California Press, 1965
- Max Stirner, *The ego and his own*, Harper & Row in New York, 1971
- Seung-Wook Baek, "Does China Follow 'The East Asian Development Model?" *Journal of Contemporary Asia*, vol.35, NO.4, 2005
- Wei-ming Tu, *Confucian Traditions in East Asian Modernity: Moral Education and Economic Culture in Japan and the Four Mini-dragons*, Harvard University Press, 1996

찾아보기

| ㄱ |

| ㅁ |

| ㅂ |

| ㅅ |

| ㅇ |

| ㅈ |

| ㅋ |

| ㅌ |

| ㅍ |

| ㅎ |

현대 중국 지식인 지도

1판 1쇄 | 2013년 10월 31일
1판 2쇄 | 2014년 7월 14일

지은이 | 조경란
기 획 | 노승현
펴낸이 | 강성민
편 집 | 이은혜 박민수 이두루
독자 모니터링 | 황치영
마케팅 | 정민호 이연실 정현민 지문희 김주원
온라인 마케팅 | 김희숙 김상만 이원주 이천희

펴낸곳 | (주)글항아리 출판등록 | 2009년 1월 19일 제406-2009-000002호

주 소 | 413-120 경기도 파주시 회동길 210
전자우편 | bookpot@hanmail.net
전화번호 | 031-955-8891(마케팅) | 031-955-1903(편집부)
팩 스 | 031-955-2557

ISBN 978-89-6735-085-7 93100

· 글항아리는 (주)문학동네의 계열사입니다.

· 이 도서의 국립중앙도서관 출판시도서목록(CIP)은 e-CIP홈페이지(http://www.nl.go.kr/ecip)와 국가자료공동목록시스템(http://www.nl.go.kr/kolisnet)에서 이용하실 수 있습니다.(CIP제어번호: CIP2013022636)